KURT PREIS

MÜNCHEN UNTERM HAKENKREUZ

KURT PREIS

MÜNCHEN UNTERM HAKENKREUZ

1933–1945

Mit 85 Abbildungen

HERBIG

Bildnachweis

Alle Fotos aus dem Archiv des Verfassers
und der Buchverlage Ullstein / Langen Müller, außer
Bilderdienst Süddeutscher Verlag: 1, 7, 8, 9, 10, 15, 17, 18, 19, 20, 21, 24, 25,
26, 27, 28, 31, 32, 34, 38, 43, 44, 45, 47, 48, 51, 58, 60, 68, 77

1989 by F. A. Herbig Verlagsbuchhandlung GmbH, München

Schutzumschlag: Christel Aumann, München, unter Verwendung eines
Fotos des Bilderdienstes Süddeutscher Verlag
Druck und Bindung: Mohndruck Graphische Betriebe GmbH, Gütersloh
Printed in Germany 1989
ISBN 3-7766-1598-2

Inhalt

Teil I: »Hauptstadt der Bewegung« 1933–1939

Teil II: Bis zum bitteren Ende 1939–1945

Teil I
»Hauptstadt der Bewegung« 1933–1939

Die »Machtübernahme«

Am 30. Januar 1933 wurde Adolf Hitler in Berlin zum Reichskanzler ernannt. Mit Fackelzügen marschierte die SA durch das Brandenburger Tor zur Reichskanzlei. Hitler zeigte sich am Fenster (später ließ er dort einen Balkon anbauen) und nahm die Ovationen der Menge entgegen. Man kennt die Bilder. Als »Machtergreifung« sind sie in die deutsche Geschichte eingegangen.

In München und Bayern hat man die Berliner Ereignisse zur Kenntnis, aber noch nicht allzu ernst genommen. Ausgenommen natürlich die NS-Parteigenossen. Die SA zog auch in München ihre Stiefel an und dann zum Königsplatz. Hier verkündete der Gauleiter Adolf Wagner: »Jetzt kann Adolf Hitler endlich mit der Arbeit beginnen . . .« – und die Menge jubelte ihm zu. Sieg-Heil-Gebrüll dröhnte über den Platz. Die Polizei unternahm keinen Versuch, die nicht genehmigte Kundgebung zu verhindern oder aufzulösen. In der »Münchener Zeitung« wurde am nächsten Tag nur mit ein paar Zeilen darüber berichtet. Die Hauptüberschrift im Münchner Teil am 31. Januar hieß »Gefährliches Glatteis«. Der Bericht befaßte sich tatsächlich nur mit dem Straßenzustand. Nachträglich kann man da leicht einen gewissen Doppelsinn hineinlesen. Damals war es völlig unpolitisch gemeint.

In München ist die Wahl des Faschingsprinzen Franz Joseph I. von Halali fast ebenso wichtig gewesen wie die Wahl des Reichskanzlers. Den Politikern in der bayerischen Landeshauptstadt war sicher unbehaglich zumute. Aber an eine ernsthafte Gefahr wollten sie alle noch nicht recht glauben. So wurde zum Thema »Bayern und das Hitler-Kabinett« verlautbart: »In der Öffentlichkeit ist die Frage aufgeworfen worden, wie sich die bayerische Staatsregierung zur neuen Reichsregierung Hitler einstellen werde. Von zuständiger Seite wird dazu erklärt, die Regierung Hitler sei verfassungsmäßig zustande gekommen und solange diese Reichsregierung verfassungsmäßig arbeite, sei die Einstellung eines jeden Landes, also auch Bayerns, durch die Verfassung gegeben.«

So vorsichtig drückten sich die Leute an den Stammtischen und in der Straßenbahn nicht aus. »Soll er halt amal zoagn, was er ko«, sagten die einen hoffnungsvoll.

»Freili – der werd's uns dann scho zoagn«, sagten die Skeptiker hintersinnig.

»Is ja gut, daß' den Schreihals amal hinlassen – der is grad so schnell wieder weg, und dann is' vorbei mit ihm!«

Darauf konnte man Wetten abschließen. Wie lange wird sich der Hitler halten? Drei Wochen? Drei Monate? Die Leute hatten allen Grund, so zu denken. Schließlich waren seit 1918 schon 20 Reichsregierungen gebildet worden und zwölf Männer hatten das Amt des Reichskanzlers (manche mehrmals) übernommen. Hitler war der dreizehnte. Eine Unglückszahl? Wer denkt in der »großen Politik« an solch kindlichen Aberglauben.

Viel schlimmer konnte die Situation in Reich und Ländern samt Hitler nicht mehr werden. In München waren von 735 000 Einwohnern mehr als 76 000 arbeitslos, also gingen von 1000 Menschen rund 100 zum Stempeln (in ganz Deutschland zählte man mehr als sechs Millionen Arbeitslose!). Was ihnen an Unterstützung gezahlt werden konnte, war so wenig, daß Tausende auf den nächsten Schneefall hofften und darauf, dann eine Schaufel zu ergattern und ein paar Mark dazu zu verdienen (Stundenlohn eines Hilfsarbeiters: 76 Pfennig). Sogar die Beamten bekamen ihre Gehälter in Raten. »Mehr Menschen sterben heute am Hunger nach Arbeit als nach Brot . . .« sagte ein Redner bei einem Vortrag in der Volkshochschule und kam zu dem Ergebnis, daß der »Freiwillige Arbeitsdienst« als wesentliche Hilfsmöglichkeit kräftig gefördert werden müsse. Es handelte sich übrigens nicht um einen NS-Redner.

Dessen ungeachtet brach in München, wie alljährlich, der Fasching aus, im Deutschen Theater ging die »Nacht der Prominenten« mit Frack und Abendkleid über die Bühne, im Café »Der Reichsadler« spielte Bernhard Etté zum »Lustigen Hausball« auf, und das Kolosseum lud zur »Großen, vornehmen Redoute« ein. In den Kaufhäusern begannen Inventur-Ausverkäufe und »Weiße Wochen«, und da kosteten zum Beispiel beim Oberpollinger Herrensocken 38 Pfennig, Büstenhalter 48 Pfennig, Sporthemden 2,25 Mark und Oberhemden mit »unterfütterter Brust und einem losen Kragen« 2,65 RM.

In den Kinos der Landeshauptstadt hatte man in diesen Tagen die Wahl zwischen »Annemarie – die Braut der Kompanie« mit Lucie Englisch und Paul Hörbiger oder dem »Schützenkönig« mit Weiß Ferdl, zwischen Luis Trenkers »Rebell« und Emil Jannings' »Der

Patriot«. Rudolf Forster war in dem U-Boot-Film »Morgenrot«, Hans Albers in »FP 1 antwortet nicht« und Marlene Dietrich in »Die blonde Venus« zu sehen.

In der ersten Vollsitzung des Stadtrats nach der Machtergreifung in Berlin gab der Fraktionsführer der NS-Stadträte, Hermann Esser, eine Erklärung ab: »Zum erstenmal in der Geschichte des Deutschen Reiches seit 1870 ist ein Münchner Bürger – Hitler ist seit 1912 in München ansässig – zum Reichskanzler emporgestiegen. Ich glaube, daß die Stadt München, die Stadtverwaltung, von diesem Ereignis Kenntnis nehmen muß und daß wir als Münchner Bürger alle Veranlassung haben, uns darüber zu freuen.«

Gemessen antwortete ihm Oberbürgermeister Dr. Scharnagl: »Wenn die Interessen der Stadt München beim Reich Förderung finden, werden wir alle das mit großer Freude begrüßen. Ich möchte nur hoffen, daß sich diese Erwartungen auch erfüllen.«

Der »Völkische Beobachter« warf Scharnagl am nächsten Tag vor, er habe sich eine dienstliche Gelegenheit entgehen lassen, um »sich in die politisch-gesellschaftlichen Zusammenhänge einzuschalten« und »jene Geste zu zeigen, die geeignet gewesen wäre, eine Brücke zu schlagen«.

So wenig wie der Stadtrat dachte zu diesem Zeitpunkt die Regierung unter Ministerpräsident Dr. Heinrich Held an »Brückenschläge« nach Berlin. Ihre politische Lagebeurteilung deckte sich mit der Meinung der Parteiführungen der Bayerischen Volkspartei (BVP) und der SPD. Der »Führer« schien »eingerahmt« von Papen, Hugenberg und deutschnationalen oder konservativen Ministern. Der Reichspräsident Paul von Hindenburg, dem man keine großen Sympathien für Hitler nachsagte, konnte ihn jederzeit wieder absetzen, die Reichswehr würde ihn unter Aufsicht halten. Man spielte in München – als Gegengewicht zu den anti-föderalistischen Tendenzen der deutschnationalen Zentralisten – sogar mit dem Gedanken an die Wiedereinführung der Monarchie.

So war in diesen Tagen in der bekannten satirischen Zeitschrift »Simplizissimus« noch die Zeichnung eines bayerischen Löwen erschienen mit der Unterschrift: »Bal die Verfassung scho hi sei muaß, nacha waar mir a boarischer Kini allwei no liaba als wia a preißischer Kommissar!«

Die widerborstigen bayerischen Strömungen konnten natürlich

nicht verborgen bleiben. Als Hitler am 24. Februar im Ausstellungspark zu der für den 5. März angesetzten Reichstagswahl sprach, behauptete er unverfroren: »Ich bin meiner Geburt, meiner Herkunft und Abstammung nach ein Bajuware, und seit Bismarcks Zeiten ist in meine Hand als erstem Bayern die erste Bürde des Reichs gelegt worden . . .« Die Zuhörer haben dem Mann aus Braunau für diesen Taschenspielertrick mit der Stammeszugehörigkeit lebhaften Beifall gespendet.

Über diese Kundgebung war in der »Münchener Zeitung« zu lesen: »Ganz München stand am Freitagabend unter dem Eindruck des Hitlerbesuchs. Adolf Hitler war nicht als Kanzler, sondern als Parteiführer gekommen, wodurch es erklärlich wird, daß der Besuch sich nicht in einem behördlichen Rahmen abspielte, sondern die Formen einer gewaltigen Parteikundgebung auf Straßen und in Hallen annahm. Es ist mit großer Genugtuung festzustellen, daß trotz des Aufgebots von vielen tausenden Parteiangehörigen, trotz des Gedränges von noch mehr Zuschauern keine ernstliche Störung, keine schweren Unfälle und erst recht keine Tätlichkeiten zu verzeichnen waren. Dies dient den Veranstaltern der Kundgebung wie der Münchner Bevölkerung zur Ehre. München hat seinen Ruf als Kulturstadt ruhmvoll gewahrt.«

Tatsächlich hatte der starke Polizeischutz für die Kundgebung einen taktischen Hintergrund: die bayerische Regierung wollte jede Störung des Hitlerbesuches vermeiden, um keinerlei Vorwände zur Einsetzung eines Reichskommissars zu liefern oder NS-Aktivisten zu gewaltsamen Aktionen zu provozieren.

Im Reich, in Preußen und in einer Reihe kleinerer Reichsländer war die NSDAP praktisch an der Macht. Nur in Bayern wurde sie noch hartnäckig hintangehalten. Wie so oft gingen hier die Uhren anders. Zwar gab es heftige Pressekampagnen, und die Zeitungen der gegnerischen Parteien schlugen sich ihre Schlagzeilen um die Ohren wie nasse Putzlumpen, zwar dröhnten in vielen Nächten die Straßen vom Marschtritt der Kampfkolonnen – der SA ebenso wie des Reichsbanners –, zwar war die Störung von Parteiversammlungen Andersgesinnter an der Tagesordnung. Aber die Regierung Held war durchaus noch Herr der Lage und ging mit empfindlichen Strafen gegen Störenfriede vor.

Dann aber überschlugen sich die Ereignisse: Am Abend des

27. Februar 1933 brannte der Reichstag in Berlin, einen Tag später unterschrieb Hindenburg eine Notverordnung »zum Schutze von Volk und Staat«, und am 4. März, dem Tag vor der Reichstagswahl, veranstaltete Goebbels den »Tag der erwachenden Nation«. Hitlers Rede in Königsberg, der Krönungsstadt der preußischen Könige, wurde durch den Rundfunk im ganzen Reichsgebiet übertragen.

Damals stand keineswegs in jeder Wohnung ein Rundfunkgerät. Der »Volksempfänger« kam erst viel später. So hörte man bei Flaschenbier in der Nachbarwohnung oder bei einer frischen Halben in der Eckwirtschaft zu, und viele vernahmen Führerrede und Marschmusik noch durch den Kopfhörer des Detektor-Apparats.

Die Inszenierung in Königsberg war eindrucksvoll, und manchem ist wohl ein kalter Schauer über den Rücken gelaufen, dem einen vor nationalem Hochgefühl, dem anderen in jäher Angst vor der Zukunft. Wieder brachte der Kanzler die bewährte Geschichte vom einfachen Gefreiten Adolf Hitler, der im Westen tapfer seine Pflicht fürs Vaterland tat, während der Feldmarschall von Hindenburg im Osten das Reich vor den Russen rettete. »Jetzt haben sie sich die Hände gereicht!« – das »Niederländische Dankgebet« erklang, die Domglokken von Königsberg dröhnten. »Ein von Not und Mißerfolg zermürbtes Volk hatte der irrationalen Woge nationaler Begeisterung und einer vitalen Hochgestimmtheit psychologisch nur schwer etwas entgegenzusetzen«, notiert ein Historiker.

Sonntag, 5. März 1933. Reichstagswahl – auch in München im wesentlichen ohne Zwischenfälle. Plakate und Spruchbänder, uniformierte Posten der SA, Reichsbannerleute, Stahlhelmer. Sie starrten sich giftig an, aber sie ließen die Fäuste in den Taschen. »Keinerlei Zusammenstöße« verzeichnete der Polizeibericht. Angesichts der politischen Hektik erreichte die Wahlbeteiligung Rekordhöhe – und das war ihr Ergebnis: In München erhielten die NSDAP 176 490 Stimmen, die BVP 102 497, die SPD 96 284 und die Kommunisten 55 483. Das war für die Nazis ein großer Sprung nach vorn, für die absolute Mehrheit reichte es bei weitem nicht. Und verdrossen mußten die Nationalsozialisten feststellen, daß das bayerische Ergebnis für sie das schlechteste war im ganzen Deutschen Reich (37% gegenüber dem Reichsdurchschnitt von 44%).

Der Wahlausgang bot natürlich Stoff genug für erregte Gespräche – hauptsächlich beim Starkbier. In München wurde nämlich das

Ansteigen der braunen Flut beim braunen Gerstensaft registriert, diskutiert oder gefeiert. Je nachdem. Noch ahnten nur wenige das kommende Unheil. Der Dichter Hans Carossa vermerkt in seinem Buch »Ungleiche Welten«: »Am 5. März saß ich bei meinen Münchner Freunden Franz und Lo Schoenberner im abendlichen Gespräch. Schoenberner, der als Schriftleiter des »Simplizissimus« guten Grund hatte, die politischen Vorgänge aufmerksam zu verfolgen, eilte noch spät in die nächste Wirtschaft, um das Ergebnis der Wahl zu erfahren. Zurückgekehrt nahm er schweigend seinen Platz wieder ein, drehte sich, während wir aus seinen bleichen, verstörten Zügen das Ergebnis ablasen, eine Zigarette und sagte das einzige Wort »Finis Germaniae« (Das Ende Deutschlands). Mir wollte das starke Wort übertrieben vorkommen . . . nicht erkennend, wie prophetisch es sich bald erweisen sollte.«

Ob mit Besorgnis oder mit Begeisterung – im Grunde zweifelte niemand mehr, daß die Entwicklung in Bayern ähnliche Wege gehen würde wie in den übrigen Reichsländern. An den Wirtshaustischen klang das etwa so: »Also, Herr Nachbar, ich sag' Ihnen – die Nazis san nimmer zum Aufhalten. Wieso? Ja – was soll denn der Ministerpräsident Held machen? Wenn er zu seiner Landespolizei sagt, sie soll auf die SA schießen oder gar auf die vielen Leut', die mitrennen und mitplärren – was passiert denn dann? Dann haben wir den schönsten Bürgerkrieg beinand in Nullkommanix! Und außerdem – weiß denn der Held, ob von seinen Landespolizisten überhaupt noch einer abdrückt, wenn er ›Feuer‹ schreit? Kann er garnet wissen! Also wern mir aa bald a Naziregierung ham, glaubn S' ma's.«

Noch war es, abgesehen vom lauten Siegesgeschrei der Nationalsozialisten und ihrem immer herausfordernderen Auftreten, in Bayern und München ein paar Tage lang verhältnismäßig ruhig. Die Staatsregierung verließ sich auf die vom »Herrn Reichskanzler« gegebene Zusage, daß für Bayern kein Reichskommissar eingesetzt werde. Ähnlich hatten sich auch Hindenburg und Papen geäußert. Es zeigte sich sehr schnell, daß auf solche beschwichtigenden Zusagen kein Verlaß war.

Im Reich waren nach dem Wahltag vom 5. März die Dinge rasch in Fluß gekommen: In allen noch nicht NS-regierten Ländern wurden Reichskommissare eingesetzt, meistens Gauleiter der NSDAP oder höhere SA-Führer. Die Regie des SA-Stabschefs Ernst Röhm klappte überall – SA-Aufmärsche, Flaggenhissungen, Machtübernahme, Gleichschaltung. Die jeweiligen Landesregierungen waren dabei deutlich in einer Zwickmühle: verhinderten sie das Hissen der Hakenkreuzfahne, so stellten sie sich klar gegen die »nationale Revolution«. Das war in der politischen Gesamtsituation unmöglich. Flatterten aber erst einmal die Fahnen an Regierungsgebäuden und Rathäusern, dann war der letzte Rest noch verbliebener Autorität dahin. Am 8. März wurden Baden, Württemberg und Sachsen gleichgeschaltet – und damit war nur noch Bayern übriggeblieben, das letzte ›Relikt‹ aus der sogenannten Weimarer Republik. Am Abend des 8. März kehrten Gauleiter Wagner und Stabschef Röhm nach getaner Arbeit im D-Zug aus Berlin nach München zurück. SA-Abteilungen aus ganz Bayern rollten in Lastwagen und Eisenbahnwaggons in Richtung Landeshauptstadt. Sie wurden ebenso systematisch wie unauffällig eingeschleust.

Am 9. März 1933 schlug auch der bayerischen Regierung des Dr. Held die Stunde.

Der 9. März 1933

Dieser Donnerstag war zunächst ein Vorfrühlingstag wie jeder andere. Gegen Mittag aber strömten immer mehr Menschen in der Innenstadt zusammen. »Heut passiert irgendwas«, sagten die Leute. SA-Kolonnen marschierten mit ihren Spielmannszügen an der Spitze Richtung Marienplatz. Trommeln und Pfeifen erklangen von allen Seiten, dazwischen wieder dumpfe Heil-Rufe und Liedfetzen. Die Gasthäuser rund um den Platz waren gedrängt voll, die Fenster in den Büro- und Geschäftshäusern dicht umlagert. Die Menschenmenge wurde immer größer. »Am Karlstor hängt schon eine Hitlerfahne!« sprach's sich herum. Einige Hitlerjungen waren hinaufgeklettert und hatten die Fahne am südlichen Turm angebracht. Es war 12 Uhr 30. »Am alten, ehrwürdigen Karlstor flattert stolz und rein die Fahne der deutschen Bewegung als Symbol der neuen Zeit«, war am nächsten Tag im »Völkischen Beobachter« (VB) zu lesen.

Am Marienplatz war jetzt kein Durchkommen mehr. Die Gehsteige, die Haltestelleninseln der Straßenbahn (damals kreuzten noch vier Linien den Platz), zwischen den an der Mariensäule parkenden Taxis war es schwarz von Menschen. Schließlich mußte der Trambahnverkehr eingestellt werden, Autos blieben hoffnungslos stecken. Alles wartete. Worauf? Niemand wußte es genau. Horst-Wessel-Lied, Deutschlandlied, ›Die Wacht am Rhein‹ wurden gesungen, immer wieder in einer anderen Ecke. Sprechchöre forderten: »Die Fahne hoch! Scharnagl raus! Weg mit Held!« Die Gerüchteküche brodelte: »Die Regierung ist zurückgetreten« – »Der Scharnagl ist verschwunden« – »Den Held ham s' verhaftet!«

Was davon stimmte oder nicht, wußte kein Mensch. Auch die SA-Männer wußten nichts Genaues. Ihnen war vor allem eingeschärft worden, jeden Angriff und jede Provokation gegenüber Polizeibeamten zu unterlassen. Man wollte keinen Konflikt mit der Staatsgewalt, der vielleicht die Reichswehr auf den Plan gerufen hätte. Die Polizisten selber standen völlig hilflos herum. »Verunsichert«, würde man heute sagen. Sie hatten keinerlei Anweisung außer der einen: ihrerseits jede Provokation der SA zu vermeiden.

So hat der Oberamtmann a. D. Nikolaus B., damals Verwaltungssekretär im Rathaus, diesen Nachmittag erlebt: »Wir haben gearbeitet

1 Auch in München und Bayern haben die Nationalsozialisten im März 1933 die Macht übernommen. Triumphierend fährt Adolf Hitler, Führer und Reichskanzler, im offenen Wagen durch die Stadt.

2 Seit 1924 war Dr. Heinrich Held Bayerns Ministerpräsident. Am 15. März 1933 legte er seine Amtsgeschäfte nieder und reiste zur Erholung in die Schweiz. – 3 Am 21. März 1933 erklärte Dr. Karl Scharnagl, Münchens Oberbürgermeister seit 1925: »... lege hiermit mein Amt nieder mit dem ausdrücklichen Hinweis, daß ich unter Vorbehalt meiner Rechte der Gewalt weiche.«

Neue Herren: 4 Exfeldwebel und NS-Stadtrat Max Amann, Verlagschef des »Völkischen Beobachters«, half handgreiflich mit, daß die SPD-Abgeordneten am 9. Mai 1933 ein für allemal den Sitzungssaal des Rathauses verließen. – 5 Heinrich Himmler, Reichsführer SS (ursprünglich Diplomlandwirt) wurde 1933 Münchens Polizeipräsident, strebte nach Höherem: 1934 Chef der Gestapo (Geheime Staatspolizei), 1936 der gesamten Polizei des Reiches, 1943 Reichsinnenminister, 1944 Oberbefehlshaber des Ersatzheeres

6 Regelrecht belagert wurde das Gewerkschaftshaus in der Pestalozzistraße. Die hier versammelten Gewerkschaftsfunktionäre erhielten nach langen Verhandlungen freien Abzug – durch ein Spalier höhnender und brüllender Braunhemden.

7 Seit dem 15. März 1933 wird Bayern kommissarisch von Generalleutnant Franz Ritter von Epp regiert (2. v. l. vorn). Ihm zur Seite als kommissarische Minister (v. l. nach r.): Ludwig Siebert für Finanzen, Gauleiter Adolf Wagner für Inneres, Hans Schemm für Unterricht und Kultus, dahinter: SA-Stabschef Ernst Röhm, Dr. Hans Frank für Justiz, Staatskommissare z. b. V.: Hermann Esser und Georg Luber.

8 SS-Männer bewachen als Hilfspolizisten den Rathauseingang. Der Publikumsverkehr ging weiter, die Beamten übten unbeirrt ihre Amtsgeschäfte aus.

9 Bewaffnete SA-Leute am Eingang der SPD-Zeitung »Münchner Post« am Färbergraben. Die geplünderten und demolierten Redaktionsräume wurden vorübergehend als SA-Heim zweckentfremdet.

wie immer, nur daß man halt öfter zum Fenster hinausgeschaut hat, was sich da zusammenbraut. Um halb fünf haben wir Schluß gemacht, auch wie immer, und sind durch das Haupttor unter dem Turm auf den Marienplatz hinaus. Das Tor ist um dreiviertelfünf geschlossen worden, wie jeden Tag. Ich bin natürlich nicht gleich heimgegangen, sondern unter den Leuten stehn geblieben, die von der nationalen Revolution geredet haben und daß es jetzt nicht mehr lang dauern kann. Vorn am Gitter ist ein junger Mann hinaufgeklettert und hat ein Hakenkreuzfahndl zwischen die Stäbe gesteckt. Die Leut haben geklatscht und wieder »Heil« geschrien. Dann haben wir weiter gewartet . . .«

Was aber war wirklich los, ein paar Straßen weiter am Promenadeplatz? Der Massenaufmarsch der Sturmkolonnen, Parteigenossen, Neugierigen und Schaulustigen war der Theaterdonner der Revolution, den die Nationalsozialisten brauchten, um die bayerische Regierung mürbe zu machen.

Um 12 Uhr 45 waren der Stabschef der SA, Ernst Röhm, der Gauleiter von Oberbayern, Adolf Wagner, der General Franz Ritter von Epp und der Reichsführer SS, Heinrich Himmler, im bayerischen Staatsministerium des Äußeren (so was gab's damals noch), dem Sitz des bayerischen Ministerpräsidenten, vorgefahren. In voller Uniform, versteht sich, und begleitet von einer SA- und SS-Wache. Auch hier hatte sich eine große Menschenmenge angesammelt, die neugierig die Hälse reckte, als die NS-Delegation ins Haus stiefelte.

Im Amtszimmer des Ministerpräsidenten spielte sich nun eine Szene ab, die in ihrer Mischung aus Pathos, Bluff und Haltung äußerst bühnenwirksam gewesen wäre. Röhm: »Herr Ministerpräsident, ich komme als Führer der SA und fordere Sie auf, dem Volkswillen Rechnung zu tragen und mit Ihrer Regierung zurückzutreten!« General von Epp müsse zum Generalstaatskommissar ernannt und die vollziehende Gewalt ihm übertragen werden. Zur Bekräftigung dieser Forderung klatschte der Gauleiter Wagner mit der Reitpeitsche auf den Sitzungstisch. »Die SA ist die Speerspitze der Nation«, sagte Röhm. Von der Straße klang das Horst-Wessel-Lied herauf, und natürlich wußte Dr. Held, was sich am Marienplatz zusammenbraute. Er stand auf. »Ich lehne dieses Ansinnen rundweg ab. Eine solche Entscheidung kann ich auch nicht allein treffen. Ich werde den Ministerrat für 14 Uhr 30 einberufen. Mehr habe ich Ihnen nicht zu sagen, meine Herren!«

»Wir kommen wieder!« drohte Wagner und knallte noch einmal mit der Peitsche auf den Tisch. Dann zogen die Nationalsozialisten ab. Die Überrumplung war zunächst mißglückt. Die Delegation hatte eine Abfuhr erlitten – und mit steinernen Mienen fuhr sie denn auch wieder ab.

Die bayerischen Minister berieten. Wie wenig Möglichkeiten ihnen noch geblieben waren, wurde auch durch die Antwort klar, die von Oberst Waeger für die bayerische 7. Reichswehrdivision auf das Hilfsgesuch des Ministerpräsidenten schriftlich gegeben worden war: »Reichswehrministerium befiehlt, Reichswehr aus rein innenpolitischen Auseinandersetzungen völlig fernzuhalten.«

Gegen vier Uhr (16 Uhr) trafen Epp, Röhm, Wagner und Himmler erneut mit Held und einigen seiner Minister zusammen. Held: »Das Kabinett hat beschlossen, Ihrem Vorschlag nicht zu folgen. Wir lassen uns nicht unter den Druck der SA setzen!« In der anschließenden heftigen Debatte berief sich Held auf Zusagen aus Berlin, auf sein Gespräch mit Hitler. Aber in Berlin wurde kühl erklärt, ein solches Gespräch habe »in den letzten Tagen überhaupt nicht stattgefunden« und die bayerische Regierung solle gefälligst »mit eigenen Machtmitteln für Ruhe und Ordnung sorgen«. Aber was blieb – wenn man einen Schießbefehl aus politischen und humanitären Überlegungen heraus nicht geben konnte und wollte – an Möglichkeiten noch übrig? So gut wie nichts.

Zurück zu Oberamtmann a. D. Nikolaus B.: »Also – auf dem Marienplatz is' immer dicker hergangen. Man hat sich kaum mehr rühren können. Die Sprechchöre und Heilrufe haben gar nicht mehr aufgehört, und es war eine Stimmung, die war aufgeputscht und aufgeregt. Aber eine Portion Gaudi war auch dabei. Da hat mancher, wenn er die Hand hochgehoben hat, ein Bierflaschl dringhabt.

Auf amal – ich hab auf die Uhr geschaut, es war genau 6 Uhr 05 (18.05) – sind hinter der Brüstung am Rathausturm ein paar Figuren in brauner Uniform aufgetaucht, und die haben ein Mordstrumm Fahne mit dem Hakenkreuz drauf über die Brüstung gehängt. Ein paarmal hat sich das Tuch in den Zacken und Fenstersimsen verfangen. Da ham die Leut gebrüllt und gesungen, daß 's lauter nimmer gangen ist. Und neben mir hat ein Mann gesagt: Typisch NSDAP – net selber denken, aber plärrn! Des hab ich mir bis heut gmerkt!«

Der Mann auf dem Rathausturm war der dicke Nazi-Stadtrat Christian Weber, der als Raufbold und ehemaliger Hausknecht vom »Blauen Bock« einen höchst zweifelhaften Ruf genoß. In der Stadtratsliste firmierte er als »Viehhändler«.

Um 7 Uhr 30 (19.30) erschien auf dem Balkon des Rathauses, von Heilrufen umdonnert, der einarmige NS-Stadtrat Max Amann, der im Ersten Weltkrieg Hitlers Feldwebel gewesen war. Er verkündete der still gewordenen Menge: »General von Epp hat soeben alle Macht in Bayern übernommen, der Reichsführer SS Heinrich Himmler den Befehl über die gesamte Polizei.« Nach diesen Worten (schreibt der VB) »kennt der Jubel der Zehntausende keine Grenzen mehr«. Dann setzt Amann hinzu: »Der Oberbürgermeister Scharnagl hat das Rathaus bereits verlassen«.

Das war, wie die ganze Ansprache, ein frecher Trick. Denn weder hatte zu diesem Zeitpunkt der General von Epp irgend etwas übernommen, noch war Scharnagl etwa zurückgetreten (wie man heraushören konnte). Er habe, versicherte der OB am nächsten Tag, an diesem Donnerstag wie gewöhnlich um halbsechs Uhr (17.30) Büroschluß gemacht und sei dann aus dem Rathaus gegangen. Durch einen Hinterausgang, muß man hinzufügen. Aber wer konnte ihm dies angesichts der aufgeputschten Massen auf dem Marienplatz verdenken?

Was nun die Machtübernahme des Generals von Epp betrifft – das diesbezügliche Telegramm des Reichsinnenministers Frick aus Berlin traf erst gegen 8 Uhr 15 (20.15) ein. Es hat folgenden Wortlaut: »Da die infolge Umgestaltung politischer Verhältnisse in Deutschland hervorgerufene Beunruhigung der Bevölkerung die öffentliche Sicherheit und Ordnung in Bayern gegenwärtig nicht mehr gewährleistet scheinen läßt, übernehme für die Reichsregierung gem. § 2 Verordnung zum Schutz von Volk und Staat Befugnisse Oberster Landesbehörden Bayern und übertrage Befugnisse Generalleutnant Ritter von Epp in München. Ersuche diesem sofort die Geschäfte zu übergeben. Erwarte Drahtnachricht von Übergabe.«

Man kann sich denken, daß die groteske Umkehrung der Tatsachen die bayerischen Minister bestürzte. Ging doch die »Gefährdung der Sicherheit und Ordnung«, gegen die der General von Epp eingesetzt wurde, gerade und einzig von jener Partei aus, der jetzt die Macht wirklich übertragen worden war. Aber ein Widerstand gegen diesen Befehl der Reichsregierung war praktisch nicht mehr möglich. Ein Protesttelegramm – über dessen Wirkung sich Held wohl keine Illusionen machte – sandte der Ministerpräsident noch am Abend an Reichskanzler Hitler: »... erhebe ich gegen die Verordnung des Herrn Reichsinnenministers den schärfsten Einspruch« hieß es darin. Ein Telegramm ähnlichen Inhalts ging an Hindenburg. Als Röhm und sein Gefolge mit der Frick-Order erneut am Promenadeplatz erschienen, fanden sie nur noch »einen kleinen Inspektor zur Übergabe der Geschäfte« vor. Einige der Herren schlugen ihr Nachtquartier gleich im Ministerium auf. Die formelle Übergabe fand erst am nächsten Tag um 11 Uhr statt.

Die vorweggenommene Bekanntgabe der Machtübertragung an General von Epp war einerseits ein Freibrief für SA und SS, jetzt endlich handgreiflich zu werden, und überzeugte andererseits die Polizei davon, daß sie im Sinne ihres neuen Chefs Himmler handle, wenn sie dem »revolutionären Elan« der Sturmabteilungen freie Hand ließ.

Die erste Gewaltaktion: Bewaffnete SA-Kommandos erzwangen sich Einlaß in die Redaktion der katholischen Wochenschrift »Der gerade Weg« im Verlagshaus der Firma Manz in der Hofstatt, warfen Zeitungsbündel und Akten auf die Straße und zertrümmerten das Mobiliar. Ein Schlägertrupp bemächtigte sich des Hauptschriftleiters Dr. Fritz Gerlich, mißhandelte ihn schwer und schleppte ihn in Schutzhaft. Dr. Gerlich war lange Jahre Hauptschriftleiter der »Münchener Neuesten Nachrichten« gewesen. Eugen Roth beschreibt ihn als »sarkastisch und brummig, Tag und Nacht Virginia rauchend«. Dieser Mann wurde ein Jahr später im KZ Dachau ermordet.

Nicht weit vom »Geraden Weg«, am Altheimer Eck, befand sich die Redaktion der SPD-Zeitung »Münchner Post«. Auch dort tobte sich die SA aus, warf Drucksachen und Schriften aus dem Fenster und das Mobiliar hinterdrein, »beschlagnahmte« Unterlagen und zündete vor dem Verlagsgebäude Stapel von Zeitungen zu einem »Freudenfeuer« an. Aus dem Fenster im obersten Stockwerk schneite es Bettfedern – da hatten die Rabauken in der Wohnung des Geschäftsführers die Kissen aufgeschlitzt. Auch die Redaktionsräume des »Bayerischen Kurier«, des Zentralorgans der Bayerischen Volkspartei, wurden verwüstet.

Im Gewerkschaftshaus an der Pestalozzistraße fand eine regelrechte Belagerung statt. Etwa 700 Uniformierte mit Fahnen und Trommeln waren hier aufmarschiert. Noch wehten auf dem Haus zwei rote Fahnen. Drinnen saßen die Gewerkschaftsfunktionäre und berieten, wie sie sich ihrer Haut wehren konnten. SA-Männer trommelten mit Gewehrkolben gegen die verbarrikadierten Türen und holten schließlich Balken als Rammböcke. Da nahm der Gewerkschaftsführer Gustav Schiefer Kontakt mit draußen auf. Nach einigen Verhandlungen wurde den Gewerkschaftern freier Abzug gewährt. Mit erhobenen Händen mußten sie Mann für Mann aus der Tür treten und durch ein Spalier höhnender, lachender, spuckender und brüllender Braunhemden regelrecht Spießruten laufen. Unerkannt in der Menge sah auch Thomas Wimmer (der kurz nach dem Zweiten Weltkrieg Münchens Oberbürgermeister wurde), damals Vorsitzender der Münchner SDP, Stadtrat und Verbindungsmann zu den Gewerkschaften, dem beschämenden Schauspiel zu. Auch er konnte seinen Genossen nicht helfen.

Natürlich wurde in vielen Fällen von den Bedrohten die Polizei gerufen, hielt man sie doch noch für die wahre Hüterin der Ordnung. Die Überfallkommandos der »Grünen« kamen auch, bereiteten aber dem »Wirken des Volkszorns kein Hindernis«, wie später zu lesen war. Sie sperrten lediglich die Straßen ab und verscheuchten allzu Neugierige, die sich die SA-Aktionen ganz aus der Nähe ansehen wollten.

Der dramatische Tag endete mit einer pathetischen nächtlichen Feier an der Feldherrnhalle. Um halbelf (22.30) loderten hier Fackeln, war ein Fahnen- und Standartenwald unter dem Gewölbe aufgebaut, stand die Menschenmenge Kopf an Kopf die Ludwigstraße hinunter bis zum Kriegsminsterium an der Schönfeldstraße. Auf den untersten Stufen der Feldherrnhalle lagen die am Gewerkschaftshaus eingeholten Fahnen. Ein SA-Mann hielt seine Fackel daran, die Fahnen gingen in Flammen auf. Marschmusik dröhnte.

Dann sprachen der Gauleiter Wagner und der General von Epp, der sich zum zweitenmal als Befreier Münchens feiern ließ. Das erstemal war er bekanntlich als Freikorpsführer 1919 wesentlich an der Niederwerfung der Räteregierung beteiligt gewesen. Jetzt präsentierte er sich als der Mann, der die (in Bayern gar nicht vorhandene) rote Gefahr endgültig besiegen werde. Und er betonte: »Um einer

Stimmungsmache vorzubeugen, bei der vielleicht behauptet wird, daß Preußentum oder Norddeutschland hier Bayern etwas Ungünstiges aufzwingen wollen, möchte ich daran erinnern, daß der Weg zur Freiheit von München ausging, daß Männer wie Hitler und Frick aus Süddeutschland stammen und daß es keinem einfällt, die Rechte Bayerns und das, was es nach seiner Geschichte zu fordern hat, jemals zu beeinträchtigen. Ich werde niemals gegen meine engere Heimat eine feindselige Handlung vollziehen!« Gauleiter Wagner stellte im Brustton der Überzeugung fest, daß nun endlich auch in München die Bewegung »völlig legal« an die Macht gekommen sei.

Noch in der Nacht befreiten SA-Trupps verhaftete Nationalsozialisten gewaltsam aus dem Cornelius-Gefängnis und dem Gefängnis am Neudeck, wurde eine Reihe von Ministern und Politikern der BVP und SPD von der SA in »Schutzhaft« genommen, mißhandelt und ins Braune Haus zum »Verhör« geschleppt.

Wie sich das abspielte, schilderte Lina Heydrich, Frau des späteren Chefs des Reichssicherheitshauptamtes, am 13. März 1933 ihren Eltern in einem Brief: ». . . abends hatten die SA und SS ihr besonderes Vergnügen. Sie hatten die Aufgabe, alle politischen Gegner, soweit sie bekannt waren, zu verhaften und ins Braune Haus zu bringen. Das war was für die Jungs. Endlich einmal Rache nehmen dürfen für all das Unrecht, was man ihnen zufügte, für all die Schläge und Verwundungen und Rache nehmen zu dürfen für ihre gefallenen Kameraden. Über 200 sitzen jetzt, KPD, SPD, Juden und Bayerische Volkspartei. Einige interessante Begebenheiten dieses Abends sind mir bekannt. Höflich bekommt den Auftrag, mit einigen SS-Leuten, den Innenminister Stützel zu verhaften. Erst weigert er sich, sein Bett zu verlassen, um mitzugehen. Als er bei der dritten Aufforderung nicht mitgeht, nehmen sie ihn so wie er ist und setzen ihn ins Auto – und auf ins Braune Haus. Die Gaudi könnt Ihr Euch vorstellen. In Socken und Nachthemd steht der Herr Innenminister in der Halle, umgeben von einer Menge SA und SS, die vor Lachen nicht wissen wohin. Dann kommen sie und treten dem weinenden Innenminister mit ihren schweren Stiefeln auf die große Zehe, daß er zwischen ihnen hopst von einem Bein aufs andere. Ihr könnt Euch das Bild wohl vorstellen. Als nächster wird der Jude Lewy reingeführt. Mit dem machen sie kurzen Prozeß. Sie hauen ihn mit Hundepeitschen durch, ziehen ihm Schuh und Strümpfe aus, und so muß er barfuß in Begleitung von SS seiner häuslichen Behausung zuwandern. Sein Haus war unterdessen gut ausgeräuchert. Er war nämlich der Leiter der Münchner Juden.« (Aus »Leben mit einem Kriegsverbrecher« von Lina Heydrich, Verlag W. Ludwig, Pfaffenhofen.) Frau Heydrich bemerkt zu diesem Brief: »Damals war ich ganze 22 Jahre alt, und ich meine, ich habe seinerzeit alles wie eine Art Western angesehen und den Ernst des Umbruchs überhaupt nicht erfaßt.«

Gegen Mitternacht zogen vor den Wohnungen aller bayerischen Kabinettsmitglieder »Schutzposten« der SA auf. Röhm und Himmler hatten ihre Befehle sehr schnell und gezielt gegeben. Bis in den Morgen hinein hallten die Straßen von Gesängen und den harten Marschtritten der Kolonnen. Auch der uninteressierte und abgestumpfte Bürger konnte nicht mehr überhören, daß da eine »neue Zeit« marschierte . . .

Tage der Ohnmacht

Für den nächsten Tag, Freitag, den 10. März, hatte Bayerns Ministerpräsident Dr. Heinrich Held die Minister seiner Regierung zu einer Beratung gebeten. Als er das Haus am Promenadeplatz betrat, fand er in seinem Vorzimmer einen Trupp schwerbewaffneter SA-Leute. Es roch nach Zigaretten, Leder und Schweiß. Auf den Schreibtischen standen leere Bierflaschen.

Wortlos ging Dr. Held in sein Zimmer – und sah sich auch hier einem Mann in brauner Uniform gegenüber – dem am Vorabend zum »Staatskommissar für besondere Verwendung« ernannten NS-Landtagsabgeordneten und Stadtrat Hermann Esser.

»Verlassen Sie sofort diesen Raum, Sie haben hier nichts zu suchen«, herrschte Held ihn an. »Oh doch«, antwortete Esser kühl, »ich bin hier als Verbindungsmann zum Reichskommissar Ritter von Epp.« Und er blieb.

Einigen der versammelten Männer, besonders dem Innenminister Stützel, der in der Nacht im Braunen Haus »verhört« worden war, sah man die erlittenen Mißhandlungen noch deutlich an. Die Stimmung war niedergeschlagen. Es war mehr als fraglich, ob die Macht dieser Regierung noch über das Dienstzimmer des Ministerpräsidenten hinausreichte. Und hier saß Esser, mischte sich immer wieder in die Gespräche und genoß sichtlich die Peinlichkeit der Situation.

Schreibt Karl Schwend in seinem Buch »Bayern zwischen Monarchie und Diktatur«: »Der Ministerrat erschöpfte sich, wie es nicht anders sein konnte, in Klagen, Verwahrungen und in einseitigen Feststellungen über den Umfang der Befugnisse des Reichskommissars.« Ja – wie konnte es anders sein? Angesichts des bewaffneten SA-Kommandos im Vorzimmer und des Kommissars Esser gehörte schon Mut genug dazu, in dieser Gesellschaft über Kompetenzen überhaupt noch zu diskutieren und gegen Machtmißbrauch zu protestieren.

Derselbe Hermann Esser hatte in der Nacht vom Donnerstag auf Freitag um 1.15 Uhr die Münchner Pressevertreter zusammentrommeln lassen und ihnen – aus seiner Sicht – eine Bilanz der Ereignisse des 9. März gegeben. Er schloß mit den Worten: »Wir haben nicht vor, einen kleinlichen und schikanösen Standpunkt einzunehmen.

Aber wir werden rücksichtslos gegen alle Zeitungen vorgehen, die an unseren Maßnahmen eine nicht zweckmäßige Kritik üben. Ich mache Ihnen keine Vorschriften – aber ich rate Ihnen, sich den Erfordernissen der Zeit entsprechend einzustellen!« (VB)

Am Freitagnachmittag berief Esser nochmals eine Pressekonferenz ein und erläuterte im Beisein des Reichskommissars von Epp die Verhaftungsmaßnahmen. Sie seien notwendig geworden, um die Störung der Sicherheit und Ordnung zu verhindern. Es seien alle »erreichbaren« Funktionäre der kommunistischen Partei, des Reichsbanners und der SPD in ihrem eigenen Interesse in Schutzhaft genommen worden. Außerdem würden die »Schutzmaßnahmen« auf einige andere Staatsbürger ausgedehnt, die auf Grund ihrer Stellung im politischen und wirtschaftlichen Leben in diesen Tagen besonders gefährdet seien. »Diese Maßnahmen sind nur von vorübergehender Dauer«, versicherte Esser den Journalisten.

Unter den Verhafteten befand sich übrigens auch der damalige SPD-Vorsitzende Thomas Wimmer. Um 5.30 Uhr morgens holte ihn die Kriminalpolizei aus dem Bett, brachte ihn zunächst ins Präsidium an der Ettstraße, dann ins Gefängnis Stadelheim und von dort bald darauf zusammen mit 80 anderen Verhafteten in das Gefängnis Landsberg am Lech. Es entbehrt nicht einer gewissen Ironie – stellt Wimmer-Biograph Dr. Hanko fest –, daß gerade im Falle Wimmer die Bezeichnung »Schutzhaft« halbwegs zutreffend war. Die Polizei, zwar durchaus willig im Dienst der neuen Machthaber, behandelte ihre Häftlinge noch »streng nach Vorschrift«. Wäre der »Damerl« damals der SA in die Hände gefallen, wäre er wohl nicht ohne schwere Mißhandlungen davongekommen.

Im Rathaus hatte Dr. Scharnagl für den 10. März eine Sitzung des Ältestenrats einberufen. Aber auch hier konnte man nicht sehr viel mehr tun als der Empörung darüber Ausdruck zu geben, »daß nationale Männer der BVP in der heutigen Nacht in einer Art und Weise behandelt worden sind, wie sie geradezu schmählich ist für ganz Deutschland«. Daß Reichskommissar von Epp versichert hatte, gegen die Stadtverwaltung »liege nichts vor« und auch gegen den Oberbürgermeister selbst werde nichts unternommen, wenn er sich für kurze Zeit aus der Öffentlichkeit zurückziehe – das waren die letzten Strohhalme, an die sich Dr. Scharnagl und seine Stadträte klammern konnten. Aber man weiß, wie wenig tragfähig Strohhalme sind.

In der Stadt ging es lebhafter zu als sonst. Die Menschen, inzwischen von Zeitungen und Rundfunk über die Vorgänge informiert, strömten in Massen durch die Straßen, schauten sich die Beflaggung an, die jetzt an allen öffentlichen Gebäuden vom Hauptbahnhof bis zum Hauptpostamt vollzogen war, und lasen die Maueranschläge mit der ersten Proklamation des Reichskommissars: »Die Einsetzung des Reichskommissars dient der Aufrechterhaltung der öffentlichen Sicherheit und Ordnung bis zur Bildung einer verfassungsmäßigen Regierung in Bayern, die dem am 5. März überwältigend geäußerten Willen der nationalen Bevölkerung Bayerns entspricht und die Gewähr dafür gibt, daß die Reichsregierung der nationalen Erhebung unter der Führung Adolf Hitlers auch in Bayern treue Gefolgschaft findet.«

Auch auf den Kaufhäusern, die für die Nazi-Propaganda wegen ihrer meist jüdischen oder ausländischen Besitzer schon immer ein rotes Tuch waren, wehte jetzt das rote Tuch mit dem Hakenkreuz: auf dem Kaufhaus Uhlfelder im Rosental, dem benachbarten Einheitspreisgeschäft Epa, bei Woolworth und bei Hermann Tietz am Bahnhofplatz. »Im Zusammenhang mit ihrer Beflaggung wurden die Warenhäuser auch geschlossen, konnten aber im Lauf des Nachmittags wieder öffnen«, berichtet die »Münchener Zeitung« lakonisch.

Die Neugierigen drängten sich besonders an den Plätzen, wo es am Vortag zu Ausschreitungen gekommen war. Sie sahen am Verlagsgebäude der »Münchner Post« einen weißen Leinwandstreifen in Höhe des ersten Stockwerks mit der Aufschrift: »SA-Heim, Sturm 16«. Auch im Gewerkschaftshaus hatten sich NS-Sturmtrupps häuslich niedergelassen. Sie winkten den Gaffern aus den Fenstern zu. Im Rathaus lief der Parteiverkehr mit den Ämtern ungehindert. Die Doppelposten der Polizei, verstärkt durch einen SA- oder SS-Mann, hielten niemand auf. Es würden jedoch, verlautbarte der städtische Nachrichtendienst, »bis zu einer weiteren Klärung der politischen Lage keine Sitzungen mehr stattfinden«.

Am Sonntag, 12. März, traf Reichskanzler Hitler mit dem Flugzeug auf Oberwiesenfeld ein, um seine Parteigenossen zur Machtübernahme zu beglückwünschen und natürlich auch, um bei der fälligen Besetzung der Regierungsposten ein gewichtiges Wort mitzureden. Der überraschende Gratulationsbesuch war erst kurz vorher im Rundfunk bekanntgegeben worden. Trotzdem empfing eine riesige

Menschenmenge (Polizeischätzung: 150 000) den »Führer«. »Ich selbst bin überglücklich und stolz darauf, daß nicht der Norden Bayern gewonnen hat, sondern daß aus freiem Willen sich das Land selbst zur Einheit bekannt hat«, sagte Hitler in seiner Ansprache. »Ich habe das Gefühl, daß in diesen Tagen Bayern selbst sich eingegliedert hat in die große Front der erwachenden deutschen Nation.« Hitler fuhr vom Flugplatz in die Stadt, legte an der Feldherrnhalle einen Kranz nieder und begab sich ins Braune Haus.

An diesem Sonntag spielte im überfüllten Stadion an der Grünwalder Straße der FC Bayern gegen den TSV 1860. Die »Löwen« gewannen mit 2:1. Und an diesem Sonntag begann in München auch die Salvatorzeit auf dem Nockherberg und in 102 Ausschankstellen der Stadt. Die Maß kostete 90 Pfennig.

Berichtete die »Münchener Zeitung«: »Die Tradition siegt in München schließlich über alles, sogar über die Politik, von der man doch wahrlich nicht behaupten kann, daß sie gegenwärtig nicht maßgebend wäre; es wäre schön, wenn unsere deutschen Volksgenossen nicht nur beim Bier einig wären. Aber seien wir froh: da sind sie es wenigstens. Die Eröffnung des Salvator-Ausschanks auf dem Nockherberg verlief friedlich und schiedlich wie je. Und dabei hatte die Salvatorgemeinde in den letzten Tagen immerhin allerlei erlebt. Nehmen wir die Sonne, die am Nachmittag über dem vollbesetzten Garten des Salvatorkellers leuchtete, als freundliches Sinnbild der Zukunft . . .«

Einen Tag später steht aber auch eine Verlautbarung des neuen Münchner Polizeipräsidenten Heinrich Himmler in den Zeitungen: »Ich habe Schutzhaft in ziemlich erheblichem Maße verhängt. Diese Maßnahme ist von manchen Stellen falsch verstanden worden. Ich habe mich hierzu genötigt gesehen, da in der Stadt an vielen Stellen große Erregung herrscht und es mir daher unmöglich wäre, jede einzelne Persönlichkeit, die Anlaß zur Unruhe gibt, so zu schützen, daß ich die Sicherheit für Leben und Eigentum übernehmen könnte.«

Das »Rad der Geschichte«

Drei Tage dauerte die staatlich angeordnete Festbeflaggung. Sogar die Straßenbahnen fuhren mit Hakenkreuzwimpeln. Viele Hunderte zogen an dem von Hitler an der Feldherrnhalle niedergelegten Lorbeerkranz für die Gefallenen des 9. November 1923 vorbei. Ein Schutzmann und zwei SS-Leute mit Gewehr hielten Wache – ein kleines Vorspiel zu dem später hier errichteten »Mahnmal« mit Grußpflicht.

Für die Münchner kehrte nach der großen Aufregung der Alltag wieder in der Stadt ein, die großen Sorgen und kleinen Freuden gewannen wieder die Oberhand. Das Kleiderhaus Bamberger und Hertz inserierte 10 000 Hosen in 13 Größen, zehn Eier kosteten eine Mark, im Circus Krone wirbelte die schöne Dolores als »lebender Propeller« unter der Zirkuskuppel. Im Volkstheater gastierten die Vier Nachrichter mit ihrem Kabarett »Der Esel ist los« (Bobby Todd und Helmut Käutner waren dabei), und im Gärtnerplatztheater wurde der Münchner Operettenliebling Rudolf Seibold als »Bruder Straubinger« allabendlich umjubelt.

Im Platzl hatte »Der unsterbliche Dachauer« Premiere, und der Weiß Ferdl selber taufte ein paar Tage später im Tierpark Hellabrunn ein junges Nilpferd auf den Namen »Ferdl«: »Und wieder hat München ein großes Viech hervorgebracht«, sagte der beliebte Komiker verschmitzt, »werd net lang dauern, bis es mit seine dicken Haxen die bayerischen Belange ›vertreten‹ kann«.

Fast unbemerkt von der Öffentlichkeit kämpfte die Regierung Held noch immer gegen die von Berlin eingesetzten Kommissare, die ihrerseits zwar eine nervöse Betriebsamkeit entfalteten, aber selbst auch noch nicht so aktiv werden konnten, wie sie wollten. Die einen konnten nicht mehr, die anderen noch nicht regieren. Nochmals war der bayerische Gesandte in Berlin von Dr. Held beauftragt worden, beim Reichspräsidenten gegen das Eingreifen des Reichs in Bayern zu protestieren. Aber er wurde von Hindenburg nicht mehr empfangen.

Isoliert, entmachtet und ohne eine Spur von Hoffnung, das von den Nazis vielzitierte »Rad der Geschichte« zurückdrehen zu können, erklärte Ministerpräsident Held schließlich schriftlich seinen Rücktritt. Der Mann, der seit dem 28. Juni 1924 an der Spitze der bayerischen Regierung gestanden hatte, resignierte. Er war am Ende seiner körperlichen und seelischen Kraft. Noch am gleichen Tag reiste er zu einem Kuraufenthalt in die Schweiz.

Reichskommissar von Epp erließ daraufhin sofort eine amtliche Verlautbarung: »Durch Schreiben vom 15. März läßt mir der bisherige Ministerpräsident Dr. Held mitteilen, daß er mit dem heutigen Tage seine Amtsgeschäfte als geschäftsführender Staatsminister und Vorsitzender des Ministerrats niedergelegt hat.« Gleichzeitig ernennt Epp seine Staatskommissare: für das Staatsministerium des Innern den Gauleiter Adolf Wagner, für Finanzen den ehemaligen Lindauer Oberbürgermeister Ludwig Siebert, für Justiz den Rechtsanwalt Dr. Hans Frank, für Unterricht und Kultus den Gauleiter der bayerischen Ostmark und ehemaligen Volksschullehrer Hans Schemm. Staatskommissare »zur besonderen Verwendung« bleiben Röhm, Esser und Luber.

Frühlingsanfang 1933: Im Rathaus ging am 21. März der Dienstbetrieb der Behörden seinen gewohnten Gang. Nur gegen den Oberbürgermeister Scharnagl hatte der »Völkische Beobachter« in einer Artikelserie unter der Überschrift »Abtreten, Herr Oberbürgermeister!« eine heftige Kampagne entfesselt, die in der Behauptung gipfelte: »Dr. Scharnagl hat bewußt die Ausbreitung der marxistischen Weltanschauung mit öffentlichen Mitteln gefördert.« Am 20. März stellte der zum kommissarischen Innenminister ernannte Gauleiter Wagner dem Oberbürgermeister ein Ultimatum. Er ließ Scharnagl die Aufforderung überbringen, sein Amt sofort niederzulegen.

Nach kurzer Beratung mit seinen Parteifreunden schrieb Dr. Scharnagl dem neuen Innenminister: ». . . diesem an mich ergangenen Befehl komme ich nach und lege hiermit mein Amt nieder mit dem ausdrücklichen Hinweis, daß ich unter Vorbehalt aller meiner Rechte der Gewalt weiche!«

Scharnagl übergab diese mutige Erklärung der Presse, die sie auch kommentarlos abdruckte. Lediglich der »Völkische Beobachter« versuchte nachzuweisen, daß von einem Befehl keine Rede sein könne. Scharnagl sei nur »eindringlich darauf aufmerksam gemacht worden«, daß weiteste Kreise der Landeshauptstadt seinen unverzüglichen Rücktritt forderten und daß unter Umständen mit Demonstrationen gegen ihn gerechnet werden müßte. Deshalb sei er gebeten worden, von sich aus die Konsequenzen zu ziehen, damit keine zwangsweise

Entfernung aus dem Amt notwendig werde. Der Abgang des Oberhaupts der Landeshauptstadt müsse sich »in würdigen Formen vollziehen«.

Soviel Scheinheiligkeit brachte der Innenminister Wagner nicht auf. Er nahm den Protest ungerührt zur Kenntnis und setzte noch am Abend des 20. März den städtischen Obersekretär Karl Fiehler zum kommissarischen Ersten Bürgermeister ein. Der bebrillte, hagere Mann, Blutordensträger und Zigarrenraucher, war 1919 in den Verwaltungsdienst der Stadt getreten und gehörte seit 1924 dem Stadtrat an, zuletzt als Vorsitzender der NS-Fraktion. Er war in seiner Partei der Experte für Kommunalpolitik. Geboren worden war Karl Fiehler 1895 in Braunschweig als Sohn eines Predigers. Seit 1902 lebte Karl Fiehler in München.

Dr. Karl Scharnagl, der fast 19 Jahre lang die Geschicke der Stadt geleitet hatte, wurde am 22. März in Gegenwart seines Nachfolgers Fiehler vom Stadtrat verabschiedet. Dabei sagte Dr. Scharnagl: »Ich kann mit einem Gefühl der Befriedigung und des Stolzes auf meine Tätigkeit zurückblicken. München hat seine Geltung im deutschen Vaterland erhalten können, das wäre bei einer unzulänglichen Geschäftsführung (wie sie ihm vom VB vorgeworfen worden war, d. Verf.) nicht möglich gewesen.

Ich wünsche meinem Amtsnachfolger von Herzen Glück.«

Fiehler dankte für die ihm gewidmeten Wünsche und raffte sich zu einer persönlichen Geste auf: Wenn beim Beginn einer neuen Entwicklung persönliche Schicksale schwer getroffen werden, sei das bedauerlich. Aber das Rad der Geschichte bleibe nicht stehen . . . Dr. Scharnagl kehrte in seinen Bäckereibetrieb zurück.

Am 3. April wurde die Auflösung des Stadtrats verfügt, die Neubildung sollte nach den Prozentzahlen des Reichstags-Wahlergebnisses vom 5. März erfolgen. Das bedeutete, daß bei der ersten Sitzung am 26. April die Bürgervertretung aus 20 Mitgliedern der NSDAP, elf der BVP und zehn der SPD bestand. Dazu kamen noch drei Mandate für die deutschnationale »Kampffront Schwarz-Weiß-Rot«, die mit den Nazis sympathisierte. Die Kommunistische Partei war bereits verboten, ihre Mandate waren erloschen.

In dieser Sitzung vom 26. April wurden beim Namensaufruf die SPD-Stadträte Dichtl und Wimmer vom Oberbürgermeister mit dem Zusatz »entschuldigt« aufgeführt. Sie befanden sich – in Schutzhaft.

Auf der Tagesordnung stand an diesem Tag die »Abtragung einer Dankesschuld«: Adolf Hitler und Ritter von Epp wurden zu Ehrenbürgern ernannt und die Umbenennung der Brienner Straße zwischen Odeonsplatz und Königsplatz in Adolf-Hitler-Straße und des Promenadeplatzes in Ritter-von-Epp-Platz beschlossen. Hitler hat diese Ehrung durch Straßen-Umbenennung kurz darauf dankend abgelehnt (Durch die Eingemeindung von Obermenzing kam München allerdings 1938 doch noch zu einer Adolf-Hitler-Straße). Der Promenadeplatz jedoch hieß bis 1945 nach dem General. Die Trambahnschaffner verkauften aber auch jedem die richtige Fahrkarte, der weiterhin »Promenadeplatz« verlangte (damals mußten Beginn und Ziel der Fahrt noch auf dem Billett eingezeichnet werden).

Die Sozialdemokraten verließen bei diesen Ehrungsbeschlüssen unter den Pfui-Rufen der Nationalsozialisten demonstrativ den Sitzungssaal.

Zwei Wochen später, in der Sitzung am 9. Mai, sprang sofort nach Eröffnung der NS-Stadtrat Max Amann auf und schmetterte eine Erklärung in den Saal: »Die sozialdemokratische Fraktion hat in der letzten Sitzung bei der Ehrung des Herrn Reichskanzlers und des Herrn Reichsstatthalters ostentativ den Saal verlassen. Diese Handlungsweise stellt eine unverschämte Provokation nicht nur unserer Fraktion und Bewegung, sondern auch der gesamten Münchner Bevölkerung dar . . . Wir lehnen jede weitere Zusammenarbeit mit den marxistischen Arbeiterverrätern ab und fordern die sozialdemokratische Fraktion auf, sofort und ein für allemal aus der Gemeindevertretung zu verschwinden!«

Beifall und Gebrüll auf Seiten der Nazis, betretenes Schweigen bei der BVP. Fiehler schwang die Sitzungsglocke. In die abflauende Unruhe hinein forderte der neue OB die Sozialdemokraten auf, in ihrem eigenen Interesse die Sitzung zu verlassen. Die SPD-Männer blieben. Eine Wortmeldung wurde niedergeschrien. Dann stürmten der Rabauke Christian Weber und der Ex-Feldwebel Amann auf die Sozialdemokraten los, zerrten sie aus den Bänken, schlugen auf sie ein. Ihre Parteigenossen griffen auch zu – geschoben, getreten, geprügelt, wurden die SPD-Leute aus dem Saal gedrängt. Draußen wartete schon die Hilfspolizei – eine SA-Kolonne. Das übliche Ende – Abtransport in »Schutzhaft«.

Den Vertretern der inzwischen aufgelösten Bayerischen Volkspartei im Stadtrat blieb nur Zeit bis zum 11. Juli – dann wiederholte der NS-Stadtrat Christian Weber dasselbe Spiel: »Die Stadtratsfraktion der NSDAP will in ihrer Tätigkeit im Stadtrat durch die Anwesenheit der Herren der ehemaligen Bayerischen Volkspartei nicht gestört sein«, geiferte er. Die BVP-Leute zogen die Konsequenzen.

Am 19. Juli wurden auf Vorschlag Fiehlers von der Regierung von Oberbayern 17 weitere Nationalsozialisten in den Stadtrat berufen. Das bedeutete »die Übernahme der gesamten Macht« und wurde am 25. Juli mit einem Festakt als »denkwürdigster Tag in der Geschichte der Stadtverwaltung« gefeiert.

Der neue Oberbürgermeister Fiehler sagte damals u. a.: »Wir alle sind verantwortlich dafür, daß der Wille unseres Führers gerade in München seine volle Verwirklichung findet ... Es ist unsere Aufgabe und Pflicht, den Tiefstand unserer Wirtschaft, Not und Arbeitslosigkeit zu überwinden und die Auswirkungen der Vergangenheit zu beseitigen. Wir wollen aus München wieder eine wahrhaft deutsche Stadt machen, in der deutsche Kunst und deutscher Geist, deutsche Sitte und deutsche Art, deutsches Gemüt und deutscher Frohsinn wieder einen Platz haben. Wir werden einst Rechenschaft vor der Geschichte unserer Stadt und vor dem Volke abzulegen haben.«

Um es vorweg zu nehmen: zwölf Jahre später war es soweit – München lag in Trümmern. Der Oberbürgermeister Karl Fiehler wurde von den Amerikanern verhaftet und mußte dann auch »Rechenschaft« ablegen: vor der Hauptspruchkammer München, die auf Grund des Entnazifizierungsgesetzes eingerichtet worden war.

Fiehler wurde nach der Gruppeneinteilung des Gesetzes nicht als »Hauptschuldiger«, sondern als »Aktivist« eingestuft und u. a. zu zwei Jahren Arbeitslager verurteilt sowie mit 12 Jahren Berufsverbot belegt. Man hielt ihm dabei allerdings zugute, daß er in den letzten Kriegstagen die befohlene Sprengung der Isarbrücken nicht mehr durchgeführt hatte, und bestätigte ihm sogar, daß seine Tätigkeit als Oberbürgermeister »für die Stadt nützlich« gewesen sei.

Fiehler arbeitete später als Buchhalter in einem Privatbetrieb. Er bekam von 1962 an eine Pension als städtischer Obersekretär. Sein Antrag auf Zahlung einer Oberbürgermeister-Pension wurde abgelehnt. Fiehler starb im Dezember 1969 im Alter von 74 Jahren in einem Altenwohnheim in Dießen am Ammersee.

10 Mit Hakenkreuzfahnen und »Führerbild« wird im Rathaushof gefeiert. Im Stadtrat gab es nur noch eine Partei: die NSDAP.

11 Oberbürgermeister Karl Fiehler auf dem Höhepunkt seiner Laufbahn während einer Ansprache vom Rathausbalkon am Marienplatz…

12 …und nach Kriegsende vor der Spruchkammer, die ihn als »Aktivist« unter anderem zu zwei Jahren Arbeitslager verurteilte.

13 SA marschiert. Die neuen Herren demonstrieren in der Landeshauptstadt ihren Machtanspruch auch auf der Straße. Noch sind Heilrufe selten.

14 Noch ist Hitler mit dem Stabschef der SA, Ernst Röhm, im Gespräch. Am 30. Juni 1934 wurde er mit einer Reihe mißliebiger Personen (darunter auch der hinter Röhm stehende SA-Obergruppenführer und Münchner Polizeipräsident Schneidhuber) wegen eines angeblich geplanten Putsches erschossen.

15 Das berüchtigte Mahnmal für die Opfer des Hitlerputsches von 1923 an der Feldherrnhalle. Vorübergehende hatten es mit erhobener rechten Hand zu grüßen.

16 Gleichgeschaltet in jeder Hinsicht: Fahnen, Stiefel und kein Gesicht.

Bayern endlich gleichgeschaltet

Am 28. 4. 1933 berichtete die »Münchener Zeitung« unter der Überschrift: »Maibock-Probe gleichgeschaltet« von der traditionellen Maibock-Probe im Hofbräuhauskeller: »Nun ist gewissermaßen auch die Maibock-Probe gleichgeschaltet. Äußerlich sah es zunächst nicht so aus. Weiß-blau und schwarz-gelb war, wie immer, die Zier des Saales. Nur auf den Tischen der Regierung leuchteten die siegreichen Farben der neuen Zeit. Diese rückte dann allerdings im Schmuck der braunen Uniformen an – die Herren sahen vorzüglich aus! –, sogar mit der Dienstpistole am Gürtel. Die Maibock-Probe war aber gar nicht so gefährlich, sie war liebenswürdig, lustig, einhellig wie immer . . .«

Was hier noch mit milder Ironie geschildert wurde, hatte recht handfeste Hintergründe. Nach der Machtübernahme wurde »gleichgeschaltet«, und zwar auf allen Gebieten des öffentlichen Lebens, von der Verwaltung bis in die kleinsten Vereine hinein. Offizielle Handhaben boten die sehr schnell erlassenen Gesetze und Verordnungen, wie die nach dem Reichstagsbrand verkündete Verordnung »zum Schutze von Volk und Staat«, mit der sich nahezu alles rechtfertigen ließ, wie das Gesetz zur Wiederherstellung des Berufsbeamtentums, das vorläufige Gesetz zur Gleichschaltung der Länder mit dem Reich und der Neubildung der Gemeindeverwaltungen und schließlich das Gesetz über den Neuaufbau des Reiches.

Erste Opfer waren die alten Parteien und die Gewerkschaften. Die kommunistische und die sozialdemokratische Partei wurden gleich verboten, ihr Besitz beschlagnahmt, ihre Exponenten und Funktionäre verhaftet. Die bayerische Volkspartei hatte noch einige Wochen aufs Überleben gehofft, mußte sich jedoch im Juli 1933 »selbst auflösen«. Organisation, Einrichtungen und Vermögen der Gewerkschaften wurden von der »Deutschen Arbeitsfront« übernommen. Auch die führenden Männer der Gewerkschaft kamen in »Schutzhaft«.

Dazu Hitlers Generalinspekteur und späterer Rüstungsminister, Albert Speer: »Besonders in den ersten Jahren wurden Hitlers Erfolge von den vorhandenen Organisationen, die er übernommen hatte, getragen. In der Verwaltung arbeiteten die alten Beamten weiter, die militärischen Führer Hitlers stammten aus der Elite der kaiserlichen Armee und der Reichswehr, in der Arbeitsfront wurde die praktische Arbeit teilweise von übernommenen Gewerkschaftsbeamten erledigt.«

Zum übernommenen »Beamten-Apparat« ist noch ein Wort zu sagen. Es wäre den Nationalsozialisten natürlich unmöglich gewesen, die Verwaltung von Staat und Gemeinden ohne die Mitarbeit der Beamtenschaft aufrechtzuerhalten. Es wurde deshalb von Anfang an mit Nachdruck an die Beamten appelliert, »sich eingedenk ihrer Pflichten gegenüber dem Staat und dem deutschen Volk unbeirrt und rückhaltlos in den Dienst der nationalen Revolution zu stellen«. Das betraf naturgemäß hauptsächlich die breite Basis des unteren und mittleren Dienstes. In den zum Teil politisch besetzten Spitzen wurde rücksichtslos »gesäubert«.

In seiner Dissertation über den NS-Staat in Bayern hat Ortwin Domröse die Situation der bayerischen Staats- und Gemeindebeamten und ihr Verhältnis zur NSDAP eingehend analysiert. Er schreibt u. a.: »Es kann keinem Zweifel unterliegen, daß aus weiten Teilen der Beamtenschaft der neuen Regierung eine Welle der Sympathie entgegenschlug ... Das Wunschbild eines straff und autoritär geführten Staates, den zu errichten die Nationalsozialisten unermüdlich vorgaben, hatte in den Ohren von Verwaltungsbeamten alter Schule einen verführerischen Klang.«

In einer Erklärung des bayerischen Beamtenbundes heißt es schon wenige Tage nach der Machtübernahme: »... der Beamtenbund, der es stets abgelehnt hat, die Tendenzen politisierender Arbeiter- und Angestelltengewerkschaften auf die Verbandspolitik der Beamten anzuwenden, ist der Überzeugung, daß die bayerische Beamtenschaft ihre Amtspflichten eingedenk des Grundsatzes, daß der Beamte nicht Diener einer Partei, sondern der Gesamtheit ist, wie bisher zum Wohle des Volksganzen voll erfüllt. Die bayerische Beamtenschaft arbeitet freudig mit an dem Werk der deutschen Erneuerung.«

In einem Gespräch haben wir den bereits zitierten Oberamtmann a. D. Nikolaus B. über seine Erfahrungen in dieser Zeit befragt. Unser Gesprächspartner war 1933 gerade 20 Jahre alt und bezeichnet sich selbst als »typischen Mitläufer«.

Frage: Wie haben Sie die Zeit nach der Machtübernahme im Rathaus erlebt?

Nikolaus B.: Bei uns im Amt hat sich eigentlich nicht viel geändert. Einige haben plötzlich ein Parteiabzeichen getragen, von denen man vorher nicht gewußt hat, daß sie dabei sind. Der Kanzleisekretär Georg H. ist Betriebsobmann geworden. Der hatte aus seiner Einstellung nie ein Hehl gemacht, und wir hatten ihn früher oft aufgezwickt wegen seiner Parteigaudi. Aber ich muß sagen, der H. war kein bösartiger Mensch. Viel Profit von seiner »Kampfzeit« hat er auch nicht gehabt. Er ist nur ein paar Monate früher zum Obersekretär befördert worden, als er eigentlich drangewesen wäre. In einem Punkt war er aber schon scharf: Wenn Aufmärsche oder Kundgebungen oder Gemeinschaftsempfang oder so was war, hat er aufgepaßt wie ein Schießhund, daß sich keiner drückt. Und zu uns Jungen hat er immer wieder gesagt: »Ihr müßt irgendwo dazugehen, ihr jungen Spunde könnt doch nicht einfach beiseite stehen, wenn überall am Aufbau gearbeitet wird.«
Frage: Sie mußten also in irgendeine NS-Organisation eintreten?
Nikolaus B.: Es ist halt immer wieder danach gefragt worden, und im Personalreferat war man nicht gut angeschrieben, wenn man bloß beim NS-Beamtenbund oder bei der NSV war. Aber direkt gezwungen, so nach dem Motto »Entweder du trittst ein oder du fliegst raus« – so war's nicht. Einige sind auch durchgekommen, ohne daß sie bei einer Parteigliederung waren.
Frage: Sie sind also dann »irgendwo« eingetreten?
Nikolaus B.: So seltsam das heut klingt – das ist eigentlich ganz komisch zugegangen. Eines Tages ist der Georg H. gekommen und hat gesagt, es wird ein Beamten-Reiter-Sturm der SA gegründet, und das wäre doch was für uns. Wir waren damals vier Kollegen in meinem Alter in der Dienststelle. Wir haben uns die Sache einmal anschauen wollen und sind zu dem Gründungsappell in die Blumensäle gegangen. Da ist ein junger Kerl aus Berlin dagewesen, mit einer verbeulten SA-Mütze wie auf den Bildern vom Horst Wessel. Der hat uns antreten lassen und exerzieren und singen. Der hat uns ganz schön rumgesprengt, daß wir ins Schwitzen gekommen sind. Anschließend beim Bier hat er dann fürchterlich angegeben von der Kampfzeit in Berlin und den Straßenkämpfen und Saalschlachten. Der Mensch hat uns überhaupt nicht gefallen, und wir haben zum Schorsch gesagt, wenn der als Sturmführer von dem Beamten-Reiter-Sturm vorgesehen ist, dann treten wir nicht ein.

Aber aus dem Plan ist sowieso nichts geworden, weil der nächste Sturmführer keine Pferde hergebracht hat. Dann wollte er einen Radfahr-Sturm draus machen. Da ist dann keiner mehr hingegangen, und das Ganze ist wieder eingeschlafen. Der Georg hat uns erklärt, das wäre auch nicht im Sinne des Führers gewesen, weil wir doch eine Volksgemeinschaft seien und also keinen SA-Sturm nur mit Beamten brauchen.

Ich habe mich dann zur SS gemeldet, weil meine damalige Freundin gefunden hat, das wäre eine besonders fesche Uniform. Aber die haben mich nicht genommen, weil ich Brillenträger bin und die doch einen Elite-Verein haben wollten. Da hab' ich richtig Glück gehabt. Später hat mir dann ein Vetter erzählt, daß er beim NSKK ist, dem NS-Kraftfahrkorps. Da könnte man wenigstens fahren und müßte nicht ständig marschieren. Ich bin mit ihm hingegangen – das was 1934 –, und die haben mich auch genommen. Obwohl ich kein Auto und keinen Führerschein hatte. Den hab' ich dann bei einem Sturmkameraden billig machen können, der eine Fahrschule hatte. Der Schorsch, unser Betriebsobmann, hat zu mir gesagt: »Da hast du dir ja einen bequemen Haufen rausgesucht.« Was auch gestimmt hat. Aber er hat mich dann wenigstens in Ruhe gelassen. Übrigens ist damals schon ein Witz umgelaufen: »NSKK = Nur Säufer, keine Kämpfer«.

Frage: Hat Ihnen das Spaß gemacht?

Nikolaus B.: Zeitweise schon. Das war ein ganz zünftiger Haufen. Da ist nicht viel »geschult« worden und nicht viel exerziert, aber hinterher kräftig gebechert im Sturmlokal. Das waren Geschäftsleute und Vertreter und auch ein Arzt und ein Rechtsanwalt, halt meistens Leute, die damals schon ein Auto gehabt haben.

Frage: So wie Sie das jetzt erzählen, klingt es ja ganz lustig. Haben Sie gar nicht gesehen, was dahintersteckt?

Nikolaus B.: Damals nicht. So furchtbar ernst haben wir das nicht genommen. Das NSKK war doch ein bißl eine Ausweiche für Leut', die irgendwo dabei sein wollten oder mußten. Das waren keine Schläger oder Rabauken. Wir haben sonntags Mütterchen spazierengefahren am Starnberger See, die uns von der NSV zugewiesen worden sind. Und bei Aufmärschen natürlich, als zum Beispiel der Führer für die Autobahn nach Salzburg bei Unterhaching den ersten Spatenstich getan hat, da waren wir dabei und haben dafür jeder einen schwarzen Sturzhelm zu leihen gekriegt. So was war halt ein Pfundsauftrieb, und eindrucksvoll war's schon auch, wenn man bei so was dabei war.

Im außerpolitischen Bereich ging die Gleichschaltung erst allmählich und meistens ohne dramatische Akzente vor sich. So wurde zum Beispiel in Krieger- und Veteranenvereinen die alte Vorstandschaft meistens bestätigt, wenn als 1. oder 2. Vorstand ein Parteigenosse amtierte. Voraussetzung: Anerkennung des »Führerprinzips«. Vereine der Kriegsgeschädigten und Hinterbliebenen wurden in die NS-Kriegsopferversorgung übernommen. Sehr häufig wurde dem alten Vereinsnamen einfach ein »NS« vorangestellt, wie etwa NS-Lehrerbund, NS-Ärzteschaft, NS-Reichsbund für Leibesübungen oder NS-Volksbildungswerk. Die Mitglieder merkten manchmal erst an neuen Kopfbogen und Stempeln der Rundschreiben, daß sie nun auch »gleichgeschaltet« waren und plötzlich statt eines schlichten Vorstands eine »Reichsführung« hatten. Die Phantasie der Grafiker erbrachte eine Fülle neuer Embleme, bei denen oft in kuriosen Kombinationen Vereinssignet, Hakenkreuz und Hoheitsadler zusammengespannt wurden.

Auch an den geflügelten Bleistift der Stenographen wurde das Hakenkreuz geklemmt.

Mitarbeiter des Münchner Instituts für Zeitgeschichte kommen in der Dokumentation »Bayern in der NS-Zeit« zu dem Schluß, »daß das Regime sich in der zweiten Hälfte des Jahres 1933 wenn nicht der aktiven Unterstützung, so doch der passiven Loyalität der großen Mehrheit der Bevölkerung zu versichern wußte, nachdem die anderen politischen Kräfte mundtot gemacht und der größere Teil ihrer ehemaligen Anhänger unsicher geworden waren oder sich den neuen Meinungs- und Machtträgern angepaßt hatten«.

Auch das Reden und Denken wurde mehr und mehr gleichgeschaltet. Die Mischung aus schönfärbenden Versprechungen und versteckten Drohungen, das Trommeln mit Schlagworten und Gemeinplätzen (wie etwa »Gemeinnutz geht vor Eigennutz«), Posaunentöne von Vaterland und Volksgemeinschaft, Opferbereitschaft und Heldentum, Disziplin und Pflichterfüllung blieb nicht ohne Wirkung, insbesondere auf die Jugend. Der verlorene Weltkrieg, die verheerende Inflation, die Millionenzahl der Arbeitslosen, die hoffnungslose Wirtschaftslage waren noch allzu gegenwärtig.

Hier ein Beispiel, wie sich der Phrasenschwall entwickelte: In einem Aufruf der Reichsfrauenführerin Gertrud Scholtz-Klink heißt es (1938): »Der Dank der deutschen Frau gilt dem Schöpfer Großdeutschlands, der *dem Mann* Arbeit und Brot, den Stolz deutscher Wehrhaftigkeit, die deutsche Freiheit wiedergegeben, der *dem Kind* die Befreiung aus der Sklaverei des Versailler Vertrags, das Erlebnis der Gemeinschaft, gesicherte Jugend und die deutsche Zukunft errungen, der *die Frau* und Mutter ihren Rechten und Pflichten als wichtigste Staatsbürgerin zurückgegeben und die schaffende Frau zur frohen Pflicht ihr angemessener Arbeit geführt hat . . .«

Das »Ehrenkreuz der deutschen Mutter« wurde übrigens an Weihnachten 1938 gestiftet. Mit vier bis fünf Kindern erhielt die deutsche Mutter das Kreuz in Bronze, mit sechs bis sieben Kindern in Silber, vom achten Kind an in Gold. Natürlich mußten die Kinder »erbgesund« sein.

Nur in einem Punkt half in München (und Bayern) alles Mahnen und Drohen nichts: Der »deutsche Gruß«, das »Heil Hitler« mit erhobenem Arm, kam den Einheimischen privat nur sehr schwer über die Lippen. Hier scheiterte die Gleichschaltung, das »Grüß Gott« behielt die Oberhand. Immer wieder erschienen Aufrufe: »Die Sitte des deutschen Grußes hat sich leider noch nicht allgemein durchgesetzt . . . Die Verbundenheit des deutschen Volkes mit seinem Führer soll dieser Gruß auch nach außen bekunden« (Münchener Zeitung, 18. Okt. 33). In der Zeitschrift des NS-Beamtenbundes warb Kreisfachschaftsleiter und Propagandawart Parteigenosse M. so für den deutschen Gruß: »Der Gruß ist deshalb so einfach und so schön, weil das Hutziehen überflüssig wird und man sich nicht zu überlegen braucht, ob es Morgen, Abend, Tag oder Nacht ist, ob man kommt oder gerade weggeht.«

Trotz dieser angepriesenen »Vorzüge« waren die Münchner nicht zu überzeugen. Dienstlich, im Umgang mit Behörden oder Dienststellen, war der deutsche Gruß oft nicht zu umgehen. Da hingen ja auch die Plakate: »Der Deutsche grüßt mit ›Heil Hitler!‹«. Aber sonst? Zwar wagte es niemand, einem Fremden auf dessen »Heil Hitler« etwa die Flüsterwitz-Antwort »Heil'n S' ihn doch selber« oder »Der is unheilbar« zu geben – aber der deutsche Grüßer wurde in Münchner Geschäften sehr oft weniger freundlich bedient. Auf die Frage: »Heil Hitler – wo geht's denn hier zum Hofbräuhaus?« konnte es durchaus sein, daß der Fremde in die falsche Richtung geschickt wurde. Man sprach sogar von der »Hauptstadt der Grüß-Gott-Bewegung«, und auch der Weiß Ferdl soll (es wurden ihm auch viele Anti-Scherze zugeschrieben, die er nie gemacht hat) gelegentlich seine Gäste so begrüßt haben: »Heil Hitler, meine Damen und Herren – und Grüß Gott für die Andersgläubigen!«

Einen Ausweg fanden jene Münchner, die den deutschen Gruß nicht mochten, auch sehr schnell am »Mahnmal« an der Feldherrnhalle. Hier hatte Hitler zur Erinnerung an die Gefallenen des 9. November 1923 eine Bronzetafel anbringen lassen. Zwei SS-Posten unter Gewehr standen rechts und links, die SS-Wache war gegenüber in der Residenz untergebracht. Nun mußte jeder Passant vor dem Mahnmal die Hand zum Gruß erheben. Wer es nicht tat, wurde vom Wachhabenden auf der anderen Seite zurückgepfiffen und angeschnauzt. Deshalb kam vielen Leuten die hinter der Feldherrnhalle von der Residenz zur Theatinerstraße führende Viscardi-Gasse sehr gelegen. Durch sie konnte man dem Mahnmal und der Grußpflicht ausweichen. Deshalb bekam dieser »Ausweg« im Volksmund sehr bald den Namen »Drückeberger-Gaßl«.

Schon wenige Tage nach der »Machtübernahme« hatte der neue Münchner Polizeipräsident Heinrich Himmler den Pressevertretern mitgeteilt: »Damit ich nicht in die unangenehme Lage komme, Verbote aussprechen zu müssen, appelliere ich an die Vertreter der Presse, in ihren Artikeln zurückhaltend zu sein, damit diese Kritiken nicht der Autorität des Staates abträglich sind.«

Das war überdeutlich. Trübe Erfahrungen bestätigten den Journalisten schnell, daß es auch ernst gemeint war. In den Zeitungen erschienen immer häufiger Notizen, daß diese oder jene Zeitung in

Bayern und im Reich verboten worden war, manche einige Tage lang und manche auch für immer. Parteizeitungen wie die »Münchner Post« der SPD oder der »Bayerische Kurier« der BVP hatten sofort dran glauben müssen, Kirchenzeitungen wurden schikaniert, eingeschränkt, immer wieder beschlagnahmt. Regierungsorgan wurde der »Völkische Beobachter«, der durch Zwangsabonnements zu einer erheblichen Auflagesteigerung kam.

In den Redaktionen der Münchner Zeitungen wurde ebenfalls »gleichgeschaltet«. Bei den »Münchner Neuesten Nachrichten« war damals Eugen Roth, der später mit seinen »Ein-Mensch«-Gedichten berühmt wurde, der verantwortliche Lokalredakteur. Sein Mitredakteur Dr. Rolf Flügel war gerade bei ihm im Zimmer, als am 24. April ein Hausdiener in Begleitung eines bewaffneten SA-Mannes erschien. Flügel erzählt: »Der Zeitungsbote hatte ein Bündel blauer Briefe in der Hand. Einen davon gab er Eugen Roth. Der schaute, blaß geworden, kurz auf den Umschlag und schob ihn dann hastig in die Brusttasche. ›Den brauch' ich gar nicht zu lesen, ich weiß schon, was drin steht‹, sagte er. Aber der Hausdiener beharrte: ›Der Brief ist in Gegenwart des SA-Mannes zu öffnen und zu lesen.‹ Eugen Roth tat es. Der Brief enthielt, wie erwartet, seine fristlose Entlassung. Wegen Unzuverlässigkeit. Binnen einer Stunde mußte er das Haus verlassen. Wie Roth hatten alle im Impressum verzeichneten Ressortleiter einen solchen Brief erhalten. Mit ihnen mußten übrigens auch ihre Sekretärinnen gehen! In einem hausinternen Umlauf wurde dann mitgeteilt, daß die Leute, die ›entfernt‹ worden waren, das Haus nicht mehr betreten durften. Auch privat sollten wir nicht mehr mit ihnen verkehren. Daran haben wir uns natürlich nicht gehalten. Nach einiger Zeit wurde das Verbot dann etwas gelockert.«

Eugen Roth selbst hat den Vorgang in einem Beitrag »Die Neuesten« in dem Buch »Denk ich an München . . .« geschildert. Er resümiert: »Ein Treppenwitz der Geschichte war, daß Heimeran (der spätere Buch-Verleger) und ich fortgejagt wurden und Flügel blieb, der ausgesprochenste Demokrat von uns allen. Nach Monaten wurde ich als einfacher Mitarbeiter wieder zugelassen, nachdem sich mein Vetter Schneidhuber, SA-Obergruppenführer und Polizeipräsident (beim Röhm-Putsch erschossen) immer wieder für mich eingesetzt hatte: ich war ihm auf der Zugspitze begegnet. Von mir aus hätte ich gewiß nichts unternommen.

Im Krieg war ich dann, gottlob, bei der Wehrmacht, nachdem ich schon 1938 von mir aus bei der Zeitung gekündigt hatte. Der Erfolg meiner Gedichtbücher ›Ein Mensch‹ und ›Die Frau in der Weltgeschichte‹ öffneten mir den Weg zum freien Schriftsteller, und ich sagte manchmal scherzhaft, daß ich alles dem Führer verdanke; aber ich freute mich zu früh. 1943 wurde ich zwangsverpflichtet, und die heikelsten Artikel wurden mir zugeschoben, etwa Weihnachten ohne Erwähnung des Christkinds oder Ostern ohne Auferstehung.

Oft kamen drohende Anrufe aus Berlin, wer denn das und das geschrieben hatte und man wisse wohl zwischen den Zeilen zu lesen; zu Ehren der Wahrheit muß ich sagen, daß mich die Hauptschriftleiter Giselher Wirsing und später Franz Geißler immer gedeckt haben. Bei der Faschingszeitung von 1937 mit dem bekannten ›Rotkäppchen‹ (nicht von mir!) rettete uns nur ein Kompetenzstreit zwischen Goebbels und Gauleiter Wagner . . .«

Diese Faschingszeitung »Münchner Netteste Nachrichten« – die letzte, die noch erscheinen konnte – wurde in ganz Deutschland berühmt. Sie enthielt eine Fülle boshafter Sticheleien in Meldungen und Inseraten. Die Sensation aber war das erwähnte »Rotkäppchen«. Hier der Wortlaut dieses braun eingefärbten Märchens, das auch in wissenschaftlichen Abhandlungen über den »Flüsterwitz« oder die Möglichkeiten der Satire im Dritten Reich Aufnahme gefunden hat:

Das Rotkäppchen

Es war einmal vor vielen, vielen Jahren in Deutschland ein Wald, den der Arbeitsdienst noch nicht gerodet hatte, und in diesem Wald lebte ein Wolf. An einem schönen Sonntag nun, es war gerade Erntedankfest, da ging ein kleines BDM-Mädel durch den Wald. Es hatte ein rotes Käppchen auf und wollte seine arische Großmutter besuchen, die in einem Mütterheim der NSV untergebracht war. In der Hand trug es ein Körbchen mit einer Pfundspende und einer Flasche Patenwein.

Da begegnete ihm der böse Wolf. Er hatte ein ganz braunes Fell, damit niemand gleich von Anbeginn seine rassefremden Absichten merken sollte. Rotkäppchen dachte auch nichts Böses, weil es ja wußte, daß alle Volksschädlinge im Konzentrationslager saßen, und glaubte, einen ganz gewöhnlichen bürgerlichen Hund vor sich zu haben.

»Heil, Rotkäppchen!«, sagte der Wolf. »Wo gehst du denn hin?« Rotkäppchen antwortete: »Ich gehe zu meiner Oma ins Mütterheim«. »So«, sagte der Wolf. »Aber dann bring ihr doch ein paar Blumen mit, mit denen das Amt für Schönheit der Holzarbeit den Wald geschmückt hat!« Sogleich machte sich Rotkäppchen daran, ein Erntesträußchen zu pflücken. Der Wolf aber eilte zum Mütterheim, fraß die Großmutter auf, schlüpfte in ihre Kleider, steckte sich das Frauenschaftsabzeichen an und legte sich ins Bett.

Da kam auch Rotkäppchen schon zur Tür herein und fragte: »Nun, liebe Oma, wie geht es dir?« Der Wolf versuchte, die volksnahe Stimme der Oma nachzumachen, und antwortete: »Gut, mein liebes Kind!« Rotkäppchen fragte: »Warum sprichst du heute so andersartig zu mir?« Der Wolf antwortete: »Die Rednerausbildung am Vormittag hat mich zu sehr beansprucht.« – »Aber Oma, was hast du für große Ohren?« – »Damit ich das Geflüster der Meckerer besser hören kann!« – »Was hast du denn für große Augen?« – »Damit ich die Wühlmäuschen besser sehen kann!« – »Was hast du denn für einen großen Mund?« – »Du weißt doch, daß ich in der Kulturgemeinde bin!« Und mit diesen Worten fraß er das arme Rotkäppchen, legte sich ins Bett, schlief in seiner verantwortungslosen Art sofort ein und schnarchte.

Da ging draußen der Kreisjägermeister vorbei. Er hörte ihn und dachte: Wie kann eine arische Großmutter so rassefremd schnarchen? und als er nachsah, da fand er den Wolf; und er schoß ihn, obwohl er keinen Jagdschein für Wölfe hatte, auf eigene Verantwortung hin tot. Dann schlitzte er ihm den Bauch auf und fand Großmutter und Kind noch lebend. War das eine Freude! Der Wolf wurde dem Reichsnährstand zugewiesen und zu Fleisch im eigenen Saft verarbeitet. Der Kreisjägermeister durfte an der Uniform einen goldgestickten Wolf tragen. Rotkäppchen wurde zur Unterführerin im BDM befördert, und die Großmutter durfte auf einem funkelnagelneuen KdF-Dampfer eine Erholungsreise nach Madeira machen.

So vergleichsweise harmlos sich das heute liest – das Nachspiel blieb nicht aus. Wütende Anrufe aus dem Propagandaministerium in Berlin, Vorladung und Verhör der verantwortlichen Redakteure bei der Geheimen Staatspolizei. Dabei stellte sich heraus, daß das verwandelte Rotkäppchen der Gestapo bereits bekannt war – es zirkulierte in

Abschriften in Nord- und Westdeutschland. Tatsächlich hatte der bei den »Münchner Neuesten Nachrichten« tätige Redakteur Ulrich Link eine solche Abschrift von einem Besuch bei seiner Mutter in Essen mitgebracht und der Faschingszeitungsredaktion zum Abdruck angeboten. Der Text war von Link und seinen Kollegen »entschärft« und in die geeignete Form gebracht worden. Wie üblich wurden die Fahnenabzüge der Faschingszeitung dem Gauleiter zur Genehmigung vorgelegt – aber da war das »Rotkäppchen« noch nicht darin enthalten. Es wurde erst nach dem »placet« des Gauleiters hineingesetzt. Als der Gestapo klar geworden war, daß die Münchner Faschingszeitungsmacher den Text zwar abgedruckt, aber nicht selbst verfaßt hatten, ließ man – vielleicht im Zeichen der Faschingsnarrenfreiheit – die Sache auf sich beruhen. Die Beteiligten kamen nach Tagen der Angst mit einem blauen Auge – einer Verwarnung – davon. Link: »Wer wirklich der Verfasser des Rotkäppchens war, ist bis heute nicht bekannt«.

Als wesentliches Instrument für die Gleichschaltung aller kulturellen Bereiche richtete der Reichspropagandaminister Dr. Goebbels im November 1933 die Reichskulturkammer ein. Mit ihren sieben Einzelkammern übte sie eine immer umfassender werdende Kontrolle über alle »Kulturschaffenden« und ihre Arbeiten aus. Die Mitgliedschaft war Voraussetzung für die Berufsausübung, und man erhielt sie erst nach Fragebogen, Prüfungen und Ariernachweis. Damit bekam die Partei auch die Verleger und Schriftsteller »in den Griff«. Schon die »spontanen« Bücherverbrennungen im Mai 1933 hatten ein Flammenzeichen gesetzt. Wer es richtig zu deuten wußte, versuchte sich diesem Zugriff auf Schaffen und Freiheit zu entziehen.

Münchens prominentester Emigrant war Thomas Mann, Nobelpreisträger von 1929 und überzeugter Verteidiger der Weimarer Republik. Er befand sich gerade auf einer Auslandsreise, als in der deutschen Presse heftige Angriffe gegen ihn geführt wurden. In einem Vortrag hatte Thomas Mann im Februar 1933 in der Münchner Universität über »Leiden und Größe Richard Wagners« gesprochen. Als der Vortrag gedruckt erschien (in der »Neuen Rundschau«), brach ein Proteststurm los. Thomas Mann hatte es gewagt, Richard Wagner gegen die Vereinnahmung durch die Nationalsozialisten in Schutz zu nehmen. Unter anderem hatte er gesagt: »Es ist durch und durch unerlaubt, Wagners nationalistischen Gesten und Anreden den heutigen Sinn zu unterlegen – denjenigen, den sie heute hätten. Das heißt, sie verfälschen und mißbrauchen, ihre romantische Reinheit beflecken.«

Die »Wagnerstadt« München protestierte in einer scharfen, von prominenten Musikern und Komponisten unterzeichneten Stellungnahme gegen den »ästhetisierenden Snobismus« und die »überhebliche Geschwollenheit des Herrn Thomas Mann«. Der damals 58jährige Nobelpreisträger spürte, was sich gegen ihn zusammenbraute und faßte den bitteren Entschluß, nicht mehr nach Deutschland zurückzukehren.

Andere Münchner Schriftsteller folgten ihm oder mußten ihm folgen – so Lion Feuchtwanger, Oskar Maria Graf, Klaus Mann und Karl Wolfskehl. Viele aber blieben und gingen in die »innere Emigration«, ein Verhalten, das nach dem Zusammenbruch zu heftigen Streitgesprächen und Polemiken zwischen Literaten von draußen und drinnen führte. Wer sich jedoch dem Regime im wahrsten Sinne des Wortes ver»schrieb«, konnte bald zu Ehren und Auflagen kommen. Die Dichterpreise der Hauptstadt der Bewegung erhielten 1936 Erwin Guido Kolbenheyer, 1937 Josef Ponten und 1938, nach dem »Anschluß«, der Österreicher Alfons von Czibulka. Noch 1935 allerdings hatte den Preis der Dichter Georg Britting erhalten, ein Mann, der sein Schaffen trotz aller Anpassungszwänge ohne Konzession rein erhalten konnte. Daß er blieb und schrieb, haben ihm viele gedankt.

Mit der Pressefreiheit, der eigenen Meinung und Haltung einer Zeitung, dem kritischen Kommentar, war es vorbei. Auch der Rundfunk war gleichgeschaltet worden, er hieß jetzt »Reichssender München«. Nachdem der Minister für Volksaufklärung und Propaganda, Dr. Joseph Goebbels, ganz Deutschland mit Zweigstellen seines Ministeriums überzogen hatte, kamen täglich die Direktiven und Sprachregelungen vom Gaupresseamt in die Redaktionen.

Ein typisches Beispiel: Nach der berüchtigten »Reichskristallnacht« im November 1938 gab das Ministerium die Weisung aus: »Die Berichte zu den Ereignissen sollen nicht allzu groß aufgemacht werden, keine Schlagzeilen auf der ersten Seite. Vorläufig keine Bilder bringen ... Dies alles nur auf der zweiten oder dritten Seite. Kommentare sollen, wenn sie überhaupt für nötig befunden werden, nur kurz sein und etwa sagen, daß sich eine beträchtliche und begreifliche Empörung der Bevölkerung spontan Luft gemacht hat.«

Dr. Flügel, der damals Nachfolger von Eugen Roth als Lokalchef der »Neuesten« geworden war, schildert die Situation: »Da wurde uns täglich genau vorgeschrieben, worüber berichtet werden sollte und worüber nicht, ob ausführlich oder kurz. Es waren auch oft fertig geschriebene Artikel dabei, die ungekürzt abgedruckt werden mußten. Außerdem gab es ja nur eine einzige zugelassene Nachrichtenagentur, das DNB – das Deutsche Nachrichten-Büro. Über diese Agentur kamen auch nur erwünschte Meldungen. Der Spielraum für freie journalistische Betätigung war stark eingeengt, und man konnte auch als Redakteur nie ganz sicher wissen, ob die Berichterstattung richtig lag. Da mußte man höllisch aufpassen, daß kein Ausrutscher passierte – der konnte einem die Existenz kosten.

So etwas ist uns zum Beispiel mit der großen Fronleichnamsprozession passiert. Die Berichte darüber wurden seit Jahren von dem gleichen Mitarbeiter verfaßt und waren eigentlich bis auf ein paar Namen von Teilnehmern immer gleich. Und ausgerechnet mit den Namen ist es dann passiert: Da es seit vielen Jahren üblich war, daß der Münchner Polizeipräsident in den ersten Reihen der Prominenz hinter dem Himmel ging, nannte unser Mann ganz automatisch in seiner Routine-Aufzählung auch den Polizeipräsidenten, obwohl er ihn nicht gesehen haben konnte – weil er gar nicht dabei war. Schließlich hieß der Polizeipräsident damals Schneidhuber und war SA-Obergruppenführer. Es gab eine furchtbare Aufregung, der Chefredakteur wurde auf die Gauleitung befohlen. Als er zurückkam, war er bestimmt einige Pfund leichter, so hatte man ihm zugesetzt. Die Gauleitung verlangte eine Berichtigung in gleicher Größe und Aufmachung – und so mußten wir, ein bißchen verpackt zwar, aber unter einer dreispaltigen Überschrift, die Mitteilung bringen, daß der Herr Polizeipräsident bei der Fronleichnamsprozession selbstverständlich nicht hinter dem Himmel einhergeschritten war.«

Zum Jahrestag der Machtübernahme in München und Bayern, am 9. 3. 1934, fand im festlich geschmückten Prunkhof des Rathauses eine Feierstunde statt, und dabei ertönte zum erstenmal vom Rathausturm herunter (»als Höhepunkt«, wie die Zeitungen schrieben) das Glockenspiel mit dem Deutschland- und dem Horst-Wessel-

Lied. Es war für diesen besonderen Zweck eigens einprogrammiert worden – für die Münchner ein Gipfel der Gleichschaltung.

Übrigens war, um jedermann wenigstens die akustische Teilnahme an den großen Kundgebungen aller Art und den Führerreden zu ermöglichen, schon 1933 der »Volksempfänger« geschaffen worden. Der schlichte Lautsprecherapparat, im braunen Kunststoffgehäuse (Bakelit), konnte nicht viel mehr als den heimischen Reichssender empfangen. Er kostete 76 Mark. In den Jahren 1933/34 wurden davon über eine Million Stück verkauft. Aber schon damals sagte der Volkswitz: das beste am Volksempfänger ist der Abstellknopf.

Abschließend noch ein Zitat aus den Gesprächen über Gleichschaltung. Unser Interviewpartner Nikolaus B.: »Man kann den ganzen Vorgang vielleicht mit einem Schneefall vergleichen. Zuerst rieselt es fast unmerklich vom düsteren grauen Himmel. Dann wird die dünne Schneedecke immer dicker, das ist unheimlich und bedrückend, und dann lastet's auf einmal zentnerschwer, und man kann kaum mehr schnaufen – wie es in den Kriegsjahren war. Man konnte es aber auch auf gut bayrisch viel derber ausdrücken: ›Die Nazis ham uns langsam zuag'schissen!‹«

Die Nacht der langen Messer

Während für die sogenannte breite Öffentlichkeit die Übernahme aller wichtigen Funktionen in Staat und Stadt durch die Nationalsozialisten scheinbar reibungslos vor sich ging und die Einheit von Führer und Volk nach außen hin überall augenfällig demonstriert wurde, bahnte sich hinter den Kulissen im Frühsommer des Jahres 1934 eine dramatische Auseinandersetzung an.

Der Stabschef der SA und Kampfgefährte Hitlers von der ersten Stunde an, Ernst Röhm, sah sich zunehmender Unzufriedenheit seiner SA-Führer und -Männer gegenüber. Vielen von ihnen war die »nationale Revolution« nicht gründlich genug vor sich gegangen, war sie zu schnell »verbürgerlicht«. Zudem befand sich der Stabschef in einem offenen Konflikt mit der Reichswehr und ihren Generalen. Die SA, der Reichswehr zahlenmäßig fünffach überlegen, war ein vormilitärisch ausgebildetes Potential, das Röhm nützen wollte. Mit dem Reichsführer SS, Himmler, und insbesondere mit Hermann Göring stand Röhm schon seit langem auf dem Kriegsfuß. Aber er unterschätzte den Einfluß der beiden Kampfgenossen auf Hitler und überschätzte seine auf die braune Miliz gestützte Macht.

In den letzten Juni-Tagen 1934 spürte auch der »kleine Mann« etwas von dem Machtkampf unter den NS-Gewaltigen. Da marschierte die SA auffallend häufig zu Übungen, da wurden Reden gehalten, die unverhohlene Drohungen enthielten (Rudolf Heß, Stellvertreter des Führers, in einer Rundfunkansprache: »Wehe dem, der die Treue bricht, im Glauben, durch eine Revolte der Revolution dienen zu können.«).

Gerüchte über Putschpläne der SA-Führung (die bis heute nicht eindeutig zu beweisen sind) machten die Runde. Obwohl die SA nach einer Vereinbarung zwischen Hitler und Röhm einen Monat in Urlaub geschickt worden war, hielt die Unruhe an. Sie erreichte ihren Höhepunkt, als Hitler sich zusammen mit Göring zur Hochzeit des Gauleiters Terboven nach Essen begab. Alarmmeldungen über aufmarschierende und randalierende SA-Stürme häuften sich, von Himmler aus Berlin und dem Gauleiter Wagner aus München aufgeregt weitergegeben. Die befürchtete Revolte der SA schien unmittelbar bevorzustehen. Dies hätte ohne Zweifel die Reichswehr auf den

Plan gerufen. Das jedoch wollte Hitler nun auf jeden Fall vermeiden.

In einem erregten Telefongespräch mit Röhm, der sich in Bad Wiessee am Tegernsee aufhielt, befahl Hitler eine Zusammenkunft aller höheren SA-Führer für Samstag, den 30. Juni, in Bad Wiessee. Röhm gab die entsprechenden Befehle.

In der Nacht vom 29. auf den 30. Juni flog Hitler von Bonn nach München. Um vier Uhr morgens landete er auf dem Flugplatz Oberwiesenfeld und fuhr sofort ins bayerische Innenministerium. Dem Reichswehrgeneral Adam ließ er bestellen, er werde energisch durchgreifen und strenges Gericht halten. Die Reichswehr brauche er dazu nicht. Der SA-Obergruppenführer August Schneidhuber, Polizeipräsident von München, und der Münchner SA-Gruppenführer Wilhelm Schmid wurden ins Innenministerium befohlen und sofort verhaftet. Hitler riß ihnen die Rangabzeichen herunter, schrie sie »Verräter!« an und befahl ihre Erschießung. Die völlig verblüfften Männer kamen überhaupt nicht mehr zu Wort . . .

Dann raste Hitler mit einer kleinen Autokolonne nach Bad Wiessee zur Pension Hanselbauer, wo die – zum Teil homosexuellen – SA-Führer nach durchzechter Nacht noch im tiefen Schlaf lagen. Sie ließen sich widerstandslos festnehmen. Als in diesem Augenblick die schwerbewaffnete Stabswache Röhms auf einem Lastwagen aus München eintraf – sie sollte bei der befohlenen Führerbesprechung Dienst tun – trat Hitler den Männern entgegen und schickte sie wieder nach Hause. Zögernd gehorchte die SA-Wache und kehrte um.

Inzwischen waren die aus dem ganzen Reich eintreffenden SA-Führer am Münchner Hauptbahnhof von SS und Polizei aus den Zügen geholt und nach Stadelheim gebracht worden. Eine Verhaftungswelle in Berlin und München brachte neben den ahnungslosen SA-Führern auch eine Reihe sonstiger »mißliebiger« Personen vor die Gewehre der Exekutionskommandos (u. a. wurden General Schleicher und seine Frau erschossen) oder hinter Schloß und Riegel. Einer Namensverwechslung fiel auch der Münchner Musikschriftsteller Dr. Willy Schmidt zum Opfer.

In Stadelheim wurden sechs SA-Führer ohne Verhandlung und Urteil hingerichtet: Schneidhuber, Schmid, Hayn, Heines, Spreti und Heydebreck. Erst 30 Stunden nach seiner Verhaftung ereilte auch Ernst Röhm sein Schicksal. Hitler hatte ihn zunächst wegen seiner »Verdienste um die Bewegung« begnadigen wollen. Himmler und

17 Alle Jahre wieder am 9. November marschierte Hitler mit seinen Getreuen von 1923 den alten Putschweg ab – unter flammenden Pylonen und Lautsprecherappell zum Gedenken an die damals Gefallenen.

18 Für die nächtlichen Aufmärsche und Kundgebungen der Nationalsozialisten bot der Odeonsplatz mit der

Feldherrnhalle eine eindrucksvolle Kulisse.

19/20 Am »Tag der Deutschen Kunst« marschierte ein prächtig ausgestatteter, mit Symbolen aller Art befrachteter Festzug »2000 Jahre Deutsche Kultur« durch die fahnengeschmückten Straßen (1938): Der Reichsadler mit dem »Hoheitszeichen«, getragen von stilisierten Kriegern (oben), die Gruppe des germanischen Meergottes Ägir vor dem Tribünenbaldachin für den »Führer« (unten).

Göring überzeugten den Führer davon, daß auch Röhm sterben müsse. Man legte ihm eine mit nur einer Kugel geladene Pistole in seine Stadelheimer Zelle und forderte ihn zum Selbstmord auf. Als Röhm sich weigerte, wurde er von einem SS-Kommando niedergeknallt.

Erst in den späten Abendstunden dieses von Unruhe erfüllten und von Gerüchten durchschwirrten Sommertages erfuhr die Bevölkerung aus dem Rundfunk vom »Verrat des Stabschefs Röhm«. In den Zeitungen vom Montag, 2. Juli 1934, war die offizielle Mitteilung zu lesen: »Säuberungsaktion des Führers beendet« – »Ich habe mit dem heutigen Tag den Stabschef Röhm seiner Stellung enthoben und aus Partei und SA ausgestoßen. Ich ernenne zum Chef des Stabes den Obergruppenführer Lutze.« Darunter stand: »Röhm erschossen« – »Dem ehemaligen Stabschef Röhm ist Gelegenheit gegeben worden, die Konsequenzen aus seinem verräterischen Handeln zu ziehen. Er tat das nicht und wurde daraufhin erschossen«. Die Namen der erschossenen SA-Führer wurden aufgezählt und dann festgestellt: »Die Säuberungsaktion fand gestern abend ihren Abschluß. Weitere Aktionen in dieser Richtung finden nicht mehr statt. Somit hat der gesamte Eingriff zur Wiederherstellung und Sicherung der Ordnung in Deutschland 24 Stunden gedauert. Im Reich herrscht völlige Ruhe und Ordnung. Das gesamte Volk steht in unerhörter Begeisterung hinter dem Führer.«

Im Leitartikel der Montag-Ausgabe der »Münchener Zeitung« hieß es: »Ein Gewitter ist über das nationalsozialistische Deutschland niedergegangen. Ein klärendes, luftreinigendes Gewitter mit Blitz und Donnerschlag, das nach schwülen, beklemmenden Tagen die Brust aufatmen läßt. Von warnenden Reden waren in den letzten Sommerwochen Stadt und Dörfer, Versammlungen und Kundgebungen voll. Doch endlich in der Nacht zum letzten Tag des Monats Juni brauste das Flugzeug des Führers über schweratmende Gaue, unerwartet holte der Führer zum Schlage aus, blitzartig traf sein Strahl. Es lebe die befreiende, reinigende Tat!«

Am 4. Juli wurde bekanntgegeben: »Die zur Niederschlagung der hoch- und landesverräterischen Kräfte am 30. 6. und am 1. und 2. 7. 34 vollzogenen Maßnahmen sind als Staatsnotwehr rechtens.« Damit waren alle Morde und Verbrechen in der »Nacht der langen Messer« von Staats wegen sanktioniert. Der SA war der Kopf abgeschlagen. Sie existierte zwar weiter, war aber nicht viel mehr als ein »Veteranenverein«, der bei besonderen Anlässen zur Mitwirkung herangezogen wurde.

Am gleichen Tag stand in der Zeitung: »Ein Münchner Maurer wurde in Schutzhaft genommen, weil er anläßlich der letzten Maßnahmen des Führers glaubte, die SA in gehässiger Weise beschimpfen und herabsetzen zu können . . .« Die Ordnung war – in der Tat – völlig wiederhergestellt.

»Hauptstadt der Bewegung«

Am 2. August 1935 hat Adolf Hitler München den Ehrentitel »Hauptstadt der Bewegung« verliehen. Ein Jahr später stand auch – nach einem Entwurf von Professor Richard Klein – das Münchner Kindl im Stadtwappen unter den Flügeln des Hoheitsadlers.

Viele Münchner haben sich damals gefragt: Womit haben wir das verdient? Die so fragten, waren natürlich nicht die Parteigenossen, die SA-Männer und die »alten Kämpfer«, sondern die überwiegende Mehrheit der damals 742 000 Einwohner. Denn weder hatte die NSDAP in München die meisten Mitglieder noch die stärksten SA- oder SS-Formationen.

Aber immerhin – Hitler war seit 1912 in München ansässig, hatte hier die Partei aufgebaut, hatte 1923 den ersten Putschversuch unternommen und nach seiner Festungshaft in Landsberg wieder von vorn begonnen. Seit 1930 gab es an der Brienner Straße das »Braune Haus«, in dem die »Reichsleitung« der Partei und ihrer Organisationen Quartier bezog. 1934 kaufte man die dem Braunen Haus gegenüberliegende ehemalige päpstliche Nuntiatur. Nach dem päpstlichen Nuntius Eugenio Pacelli, dem späteren Papst Pius XII., zog nun Rudolf Hess in das kleine Palais ein, der »Stellvertreter des Führers«. An der Arcisstraße entstanden die »Führerbauten« – hier ballte sich tatsächlich im Umkreis des Königsplatzes die Macht der Partei auch optisch zusammen.

»In der Kriegsgefangenschaft, 1945, habe ich die erste Auseinandersetzung darüber erlebt, ob und warum München die Hauptstadt der Bewegung war«, erzählte Rechtsanwalt Walter S., »damals haben die Sieger angefangen, uns ›umzuerziehen‹, und da haben sie Diskussionen veranstaltet. ›Vergangenheitsbewältigung‹ hat das damals noch nicht geheißen, dazu war die Vergangenheit noch zu nah. Aber Gedanken sollten wir uns über die Nazis machen, und das war ja auch ganz gut so. Also ist da einer aufgestanden, dem Dialekt nach deutlich ein Sachse, und hat losgelegt: Daß die Münchner daran schuld seien, daß der Hitler so groß werden konnte. Erstens, weil sie ihn 1923 nach dem Putsch nicht gleich aufgehängt haben, und zweitens, weil sie ihm hernach jede Freiheit gegeben haben, mit seinen braunen Haufen wieder auf die Beine zu kommen. In jeder anderen deutschen Stadt hätte man den Österreicher ganz schnell zum Teufel gejagt. Das haben wir paar Münchner, die bei der Diskussion dabei waren, uns nicht gefallen lassen wollen. Wir haben dem Sachsen klarzumachen versucht, daß der Hitler in München nicht groß geworden war, weil er hier so viele Anhänger gehabt hätte, sondern weil man in der bayerischen Landeshauptstadt auch in der Politik »Leben und leben lassen« groß geschrieben habe, weil hier so einer wie der Hitler als Gaudibursch angeschaut worden ist, den man nicht ernstzunehmen braucht. Und weil den Münchnern immer das Bier und das Skifahren und der Fasching und das Oktoberfest wichtiger waren als Parteiengezänk und Saalschlachten. Da hat der Sachse gelacht und hat gesagt: ›Nu freilich – das is ja meine Rede!‹ Und da haben wir uns doch ein bisserl verdutzt angeschaut. Da hatten wir ihm ganz gegen unseren Willen auch noch Argumente geliefert!«

Man könnte wirklich lang darüber diskutieren. Daß die Münchner Atmosphäre nicht schuldlos war an Hitlers Vorliebe für die Stadt, schreibt er 1924 selbst in seinem Buch »Mein Kampf«: »Am meisten aber zog mich die wunderbare Vermählung von urwüchsiger Kraft und feiner künstlerischer Stimmung, diese einzige Linie vom Hofbräuhaus zum Odeon, vom Oktoberfest zur Pinakothek usw. an. Daß ich heute an dieser Stadt hänge, mehr als an irgendeinem anderen Fleck der Erde auf dieser Welt, liegt wohl mitbegründet in der Tatsache, daß sie mit der Entwicklung meines eigenen Lebens unzertrennlich verbunden ist und bleibt.«

Auch an dem »Gaudiburschen« ist durchaus was Wahres dran. Joachim C. Fest in seiner Hitler-Biographie: »Die Erfolge Hitlers in jener guten Münchner Gesellschaft (in die Dietrich Eckard ihn einführte) waren kaum politisch motiviert. Frau Hanfstaengl, von Herkunft Amerikanerin, öffnete ihm als eine der ersten ihren Salon und führte ihn in jene Edelbohème von Schriftstellern, Malern, Wagner-Interpreten und Professoren ein, die bei ihr verkehrten. Die traditionell liberale Schicht sah in in der absonderlichen Erscheinung des jungen Volksredners mit den hanebüchenen Auffassungen und den ungeschliffenen Manieren eher den Gegenstand eines befremdlichen Interesses; er schnaubte über ›Novemberverbrecher‹ und süßte seinen Wein mit einem Löffel Zucker: nicht zuletzt solche schockierenden

Züge waren das Entzücken seiner Gastgeber. Ihn umgab die Aura des Zauberkünstlers, der Geruch von Zirkuswelt und tragischer Erbitterung, der scharfe Glanz des ›berühmten Ungeheuers‹.«

Die Entwicklung Hitlers und der NSDAP in München kann hier nur gestreift werden. Die wichtigsten Daten sind bekannt: Als Mitglied Nr. 7 trat Hitler der von Anton Drexler 1919 gegründeten Deutschen Arbeiterpartei (DAP) bei. Sie war damals nicht viel mehr als eine Stammtischrunde. Ihre erste Geschäftsstelle wurde später in einem Kellerraum des Sterneckerbräus im Tal eingerichtet. Nachdem Hitler auf einer ersten größeren Veranstaltung ein 25-Punkte-Programm vorgetragen hatte, benannte sich die DAP in NSDAP um und wählte das Hakenkreuz als Kampfsymbol. 1921 übernahm Hitler nach heftigen parteiinternen Auseinandersetzungen den Vorsitz.

Zwei Jahre später hielt Hitler seine Zeit für gekommen. In Deutschland hatte die Inflation ihren Höhepunkt erreicht: Am 9. November 1923 kostete in München eine Semmel 3,6 Milliarden Mark, ein Pfund Brot 33 Milliarden, ein Zentner Würfelbraunkohle 200 Milliarden. Frischfleisch je Pfund: 90 bis 180 Milliarden; argentinisches Gefrierfleisch 90 bis 135 Milliarden. Und für einen Liter dunkles Vollbier mußte man 72,8 Milliarden, für einen Liter Märzenbier 111,8 Milliarden Mark auf den Tisch legen.

Hitler wollte jetzt, ähnlich wie die italienischen Faschisten zu ihrem Marsch auf Rom aufgebrochen waren, die Staatsgewalt in Bayern übernehmen und dann zum »Marsch auf Berlin« antreten. Der Generalstaatskommissar für Bayern, Gustav von Kahr, hatte für den Abend des 8. November 1923 im Bürgerbräukeller zu einer Versammlung eingeladen. Das bayerische Kabinett, hohe Offiziere, die Spitzen der Behörden, führende Männer der Wirtschaft und Wissenschaft waren erschienen. Mitten in der Rede Kahrs entstand – so schildern es Augenzeugen – am Saaleingang plötzlich Unruhe. Dort erschien Adolf Hitler an der Spitze eines schwerbewaffneten Stoßtrupps der SA. Mit gezogener Pistole bahnte er sich einen Weg zum Rednerpult, jagte einen Schuß gegen die Saaldecke, um sich Gehör zu verschaffen und verkündete: »Die nationale Revolution ist proklamiert!«.

Der Saal war von bewaffneten Sturmabteilungen umstellt. Von Kahr und der Reichswehrgeneral von Lossow gaben zunächst nach, da sich auch General von Ludendorff auf Hitlers Seite gestellt hatte.

Kaum aber hatten sie den Saal verlassen, distanzierten sie sich von dem tolldreisten Unternehmen. Hitler wartete vergebens auf die zugesagte Unterstützung. Schließlich war es Ludendorff, der am nächsten Morgen energisch befahl: »Wir marschieren!«

Gegen Mittag am 9. November setzte sich der Zug in Bewegung. General Ludendorff in Zivil, Hitler in einem zerknitterten Trenchcoat, schritten in der vordersten Reihe. An der Isarbrücke versuchten Posten der Landespolizei, den Zug aufzuhalten. Sie wurden beiseitegeschoben. In Sechzehnerreihen marschierten die Putschisten weiter. Am Marienplatz vor dem Rathaus hielt der fanatische »Frankenführer« Julius Streicher eine Rede, eine große Menschenmenge füllte den Platz.

Die Marschkolonne bog zur Residenzstraße ein. Zwischen Feldherrnhalle und Residenz war wieder eine Sperrkette der Polizei aufgebaut, hinter ihr stand ein Panzerwagen. »Was dann geschah, hat sich in Beginn und Verlauf nicht mehr genau klären lassen«, schreibt J. C. Fest. »Aus dem Gestrüpp der teils phantasievollen, teils rechtfertigungsbemühten Zeugenaussagen tritt übereinstimmend hervor, daß ein einzelner Schuß vorausging, der einen heftigen Feuerwechsel auslöste.« Der Mann neben Hitler, Scheubner-Richter, wurde tödlich getroffen und riß Hitler im Sturz mit zu Boden. 14 Marschierer waren tot, viele verwundet. Während sich der Zug in wilder Flucht auflöste, ging Ludendorff allein weiter, auf die Polizeikette zu, die ihn schweigend passieren ließ. Vom diensthabenden Offizier ließ der General sich festnehmen. Am Nachmittag fielen bei einem Schußwechsel in dem von Röhm besetzten Wehrkreiskommando noch zwei der Putschisten.

Der Ablauf des »Hitler-Putsches« von 1923 wurde etwas ausführlicher geschildert, weil er als »Marsch zur Feldherrnhalle« von Hitler zum großen Mythos von den Blutzeugen der Bewegung hochstilisiert wurde und nach der Machtübernahme alljährlich am 9. November mit einer bombastischen Totenfeier wiederholt wurde: Entlang dem Marschweg von 1923 waren Hunderte dunkelrot verkleideter Pylonen aufgestellt, aus deren Eisenschalen düstere Flammen loderten. Auf den Sockeln standen die Namen der »Blutopfer«, aus Lautsprechern dröhnte zwischen dumpfen Trommelwirbeln immer wieder das Horst-Wessel-Lied. Zwischen den stummen Mauern der Zuschauer marschierte Hitler mit seinen alten Kämpfern, die wieder die »historischen« Windjacken angezogen hatten (sie wurden vom eigens geschaffenen »Amt 8./9. November« bereitgestellt!). Der Marsch endete jedesmal mit einer Kundgebung auf dem Königsplatz, wo inzwischen in den »Ehrentempeln« die Opfer des 9. November in Sarkophagen beigesetzt worden waren. An den Tagen dieses pathetischen Erinnerungsmarsches schien München wirklich die »Hauptstadt der Bewegung« zu sein.

Weniger als die Münchner hat die auswärtigen Gäste der Stadt das »Braune Haus« interessiert. Geheimnisumwittert, streng bewacht, vermuteten die einen darin mit geheimem Schauder eine düstere Mordhöhle, die anderen mit erhebendem Schauder einen hehren Göttersitz. Es war das eine so wenig wie das andere. Noch heute aber ist bei Fremdenrundfahrten die Enttäuschung groß, wenn der Reiseführer nur noch andeuten kann: »Hier stand einmal das Braune Haus ... es wurde im Krieg zerstört.«

Die Partei hatte Ende der zwanziger Jahre das 1828 erbaute Barlow-Palais zwischen Karolinen- und Königsplatz erworben, und Hitler hatte es nach seinen eigenen Plänen und Vorstellungen ausbauen lassen. Als Reichsleiter des Rechtsamtes der NSDAP hatte auch Dr. Hans Frank, 1933 Justizminister in Bayern, später Generalgouverneur von Polen, hier seinen Dienstsitz. In seinem im Nürnberger Gefängnis geschriebenen Buch »Im Angesicht des Galgens« berichtet er: »... im Arbeitszimmer Hitlers, einem schönen, großen Raum mit wenigen, aber sehr geschmackvollen wuchtigen Möbeln, stand eine große Plastik Mussolinis und hing ein Bild Friedrichs des Großen und ein Schlachtengemälde aus dem Weltkrieg, den Angriff des Regiments ›List‹, bei dem Hitler gedient hatte, bei Wytschaete in Flandern im August 1914 darstellend – Auf das Braune Haus waren wir alle höchst stolz, allen voraus Hitler. Immer wieder baute er innen daran weiter, verschönerte, verbesserte, zeichnete Entwürfe für Bronzetürgriffe und Lampen und beriet mit seinem Architekten Paul Troost weitere Pläne ...«

Daß Hitler im zweiten Stock des Hauses Prinzregentenplatz 16 auch eine Privatwohnung besaß, wußten viele Münchner. SS-Wachtposten standen vor dem gutbürgerlichen Hauseingang. Wenn ein »Führerbesuch« angesagt war, warteten hier oft Hunderte von Neugierigen.

Albert Speer notiert: »Der Vorraum war mit Andenken und Geschenken niedrigen Niveaus vollgestellt. Auch die Möblierung zeugte von schlechtem Geschmack.« Zu Hitlers Lieblingsmalern gehörte Eduard Grützner, der in ungezählten Variationen rotnasige, weinselige Mönche und dicke, humpenschwingende Kellermeister gemalt hat. Einige Grützner hingen denn auch in der Wohnung am Prinzregentenplatz zusammen mit ein paar Spitzweg-Idyllen, einem Bismarck-Porträt von Lenbach und einer der zahlreichen Fassungen von Franz von Stucks »Sünde«.

Als junger Posttechniker hatte Theo E. den Auftrag, in der Hitler-Wohnung eine direkte Fernleitung zur Reichskanzlei in Berlin zu installieren und die gesamte Anlage abhörsicher zu machen. »Zuerst haben die SS-Posten meinen Kollegen und mich zum Lieferanteneingang geschickt, und da hat uns dann die Haushälterin vom Hitler, Frau Winter, in die Wohnung gelassen. In unsere Werkzeugtaschen und Gerätekoffer hat kein Mensch hineingeschaut. Wir hätten leicht ein paar Bomben legen können. Aber an so was hat damals niemand gedacht, und ein Postler schon gar nicht. Die Anlage war im Gang heraußen. Da stand ein Haufen Zeug herum, wie Kraut und Rüben, und auf einer Sitzbank sind Kissen gelegen mit Hakenkreuzen und aufgehender Sonne. Und ein Lampenschirm mit einer Marschkolonne laubgesägter SA-Männer war auch da. ›Schöne Kissen ham S' da‹, habe ich zur Frau Winter gesagt. ›G'fallen die Ihnen vielleicht? Sind halt Geschenke von Verehrern‹, hat sie geantwortet und ist dann schnell in ein anderes Zimmer gegangen und hat nicht mehr mit uns geredet. Das eine Zimmer, in das ich noch hineinschauen konnte, war ganz vollgestellt mit Klubsesseln und Sofas und kleinen Tischen. Hat fast wie in einer Möbelhandlung ausgeschaut. Da haben wahrscheinlich Gespräche im Freundeskreis stattgefunden, denk ich mir. Zum Herumschauen haben wir weiter keine Zeit gehabt. Hinausgelassen hat uns die Frau Winter dann bei der Vordertür, und wie wir bei den Posten vorbei sind, hat mein Kollege gesagt: ›Also nacha – pfüat euch Good beinand.‹ Die haben aber überhaupt nicht reagiert. Vielleicht waren's auch Preußen, die gar nix verstanden haben.«

Auch die Amerikaner waren auf die Privatwohnung Hitlers neugierig. Ernest Langendorf, langjähriger Presseoffizier der US-Regierung in Bayern, war als erster amerikanischer Soldat 1945 mit ein paar Kameraden in einem Jeep nach München hineingefahren. Er berichtet: »Diesen ersten Tag in München schlossen wir mit einem Besuch in Hitlers Stadtwohnung am Prinzregentenplatz ab. Es war eine bescheidene Wohnung in einem unmodernen Bürgerhaus, an der Ecke der Grillparzerstraße. Die Einrichtung war nicht besonders geschmackvoll, aber teuer und solid. Tiefe Clubsessel und eine breite Couch, mit dunkelrotem Velour überzogen, füllten das Wohnzimmer. Das Schlafzimmer, in einem einfachen bürgerlichen Stil eingerichtet, war offenbar für eine Dame bestimmt. Ich hörte später, daß es Eva Brauns Schlafzimmer war, das wir besichtigt hatten.«

Viel öfter konnten die Münchner dem »Führer« in einem der von ihm bevorzugten Kaffeehäuser oder Restaurants begegnen. Da war zum Beispiel das Café Heck unter den Arkaden an der Galeriestraße, ein gutbürgerliches, etwas düsteres Kaffeehaus mit einfacher Einrichtung, aber gemütlichen Nischen für vertrauliche Gespräche. Hier hatte sich auch lange Zeit der Redaktionsstab des »Simplizissimus« getroffen. In der hintersten Ecke, mit Rückendeckung und Übersicht, hatte auch Hitler seinen Stammtisch, an dem er gern mit alten Kampfgenossen zusammenhockte und seine Monologe hielt. Dies behielt er, mit wechselnder Begleitung, auch als Kanzler bei. Albert Speer: »Oft kam spät abends ein Anruf von der Wohnung Hitlers: ›Der Führer fährt in das Café Heck und bittet Sie, auch hinzukommen!‹ Ich mußte aus dem Bett und hatte keine Aussicht, vor zwei oder drei Uhr morgens wieder zurückzukehren.«

Speer war auch häufig in Hitlers Begleitung in einem anderen Lieblingslokal, der »Osteria Bavaria« in der Schellingstraße. Er schildert in seinen »Erinnerungen« einen solchen Besuch: ». . . fuhr ich zur Osteria Bavaria, einem kleinen Künstlerrestaurant, das zu einem unerwarteten Ruf kam, als es Hitlers Stammlokal wurde . . . In der Osteria fühlte er sich wohl, als ›verhindertem Künstler‹ gefiel ihm offensichtlich das von ihm einst angestrebte und endgültig zugleich verpaßte und überholte Milieu. Nicht selten mußte der begrenzte Kreis der Eingeladenen stundenlang auf Hitler warten . . . auf der Straße standen dann meist auch einige hundert Menschen, denen schon unsere Gegenwart genügte, um zu wissen, daß ›er‹ komme.

Lauter Jubel draußen: Hitler steuerte auf unsere Stammecke zu, die nach einer Seite mit einer halbhohen Wand abgeschirmt war; bei gutem Wetter saßen wir in dem kleinen Hof mit der Andeutung einer

Laube. Der Wirt und die beiden Serviererinnen wurden jovial begrüßt: ›Was gibt's heute Gutes? Ravioli? Wenn sie nur nicht so gut schmecken täten. Es ist zu verführerisch!‹ Hitler schnalzte mit den Fingern: ›Es wäre ja alles schön bei Ihnen, Herr Deutelmoser, aber meine Linie! Sie vergessen, daß der Führer nicht essen kann, was er möchte.‹ Daraufhin studierte er lange die Speisekarte und wählte – Ravioli.

Jeder bestellte, was ihm schmeckte: Schnitzel, Gulasch, auch den offenen Wein aus Ungarn; es wurde, trotz gelegentlicher Scherze Hitlers über ›Leichenfresser‹ und ›Weintrinker‹, allem ungeniert zugesprochen. Hier in dieser Runde war man unter sich. Eine stille Vereinbarung galt: Politik durfte nicht erwähnt werden.«

Gegenüber dem Café Luitpold in der Brienner Straße befanden sich die Carlton-Teestuben, ein mit Stilmöbelkopien auf gediegene Eleganz getrimmtes Lokal, in dem vor lauter Vornehmheit nur gedämpft geredet wurde. Das Klirren der Teelöffel in den Tassen war das lauteste Geräusch. Hierher kam Hitler besonders gern, weil ihn, wie er Speer anvertraute, die Münchner hier ungestört ließen, ihn nicht mit Beifall oder Autogrammwünschen belästigten.

Leben und leben lassen – diese münchnerische Grundeinstellung reichte vom »net amal ignorieren« bis zum schaulustigen Mitmachen bei allem, was einen Schuß Gaudi enthielt. Und sei's der pompöse »Marsch zur Feldherrnhalle«.

— Ant. Schloss. Clemensst. 127
— Soph. We. Clemensst. 127o
Hitler Adolf Schriftstell. Prinzregentenpl. 162
Hitschler Anna We.

— Ant. Schloss. Clemensst. 127
— Soph. We. Clemensst. 127o
Hitler Adolf Reichskanzler Prinzregentenpl. 162
Hitsch Frz. Ansichtskart. Jutast. 34
Hitschler Anna We.

Auszüge aus den Münchner Adreßbüchern von 1933 und 1934. Von 1935 an fehlte Hitlers Name in den Büchern.

Große Pläne

Von gigantischen Umbauplänen für München war schon seit der Machtübernahme immer wieder die Rede. Hitler hatte bei verschiedenen Anlässen, mit Vorliebe bei Grundsteinlegungen und Richtfesten, in seinen Ansprachen stets von neuem betont, daß noch Gewaltiges verändert werden müsse, um der Hauptstadt der Bewegung das neue, für die nächsten Jahrhunderte gültige Gesicht zu geben. Sonderbaubehörden waren eingerichtet, der Architekt Professor Hermann Giesler zum Generalbaurat mit außergewöhnlichen Vollmachten ernannt worden.

Am Vorabend des 1. Mai 1938 war es so weit: die Sonderbaubehörde »Ausbau der Hauptstadt der Bewegung« gab die Pläne in vielen Einzelheiten bekannt: Die Umgestaltung der Münchner Bahnanlagen, den Bau einer zweieinhalb Kilometer langen monumentalen Prachtstraße, den Bau einer U-Bahn mit einem Nord-Süd und einem Ost-West-Strang und den Bau eines Autobahnrings um München mit entsprechenden Zubringer-, Ausfall- und Ringstraßen. Obwohl nur ein Bruchteil der Vorhaben noch in die Tat umgesetzt werden konnte, weil schon eineinhalb Jahre später der Krieg ausbrach, lohnt sich ein Blick auf die – später noch mehrfach umgemodelten – Pläne.

Man kann heute über die Gigantomanie lächeln oder den Kopf schütteln – ein Gutes zumindest hätte die Umgestaltung der Bahnanlagen durchaus gebracht: nämlich die Verlegung des Hauptbahnhofs auf die Höhe von Laim. Das war städtebaulich sinnvoll und das war auch Hitler nicht selber eingefallen. Zitat aus der Mitteilung der Sonderbaubehörde: »Schon vor mehr als drei Jahrzehnten setzten in der Erkenntnis, daß die Bahnanlagen Münchens nicht nur verkehrsmäßig ungenügend, sondern ein Hemmnis der freien städtebaulichen Entwicklung geworden waren, neue Planungen ein mit dem Ziel, den Hauptbahnhof teilweise oder ganz durch Verschiebung des Aufnahmegebäudes in westlicher Richtung zum Durchgangsbahnhof zu gestalten. Aber erst das Eingreifen des Führers nach dem Sieg der Bewegung brachte das Problem zur endgültigen Lösung dadurch, daß er bestimmte, den neuen Hauptbahnhof in Höhe von Laim anzulegen, wodurch die beste eisenbahntechnische und wahrhaft großartige städtebauliche Neugestaltung ermöglicht wurde.«

Man liest »Eingreifen des Führers« und »er bestimmte«. Diktatoren (gleich welcher Einfärbung) tun sich auch bei der Durchsetzung von Bauvorhaben wesentlich leichter als demokratische Gremien. Der neue Hauptbahnhof sollte also zwischen Hirschgarten und Landsberger Straße plaziert werden. Er war nur für den Personenverkehr bestimmt. Ein »monumentales Empfangsgebäude« sollte den Abschluß der neuen Bahnhofstraße bilden. »Für sie wird das jetzige Bahngelände zwischen dem alten Hauptbahnhof und der Friedenheimer Brücke geräumt«. Der Bahnhof München-Süd wäre mit einer großen Bahnsteiganlage ausgestattet worden, »die besonders für Massenaufmärsche bestimmt ist. Neues Empfangsgebäude des Südbahnhofs in der Lindwurmstraße, nahe der mächtigen Ausstellungshalle auf der Theresienwiese«. Der neue Verschiebebahnhof sollte in München-Nord, nördlich Moosach, in West-Ost-Richtung angelegt werden.

Die neue Lage des Bahnhofs erforderte eine schnelle Verbindung zur Stadtmitte und zum Ostbahnhof. Diese Verbindung sollte die neue U-Bahn übernehmen. Hier kurz die geplante Linienführung: Südlicher Tunnelmund Forstenrieder Straße – südliche Theresienwiese (Südbahnhof) – Lindwurmstraße – Goetheplatz – Sendlinger Tor Platz – Sonnenstraße – Karlsplatz (Kreuzungsbahnhof mit der Ost-West-Linie) – Ottostraße – Max-Joseph-Straße – Brienner Straße – Wittelsbacher Platz – Odeonsplatz – Ludwigstraße – Siegestor – Leopoldstraße – Danziger Freiheit (jetzt: Münchner Freiheit, d. Verf.) – nördlicher Tunnelmund am Güterbahnhof Schwabing.

Die Planung der Ost-West-Linie sah vor: Beginn östlich Pasing – Landsberger Straße – Agricola-Platz – Fürstenrieder Straße – neuer Hauptbahnhof – neue Bahnhofstraße – alter Bahnhofsplatz – Schützenstraße – Karlsplatz Neuhauser / Kaufinger Straße – Marienplatz – Tal – Isartorplatz – Isarkreuzung (nicht unterirdisch, sondern als Hochbahn) – Gasteig – Preysingstraße – Spichernstraße – Orleansstraße – Ostbahnhof.

Bei der Reichsbahn gab es noch ein ganz anderes Projekt, das unter »Streng Geheim« eingestuft war und von dem nicht einmal der Rüstungsminister Speer etwas wußte: die Breitspurbahn. Sie gehörte zu den gigantomanischen Träumen Hitlers und sollte nicht nur die geplanten Riesenbahnhöfe seiner Lieblingsstädte in Deutschland verbinden, sondern sich als transkontinentale Super-Eisenbahn vom Atlantik bis zum Kaspischen Meer, von Leningrad bis Istanbul erstrekken. Während im Verlauf des Krieges die meisten Bau- und Planungsarbeiten eingestellt wurden, ließ Hitler auch noch nach der Katastrophe von Stalingrad die Breitspurplanung weitertreiben. Die Mitarbeiter wurden mit Sonderbefehl Uk gestellt. Alle wußten, daß sie an einer selbst im Falle eines Sieges undurchführbaren, unbezahlbaren Utopie arbeiteten. Aber schließlich – ein sicherer Arbeitsplatz in der Heimat war auch unbezahlbar.

Die zweistöckigen Wagen der Breitspurbahn sollten eine Spurbreite von 4 m, eine Wagenbreite von 6 m und eine Höhe von 7 m erhalten. Die Einrichtung der Personenwagen für diese tagelangen Reisen wurde vom Klubsessel im Rauchsalon bis zum Tapetenmuster großzügig und natürlich auch großspurig entworfen. Das Fahrtempo war für den Güterverkehr – dazu sollte die Superbahn in erster Linie dienen – mit 150–200 km, für den Personenverkehr mit 250 km in der Stunde vorgesehen. Alle Einzelheiten mit genauen Konstruktionsplänen und Entwurfszeichnungen sind in dem 1985 im Herbig-Verlag erschienenen Buch von A. Joachimsthaler »Die Breitspurbahn« nachzulesen. Der Bundesbahnoberrat hat Akten, Karten, Pläne und Modelle aufgestöbert, die in den Reichsbahnarchiven verstaubten.

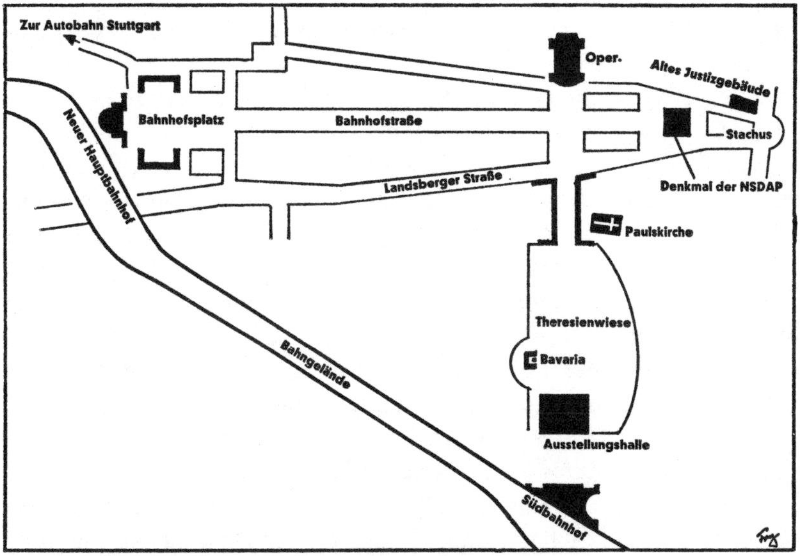

So sah der Plan zur Verlegung des Hauptbahnhofs aus.

Jetzt aber zur Prachtstraße, dem Lieblingskind des Führers (ähnliche Pläne, noch gigantischer, ließ Hitler übrigens von Albert Speer auch für Berlin und – etwas bescheidener – für Linz ausarbeiten). In München waren eigentlich sogar zwei Prachtstraßen geplant: die neue Bahnhofstraße und die Ausstellungsstraße. Die eine, 2,5 Kilometer lang vom alten zum neuen Bahnhofplatz, gesäumt von völlig neuen Bauten als da sind: die neue Große Oper, »der vornehmste Bau des neuen München«, ein neues großes Operettentheater, ein Varieté mit Kabarett, ein großes Tonfilmhaus, ein riesiges städtisches Sportbad mit allen erforderlichen Nebenanlagen, ein großer Saalbau für festliche Großveranstaltungen, ein Großhotel ersten Ranges, weitere Hotels in abgestufter Bedeutung, dazu Vergnügungsstätten aller Art, Cafés, Bierpaläste u. a. m.

Am neuen Bahnhofplatz liegen außer dem monumentalen Empfangsgebäude die Prachtbauten der neuen Eisenbahndirektion und der Postdirektion sowie die beiden Hochhäuser des Parteiverlags und eines KdF-Hotels für den Durchgangsverkehr. Den Abschluß der Straße am alten Bahnhofplatz bildet ein Denkmalsbau zur Erinnerung an die Gründung der NSDAP. Dazu Speer in seinen »Erinnerungen«: »Eines morgens überraschte er (Hitler) uns mit einem über Nacht sauber aufgetragenen Entwurf einer ›Säule der Bewegung‹ für München, die als ein neues Wahrzeichen die Frauentürme zu einem Zwergendasein verurteilt hätte.«

Zur Verwirklichung dieses Planes, der einen kreuzungsfreien Ausbau der Prachtstraße vorsah, hätte eine Menge alter Bauten verschwinden müssen, so der Holzkirchner und der Starnberger Bahnhof, die Pschorr- und die Hackerbrauerei, das Reichsbahnzentralamt, die Reichsbahnbaudirektion und viele andere. Auch die Hacker-, die Donnersberger- und die Friedenheimer Brücke wären abgebrochen worden. Sie sollten durch Unterführungen und Fußgängertunnels ersetzt werden.

Die Planung der zweiten »Prachtstraße«: Auf dem Südteil der Theresienwiese, der zum Groß-Ausstellungsgelände ausgebaut wird, entsteht eine riesige Ausstellungshalle. Eine breite Achse führt von hier auf die Bahnhofstraße zu, begleitet von zeilenförmigen Hallenbauten mit Großarkaden links und rechts und zwei Dauerausstellungsbauten. Die Achse mündet in den großen Platz an der Bahnhofstraße. Nordwärts gegenüber liegen, gesäumt von großen Terrassen, die den Blick auf die beiden Prachtstraßen bieten, das neue große Opernhotel und das Operncafé. Eine mächtige Freitreppe überwindet den Höhenunterschied (Überbrückung der Arnulfstraße) zum hochgelegenen Nordteil des Platzes, der von dem Riesenbau der neuen Oper gekrönt wird, die zur völligen Abtrennung von der seitlichen und nördlichen Umgebung von einem Schmuckhof umgeben ist.

Jetzt muß man tatsächlich ein bißchen verschnaufen und die Kartenskizze betrachten. (Übrigens: alle im Text vorkommenden Beiworte wie »monumental«, »riesig«, »mächtig« usw. bis zum nirgends fehlenden »groß« sind in der amtlichen Mitteilung enthalten.) Auch der Leitartikler der »Münchner Neuesten Nachrichten« mußte tief durchatmen: »Es ist schwer vor dieser Größe, vor dieser Fülle architektonischer Gesichte gleich das Wort zu finden, das Klarheit bringt in den Sturm der Eindrücke und Gedanken. Was aber am stärksten und beinahe spürbar aus dem Modell zu strömen scheint, das ist der Fluß der Ideen, die große Harmonie der Linien, das Festliche der Gestaltung. Da verbindet sich die Vielheit zur Einheit, da weicht der Sturm des Neuen einem beglückenden Gefühl der Ruhe.« Noch der Leser von heute spürt, wie der Leitartikler sein tiefes Erschrecken hinter Phrasen zu verbergen versucht.

Den Schluß kann man nur als Ironie durch Übersteigerung auffassen: »Nur ahnen können wir heute den Pulsschlag des neuen Münchens; daß aber unsere Stadt zum stärksten Ausdruck nationalsozialistischer Lebenskraft, zu einem Denkmal eines einzigartigen künstlerischen Willens werden wird, das fühlen wir mit allen Sinnen. Der 1. Mai 1938 eröffnet eine neue, die gewaltigste Epoche in der Baugeschichte Münchens. Es ist ein Werk der Liebe des Führers zu seiner Wahlheimat. Alle unsere Liebe schlägt ihm wieder entgegen.«

Über die Hitlersche Prachtstraße haben sich nicht nur die Münchner »das Maul zerrissen«. Auch das Kabarett »Die Bonbonniere«, das Adolf Gondrell und Theo Prosel 1938 am Platzl eröffnet hatten, widmete ihr eine Szene. Frau Johanna O. erzählt davon: »Auf der Bühne einige Damen und Herren in Biedermeierkostümen. Sie sitzen, das deutet die Dekoration an, im Hofgartencafé, und sie schimpfen wie die Rohrspatzen: ›Habt ihr das gehört!? Eine Prachtstraß' will er bauen! Eine Prachtstraße!‹ – ›Zu was braucha denn mir a Prachtstraß'?‹ – ›Da müssen wieder ein Haufen Häuser weggrissen wern, pfennigguate Häuser!‹ – ›Bloß weil si er a Prachtstraßn einbildet.‹

– Während sich die Herrschaften auf der Bühne ganz offensichtlich über die Baupläne König Ludwigs I. in der Ludwigstraße ereifern, geht im Hintergrund des Zuschauerraums eine Gestalt vorbei – der König! Da springen alle auf und winken und jubeln: ›Heil, heil, heil – heil unserm König!‹«

Frau O. weiter: »Ich war damals als junges Ding aus Breslau zu Besuch in München, und meine Bekannten hatten mich in die ›Bonbonniere‹ mitgenommen. Als bei dieser Szene die Zuschauer in brüllendes Gelächter ausbrachen, war mir gar nicht wohl in meiner Haut. Da saßen ja auch Uniformierte, Offiziere, irgendwelche Amtsträger. Und gerade die lachten Tränen. Ich erwartete jeden Augenblick, daß die SS das Lokal räumen und uns alle verhaften würde, samt den Schauspielern. Aber außer mir schienen sich alle köstlich zu amüsieren. Als ich nachher zu meinen Freunden sagte, bei uns in Breslau wäre eine solche Szene unmöglich über die Bühne gegangen, da lachten die bloß. »Wir sind ja schließlich in der Hauptstadt der Bewegung«, sagten sie, »da können wir uns das schon leisten.«

Die geschilderte Szene, sowohl auf der Bühne als auch im Zuschauerraum, war typisch für zwei Dinge: Sie dokumentiert, daß in München zeitweise offener geredet werden konnte als in anderen deutschen Gauen (in Berlin z. B. wurde der Kabarettist Werner Finck u. a. wegen spöttischer Bemerkungen über Hitlers Großbaupläne verhaftet), und sie spiegelt sehr deutlich die Einstellung der Öffentlichkeit zu den großen Neu- und Umbauplänen. Nicht von ungefähr wurde München jetzt schnell zur »Hauptstadt der Erdbewegung«.

Doch weiter im Bau-Programm: »Einen nicht minder großen Einfluß auf die Gestaltung des künftigen Stadtkörpers üben nach der Eisenbahn und Untergrundbahn die Reichsautobahnen und ihre Einführung mittels Zubringerstraßen in das Stadtinnere aus . . . Die in München einmündenden vier Autobahnen von Nürnberg-Berlin, von Salzburg-Wien, von Lindau-Rom und von Stuttgart-Karlsruhe werden durch einen Ring in entsprechender Entfernung vom Stadtkern zusammengefaßt. Der vorgesehene Ring ist 58 Kilometer lang und hat einen größten Durchmesser von 20 Kilometern. Im Bereich der heutigen Innenstadt selbst kann der stets wachsende Verkehr auf die Dauer in seiner Gesamtheit nicht mehr durch die Altstadt hindurch geführt werden und macht deshalb den Bau eines großzügigen Umgehungsrings und zugleich eines Parkrings um das Altstadtzentrum

21 Auch Straßen, die der Festzug nicht berührte, wurden am »Tag der Deutschen Kunst« mit Fahnen und farblich abgestimmten Stoffbahnen geschmückt.

22 Das »Braune Haus«, ein klassizistisches Palais in der Brienner Straße (hier während eines Besuches italienischer Faschisten), hatte Hitler Ende der zwanziger Jahre erworben und nach seinen Plänen zur Parteizentrale ausbauen lassen.

23 In diesem »Herrschaftshaus« am Prinzregentenplatz hatte sich Hitler schon vor 1933 niedergelassen und »gut bürgerlich« eingerichtet.

24 (rechts oben) Adolf Hitler »ganz privat« in seinem Schwabinger Lieblingslokal, der »Osteria Bavaria« in der Schellingstraße. Auch hier trank er nur Mineralwasser.

25 (rechts unten) Im »Goldenen Buch« der »Hauptstadt der Bewegung« durfte die Unterschrift Hitlers nicht fehlen.

26 Der Jahrestag der Verkündung des Parteiprogramms der NSDAP am 24.2.1920 im Hofbräuhaus-Festsaal wurde immer wieder festlich begangen. Die »alten Kämpfer« im Saal und Millionen Deutsche an den Lautsprechern hörten Hitlers Gedenkreden.

notwendig. Zu diesem Zweck wird im Anschluß an die Maximiliansanlagen, an den Lenbachplatz, den Stachus und die Sonnenstraße eine neue breite Verbindung vom Sendlingertorplatz zur Corneliusbrücke bzw. der Ludwigsbrücke geschaffen.

Für den durch die Altstadt bedingten Nord-Süd-Verkehr soll eine Einbahn-Parallel-Straße mit der Sendlinger Straße dienen, die dann vom Sendlingertor zum Rindermarkt den Anschluß zur Residenzstraße herstellt. Zur Erleichterung des Ost-West-Verkehrs wird ein Durchbruch von der Maximilianstraße zur Maffei-Straße erfolgen.«

Und so geht es weiter, Seiten um Seiten, Ausbau, Umbau, Abbruch, Verbreiterung, Durchbruch. Da soll an der Gabelsbergerstraße, »die auf der hierfür vorgesehenen Seite bereits von den bisher vorhandenen Gebäuden gesäubert ist«, das Kanzleihaus der Partei entstehen. Das Stadtgebiet zwischen der Türkenkaserne im Süden und der Schellingstraße im Norden ist ganz für Parteizwecke vorgesehen. Hier werden als Einrahmung des »Platzes der NSDAP« entstehen: Im Osten die »Halle der Partei«, im Süden das »Museum für Zeitgeschichte«, im Norden das »Haus der Deutschen Arbeitsfront«. Für die Gauleitung München-Oberbayern ist für das neue Gaugebäude der Platz am Gasteig ausgewählt worden.

Nur noch einige Stichworte zur »Abrundung«: ein neues Arkadengebäude an der verbreiterten Von-der-Tann-Straße, vergrößerter Odeonsplatz mit neuem Odeon und neuem Zentralgebäude der Regierung. An der Arcis-Barer-Straße Flügelbauten zur Erweiterung der Alten Pinakothek, neue Technische Hochschule in Nymphenburg auf dem Gelände nördlich des Botanischen Gartens, Neubau für die Naturwissenschaftlichen Sammlungen des Staates, Haus des bayerischen Handwerks, Haus der Bauzunft, neues Funkhaus, Fertigstellung des Flughafens in Riem . . .

Dazu noch ein »Wohnungspolitisches Grundprogramm« mit Volkswohnungsbau und Ersatzwohnungsbau (je nach Stärke der Abbruchtätigkeit). Endtermin des gesamten Bauprogramms: 1945.

Hier trifft die so oft verwendete Formulierung wirklich ins Schwarze: niemand konnte damals ahnen, wie es 1945 in München wirklich aussehen würde.

Tagelang beschäftigten sich die Münchner Zeitungen nun mit den Einzelheiten der Bauvorhaben. Die Bevölkerung nahm lebhaften

Anteil – wurde doch früher oder später jeder davon betroffen. Da verschwanden Vorgärten zur Straßenverbreiterung, da wurden Häuser eingerissen, Betriebe verlegt, Baulücken geschlossen, Pflaster aufgerissen, Straßenbahnen umgeleitet. In der großen Architektur-Ausstellung drängten sich die Menschen in dicken Trauben um die Modelle, um zu sehen, was ihnen und ihrer Stadt bevorstand.

Nun muß man allerdings unterscheiden zwischen den Monumenten des Größenwahns (von denen keines mehr realisiert wurde) und den vergleichsweise sinnvollen verkehrstechnischen Ausbaumaßnahmen, die in konsequentem Anschluß an die Bahn- und Autobahnplanung notwendig wurden oder geworden wären. Sachzwängen der Entwicklung müssen sich heute auch demokratische Stadtverwaltungen beugen.

Inzwischen waren die Münchner ja auch schon einiges gewöhnt. Hitlers Leidenschaft für Architektur und Bauwesen hatte bereits erste Blüten getrieben: es fing damit an, daß die Rasenflächen des Königsplatzes mit Platten belegt wurden, als Aufmarsch-Forum für die nicht abreißende Kette von Kundgebungen und Appellen. Noch bevor er fertig war, nannten die Münchner ihren Königsplatz »Plattensee«.

Den Propyläen gegenüber hatte Hitler auf der anderen Seite des Platzes die »Ehrentempel« errichten lassen, in deren Mitte in bronzenen Sarkophagen die Gefallenen von der Feldherrnhalle beigesetzt waren. »Ewige Wache« hieß das offiziell. An der Arcisstraße waren nach den Entwürfen von Professor Troost die sogenannten Führerbauten entstanden, ein Verwaltungsgebäude der NSDAP auf der einen und der eigentliche »Führerbau« auf der anderen Seite der Brienner Straße. In diesem Repräsentationsbau befindet sich ein einer Universitätsaula ähnlicher Kongreßsaal mit 700 Plätzen, eine Wandelhalle im Erdgeschoß verbindet die beiden monumentalen Treppenhallen, die von mächtigen Jura-Marmorsäulen getragen werden.

Beide Gebäude überstanden übrigens den Bombenkrieg fast unbeschädigt. Sie stehen – ohne die »Hoheitsadler« über den Portalen – noch heute. Die staatliche Musikhochschule und die Bayerische Staatsgemäldesammlung haben dort Unterkunft gefunden. Kurz nach dem Krieg war eines der Gebäude als »Amerika-Haus« verwendet worden.

Nach der Fertigstellung des ganzen Baukomplexes sagte Gauleiter Wagner anmaßend: »Ein wahrhaft königlicher Platz« und dekretierte, daß diese Bezeichnung künftig statt des altgewohnten »Königsplatz« zu verwenden sei. Aber das hat sich bei den Münchnern so wenig durchsetzen lassen wie Ritter-von-Epp-Platz statt Promenadeplatz oder in Schwabing »Danziger Freiheit« statt Feilitzschplatz.

Am Rande des Englischen Gartens, an der Prinzregentenstraße, war ein weiterer Bau von Hitlers Leibarchitekten Paul Ludwig Troost fertiggestellt worden: das »Haus der Deutschen Kunst«, dem der Volkswitz wegen seiner pseudo-griechischen Säulenfront den Spitznamen »Hauptbahnhof von Athen« gegeben hat. Den Grundstein legte Hitler am 15. Oktober 1933.

Es war ein kühler, aber trockener Herbsttag. Wieder einmal war alles aufmarschiert, was zum großen Schauspiel einer NS-Veranstaltung gehörte, Blöcke von SA und SS, dazu Stahlhelmkolonnen und Landespolizei-Kompanien, Hitlerjungen und BDM-Mädchen. Fahnenumwallte Ehrentribünen, flammenlodernde Pylonen, Studenten-Chargierte in voller Wichs, Abordnungen der Künstlerschaft, das Diplomatische Korps mit dem päpstlichen Nuntius Vasallo di Torregrossa und dem Exzaren Ferdinand von Bulgarien. Hinter den Absperrketten drängte sich das Volk.

Adolf Hitler wird feierlich »eingeholt« von seiner Wohnung am Prinzregentenplatz. Er kommt in Begleitung des Reichsstatthalters Ritter von Epp (der an diesem Tag seinen 65. Geburtstag feiert), des Stabschefs der SA, Ernst Röhm, des Ministers und Gauleiters Adolf Wagner, des Prinzen August Wilhelm von Preußen. Das Vorspiel zu den »Meistersingern« erklingt, gespielt vom Reichssymphonie-Orchester. Dann Reden, Reden, Reden und Dank, Dank, Dank dem Führer, dem Reichskanzler, dem Baumeister des Dritten Reiches.

Am Vorabend dieses 15. Oktober war Deutschland übrigens aus dem Völkerbund ausgetreten, hatte die deutsche Vertretung die Abrüstungskonferenz in Genf verlassen, hatte der Reichspräsident von Hindenburg den Reichstag und die Länderparlamente aufgelöst. Die Extrablätter mit dieser Bekanntmachung hingen noch in den Schaufenstern und an den Hauswänden.

»Das junge Deutschland baut seiner Kunst ein eigenes Haus . . .« tönt der Führer. »München wird wieder Hauptstadt der deutschen Kunst. Möge diese Stadt sich zurückbesinnen auf ihre eigentliche Mission, Stätte des Erhabenen und des Schönen zu sein . . .« sagt Hitler weiter, von Beifall umbrandet. Der Gauleiter und Minister

Wagner, diesmal in seiner Eigenschaft als Staatskommissar für das Haus der Deutschen Kunst, reicht Adolf Hitler einen silbernen Hammer. Auch von Troost entworfen und als Geschenk des Gaues München-Oberbayern der NSDAP für diese und alle künftigen Grundsteinlegungen gedacht.

Hitler tritt an den Grundstein heran, in den schon die Urkunde eingemauert wurde, sagt: »Der Stein ist gelegt« und läßt den Hammer heruntersausen – klirrend zerbricht die Sonderanfertigung. Hitler hält nur noch den Stiel in der Hand, am Boden liegt der silberne Hammerkopf.

Der Führer dreht sich schroff um. Trommelwirbel, Musik setzt mit dem Deutschlandlied ein, alles singt mit. Überspielt ist die Panne, nur die Nächststehenden haben überhaupt etwas bemerkt. Am Himmel zieht das Großflugzeug Junkers D-2500 »Hindenburg« mit dumpfem Brummen seine Kreise.

In den deutschen Zeitungen war am nächsten Tag über den peinlichen Vorfall nichts zu lesen. Dafür hatte man schon gesorgt. Aber den ausländischen Journalisten kann man den Mund nicht so schnell verbieten. »Hitler was shocked«, schrieben die Londoner Zeitungen, und »Der Hammer zerbrach in Hitlers Hand«, erfuhren die Zeitungsleser in Paris. Dem Handwerksmeister, der das edle Stück gefertigt hatte, ist natürlich die Gestapo auf den Pelz gerückt. Hätte ja Sabotage im Spiel sein können. Aber trotz aller Durchleuchtung – Person und Material waren einwandfrei.

Hitler selbst hat's als böses Vorzeichen genommen, berichtet Speer in seinen Erinnerungen. Aber nicht etwa für sich selber oder für das Haus der Deutschen Kunst. Er bezog es – nachträglich – auf den wenige Monate später erfolgten Tod seines Architekten Professor Troost.

Vier Jahre später, am Tag der Deutschen Kunst 1937, wurde das Gebäude seiner Bestimmung übergeben. Hitler: »Das größte und schönste Ausstellungsgebäude der Kunst, das es auf der Welt zur Zeit gibt!«

Das Haus hat unter Tarnnetzen den Bombenkrieg ohne Schaden überstanden und auch die Nachkriegszeit bewältigt, in der es zunächst eine Art »Recreation-Center« für amerikanische Offiziere war. In den großen Sälen wurden Basket-Ball-Plätze angelegt. Es kostete später viel Mühe, die roten Feldmarkierungen wieder von dem Plattenboden abzuschrubben. Nachdem das Wort »deutsch« entfernt wurde, dient das Bauwerk als »Haus der Kunst« noch heute zur Präsentation von Kunstausstellungen.

Der am 1. Mai 1938 bekanntgemachte »Ausbau der Hauptstadt der Bewegung« blieb nicht nur auf dem Papier stehen. Er wurde, wie das in Diktaturen üblich ist, auf Befehl sofort in Angriff genommen. Dabei kam es zu einem der barbarischsten Eingriffe: Er traf die an der Einmündung der Schwanthalerstraße in die Sonnenstraße stehende evangelische Matthäus-Kirche. Der Bau, 1827 nach Entwürfen des Baurats J. N. Pertsch begonnen und am 25. 8. 1833 als erste evangelische Kirche Münchens feierlich geweiht, stand jetzt, fast genau hundert Jahre später, dem Verkehrsausbau im Wege. Hier konnte der Gauleiter Adolf Wagner zwei »Fliegen« mit einer Klappe schlagen: den Willen des Führers buchstabengetreu erfüllen und der evangelischen Kirche ihre einzige Kathedrale zerstören. Wagner blieb gegenüber den bestürzten Protesten völlig unzugänglich.

Oskar Loy berichtet in der Broschüre »Evangelische Diaspora in München«: »Es war am Donnerstag, dem 9. Juni 1938, abends 6 Uhr. Der Pfarrer von St. Matthäus, Lizentiat Friedrich Loy, wird telefonisch ins Innenministerium gerufen. Er solle eine Eröffnung entgegennehmen. Er traut seinen Ohren nicht. Das ist nicht möglich! In vier Wochen, bis zum Tag der Deutschen Kunst, muß die Matthäus-Kirche verschwunden sein! Die bauliche Neugestaltung der Stadt vollzieht sich in so raschem Tempo, daß es notwendig ist. Der Pfarrer hat dem Ministerium bis zum nächsten Morgen die Zustimmung des Kirchenvorstandes zu überbringen. Man habe keinen Zweifel, der Kirchenvorstand werde sich dazu entschließen. Er werde dem großen Werk des Führers dieses Opfer bringen. Vor wenigen Tagen habe die Israelitische Kultusgemeinde freiwillig dem Abbruch ihrer Synagoge zugestimmt. Die evangelische Kirche werde hinter ihr nicht zurückstehen wollen.

Spät in der Nacht versammelten sich im Amtszimmer ihres Pfarrers die Geistlichen und Kirchenvorsteher der Gemeinde. Der Bericht, den sie zu hören bekamen, rief Bestürzung hervor. Landesbischof D. Meiser redete mit dem Gauleiter eine offene Sprache, aber die Machthaber des Dritten Reiches waren unbelehrbar. Was sie beschlossen hatten, hatten sie beschlossen.

Am Sonntagmorgen, dem Dreieinigkeitsfest, erhielten die Gemeindemitglieder von St. Matthäus die Mitteilung von dem, was bevorstand. Sie wurden zum Abschied von ihrem Gotteshaus eingeladen. Unaufhaltsam strömten von jetzt an Tausende durch die Kirche. Am nächsten Tag fanden die letzten Gottesdienste statt. Sie waren tief ergreifend. Zum Schluß trat der Münchner Kreisdekan Daumiller an den Altar ... Die Geistlichen zogen aus der Kirche. Aber die Gemeinde wich nicht. Sie sang einen Choral nach dem anderen. Draußen in der Nacht fuhr man schon die Balken zum Baugerüst an. In der Herzog-Wilhelm-Straße standen SS-Männer bereit, um gegen Unruhen einzugreifen. Ganz langsam leerte sich das Gotteshaus. Um Mitternacht war alles zu Ende.«

In den Zeitungen stand darüber nur eine kurze Mitteilung: »Im Zuge des Ausbaus der Hauptstadt der Bewegung ergibt sich die Notwendigkeit, die evangelische St. Matthäus-Kirche abzureißen. Nach einer eingehenden Rücksprache zwischen Gauleiter Staatsminister Adolf Wagner und dem Herrn Landesbischof D. Meiser wurden im gegenseitigen Einvernehmen alle damit zusammenhängenden Fragen geklärt.«

Die Bagger fuhren auf und begannen ihr Werk. In unglaublich kurzer Zeit – es war, als wollte man möglichst schnell vollendete Tatsachen schaffen – wurde der Abbruch durchgeführt. Die Reste der Fassade wurden gesprengt. »Während die Mauern in sich zusammensackten, erhob sich eine riesige gelbweiße Staubwolke aus dem Schutt und schwebte zwischen den Häusern, vom Sonnenlicht durchstrahlt, langsam in die Höhe«, berichtet einer der wenigen Augenzeugen. Denn natürlich war im weiten Umkreis alles abgesperrt worden. Nur in einem für das Archiv der Stadt gedrehten Dokumentar-Schmalfilm ist die dramatische Sprengung festgehalten. Auch der Kameramann mußte seine Sondererlaubnis ein halbes Dutzend mal vorzeigen.

Am 22. Mai 1938 dröhnte bei strömendem Regen der erste Rammschlag für den U-Bahn-Bau durch die Lindwurmstraße. Der Führer hatte wieder einmal auf den Knopf gedrückt. »Um das alte München und das München der Ludwigischen Zeit unter allen Umständen zu erhalten, ist es notwendig, daß eine Verkehrsregelung gefunden wird, die wenigstens einen Teil des Massenverkehrs von den Straßen fernhält. Es gibt dafür nur einen einzigen Weg: es ist der Weg unter die Erde!«

Gauleiter Wagner: »Ich vermute auch, daß ihr da und dort einmal, wie das üblich ist, masseln werdet. Ihr dürft das aber auch (laute ›Bravo‹-Rufe) – ich setze nämlich dabei voraus, daß euer Masseln in demselben Grad stattfinden wird wie eure Bereitschaft sein wird mitzuhelfen am Werk!«

Trotz des ohrenbetäubenden Lärms der Dampframmen, die von den Münchnern bald »Dampframmi« genannt wurden, war die riesige offene Baugrube ständig von Neugierigen umlagert. Eisenträger um Eisenträger wurde in den Boden gehämmert. Lärm, Schmutz, Staub – eine Qual für die Anwohner.

Weiß Ferdl hat dazu 1938 in einer Glosse geschrieben: »In der Lindwurmstraße hat es begonnen. Bei jedem Loch, bei jedem Dampfhammer steht ein Lindwurm Neugieriger und schaut und brummt und knurrt ... Wehe, wenn der ›Dampframmi‹ einmal längere Zeit aussetzt, da werden die Zuschauer grantig, sie wollen was sehen. ›Was is denn los, warum arwat der Dampframmi net? – Is er euch eig'rost vor lauter Brotzeitmacha?‹ Und einer, recht bissig, schadenfroh: ›Fehlts Material? Soll ja alles recht knapp sei!‹«

Bei dem langen Herumstehen entstehen dann die greulichen U-Bahn-Märchen.

»Die armen Leut, die da wohnen, die können einem wirkli leid tun.« – »Ja, die gehen alle drauf. Im Krankenhaus hats schon eine eigene Abteilung, die Uba-Dampframmi-Station« – »Eine Frau mit 26 Kindern, die hat eine Eingabe gemacht, daß sie eine andere Wohnung kriegt, aber es ist mit der Begründung abgelehnt worden, es dauert nur noch höchstens drei Jahr!« – »In der Chirurgischen drüben geht's drunter und drüber. Wenn einer das Messer ansetzt, haut der Dampframmi nei, und statt 'm Blinddarm hat er ihm ganz was anderes rausgeschnitten! – Alle Nähte reißen wieder – wenn's hinten mit'm Nähen fertig sind, derfas vorn wieder anfangen.«

»Und erst in der Zahnstation! Da wissen s' sich überhaupt nicht mehr zu helfen. Kaum ham s' die Plomben einglegt – bumms – fallen s' schon wieder raus.« – So schimpfen und kritteln die lieben Münchner.

Damals wurden genau 590 Meter Tunnel gebaut, schon 1941 wurde die Bautätigkeit eingestellt. Nach dem Krieg wurden die Röhren zum Teil zugeschüttet, zum Teil zur Champignonzucht benützt. Aber trotzdem konnte das Teilstück mit geringen Reparaturen in die neue U-Bahn-Trasse einbezogen werden.

Brot und Spiele

Frage: Was hat die Partei mit der Münchner Straßenbahn gemeinsam? *Antwort:* Es ist verboten, mit dem Führer zu sprechen; wer nicht hinter dem Führer steht, sitzt; das Kleingeld ist stets bereitzuhalten; bei besonderen Anlässen werden die alten Anhänger hervorgeholt.

Dieser Witz aus der Flüsterkiste, der mit dem »deutschen Blick« (dem vorsichtigen Umschauen nach allen Seiten) weitererzählt wurde, faßt in seinen vier Antworten die Situation treffend zusammen: Die Unnahbarkeit und Unangreifbarkeit des Führers und Reichskanzlers, der durch seine außenpolitischen Erfolge zum »Baumeister des Großdeutschen Reiches« hochstilisiert worden war; die völlige Ausschaltung jeder Opposition und Kritik, deren Vertreter in Konzentrationslagern und Gefängnissen dahinvegetierten; die nahezu an jedem Wochenende durch die Straßen klappernden Sammelbüchsen für Hilfswerke aller Art und schließlich die nicht abreißende Kette neuer Festtage und Großveranstaltungen, an denen jeder, kommandiert oder freiwillig, Anteil zu nehmen hatte. »Das politische Geschehen der Erfolgsperiode Hitlers war begleitet von einem pausenlosen Feuerwerk großer Schaustellungen, von Paraden, Weihestunden, Fackelzügen, Treuekundgebungen, Aufmärschen . . . (J. C. Fest).

Da waren die Feiern zu den Jahrestagen der Parteigründung und der Machtübernahme im Reich (30. Januar) und in Bayern (9. März), da waren Führers Geburtstag (20. April) und der 9. November, da gab es den Tag der nationalen Solidarität und den Tag des Großdeutschen Reiches, den Tag der Arbeit am 1. Mai (hier hatte Hitler eine alte Forderung der Arbeiterbewegung, die auch in der Republik nicht verwirklicht worden war, unter seine Fahnen übernommen) und das Erntedankfest, den Tag der Deutschen Kunst und die Nacht der Amazonen – um nur etliche aus der immer länger werdenden Liste herauszugreifen. Einige dieser »Tage« wurden zwar allerorts gefeiert, aber die meisten waren München, der festfreudigsten Stadt des Reiches (wie es damals schon hieß) vorbehalten. Es gab sogar ein eigenes »Amt für Fest-, Freizeit- und Feiergestaltung«, das entsprechende »Gestaltungsprogramme« ausarbeitete.

Um die »Nacht der Amazonen«, das vom Ratsherrn und Präsidenten des Rennvereins Riem, Christian Weber, veranstaltete Parkfest in Nymphenburg, rankten sich bald zahlreiche Flüster-Geschichten. Von nackten goldbronzierten BDM-Mädchen war da die Rede, die vor einem erlesenen Kreis geladener Gäste als Nymphen und Gespielinnen der Diana herumhüpfen mußten, von barbusigen Amazonen, die wilde Kampfspiele mit athletischen Reitern aufführten, von leichtgeschürzten Tänzerinnen und tiefdekolletierten Hofdamen. Aber in dieser prüden Zeit entzündete sich die Fantasie schon an der nackten Brust eines als Göttin posierenden Mädchens.

Die »Nacht der Amazonen« bildete den Abschluß der von Weber inszenierten Riemer Rennen um das »Braune Band von Deutschland«, mit Siegerehrung und Preisverteilung (das Siegerpferd kam übrigens 1938 aus Frankreich). Anläßlich seines »Braunen Bandes« ließ Weber auch Goldmedaillen prägen, die er an Ehrengäste und Mitwirkende verteilte. Die Sonderbriefmarken, die aus diesem Anlaß alljährlich erschienen, haben inzwischen eine erhebliche Wertsteigerung erfahren. Eine Anekdote war zum »Braunen Band« auch im Umlauf: Als der französische Botschafter André François-Poncet Gast der Rennen war und Weber ihm als Präsident des »Braunen Bandes« vorgestellt wurde, soll der Franzose mit todernster Miene gesagt haben: »Aha – der Herr Präsident von der Braunen Bande!«

Aber nochmals zur »Nacht der Amazonen«. Mit einem Aufgebot von 2000 Menschen und 400 Pferden wurde das »Höfische Spiel im Park« in Szene gesetzt (von Paul Wolz). Mit kurfürstlichem Prunk, mit lebenden Porzellan-Gruppen nach den berühmten Bustelli-Figuren, mit höfischen Tänzen, Reiterspielen und Feuerwerk. Es war eine öffentliche Veranstaltung, zu der sich jedermann Karten kaufen konnte. Daß sich hinter den Kulissen und im »Ehrengastbereich« einiges abgespielt hat, was den Gerüchten Nahrung gab, ist wahrscheinlich – aber unbewiesen.

Christian Weber, ebenso heimlich verspottet wie offen gefürchtet, hatte so ziemlich den schlechtesten Ruf von allen Nazis in München. Der rundbäuchige, grobe, als Schläger und Raufbold aus der »Kampfzeit« bekannte Mann (er hatte bei der Machtübernahme die Hakenkreuzfahne am Rathausturm gehißt) gehörte zu den wenigen Duz-Freunden des Führers. Er war mit ihm in Landsberg in Festungshaft gesessen. In einem Artikel zum 50. Geburtstag Webers verzeichnet der »Völkische Beobachter«, daß dieser »Paladin des Führers« in 152

Fällen wegen seiner Tätigkeiten für die Bewegung vor Gericht gestanden habe. Das hätte wohl besser »wegen seiner Tätlichkeiten« geheißen.

Mit Göring teilte Weber die Vorliebe für Uniformen. Wenn er in einem grünen Jagdrock mit weißen Reithosen und Jägermütze auftrat, war dies ein heimlicher Lacherfolg. Aber eben nur ein heimlicher. Weber sammelte auch Präsidententitel. Er war u. a. Präsident des Kreistags Oberbayern, des Rennvereins Riem, des deutschen Jagdmuseums, des Vereins Ausstellungspark und sogar Ehrenpräsident der »Fachschaft bayerischer Gebirgsschweißhunde«. Er bewohnte einige Räume der Münchner Residenz, und auch hier wurde viel von Orgien und Gelagen gewispert, die aus den königlichen Räumen ein Privat-Bordell des ehemaligen Viehhändlers gemacht hätten.

Geschäftstüchtig und mächtig, wie er war, hatte Weber die Finger in vielen Unternehmungen. Er betrieb Omnibuslinien für die Stadt, war an Tankstellen und Rennställen beteiligt, veranstaltete Bälle und Festzüge. Circus-Krone-Chef Carl Sembach erzählte: »Für seinen ›Ball des Jagdmuseums‹ forderte Weber vom Circus Krone vier edle Dressurpferde, die im Foyer des Deutschen Theaters zur Begrüßung der Gäste aufgestellt werden und ihnen die Honneurs machen sollten. Ich weigerte mich. Die Pferde hätten sich in dem eiskalten, zugigen Foyer den Tod holen können. Als Weber auf seiner Forderung beharrte, ging ich zum Gauleiter Wagner. Der hatte Verständnis und sagte: ›Der Weber hat doch Rösser genug in Riem. Soll er doch von denen ein paar nehmen.‹ Es standen dann aber doch keine Pferde im Foyer!«

Weber trat auch als »Schöpfer« des deutschen Jagd-Museums öffentlich groß in Erscheinung. Es wurde 1938 in der ehemaligen Orangerie im nördlichen Flügelbau des Nymphenburger Schlosses untergebracht und zeigte die »Jagd im Wandel der Jahrtausende«, germanische Jagdwaffen und Jagdarten fremder Völker. Im Mittelpunkt stand der Trophäen-Saal mit der reichhaltigen Sammlung des Grafen Arco. Der Führer schenkte zur Eröffnung am 16. Oktober 1938 einen prächtigen ausgestopften Adler.

»Auf den Wegen zum deutschen Jagdmuseum bildeten Hunderte schlanker Mädchen in duftigen Gewändern, Gefährtinnen der Jagdgöttin Diana, ein entzückendes Spalier für die Ehrengäste. Sie schienen aus dem arkadischen Frühling in den kühlen Münchner Herbstmorgen versetzt«, berichtete die »Münchener Zeitung« poetisch verbrämt. Gefroren haben sie halt erbärmlich, die armen Dinger, die da überwiegend aus dem BDM-Werk »Glaube und Schönheit« abkommandiert worden waren.

Dann aber erschien »der Schöpfer des deutschen Jagdmuseums, Präsident Christian Weber, an der Spitze einer Kavalkade von grünbefrackten Jägern und roten Parforce-Reitern, hoch zu Roß im grünen Jagdrock . . .«

Mit einem großen Festzug »1000 Jahre Jagd – 1000 Jahre Tracht« wurde das Ereignis gebührend gefeiert. Trachtengruppen aus der Ostmark (Österreich), Egerland und dem Böhmerwald waren zum erstenmal vertreten. Es war zugleich der letzte Sonntag des verlängerten Oktoberfests, das mit Wies'n-Rennen und einem Großfeuerwerk zu Ende ging.

Bei Kriegsausbruch soll Christian Weber, dem sicher am genüßlichen Leben viel mehr lag als an der Weltgeltung des Großdeutschen Reiches, zu einem Bekannten gesagt haben: »Was sagn S' jetzt da – fangt das Rindviech an Kriag o!« (berichtet von Ludwig Schrott in seinem Buch »Münchner Alltag in acht Jahrhunderten«). Bei Kriegsende wurde Weber von der »Freiheitsaktion Bayern« im Rathaus vorübergehend festgenommen und nach der Besetzung Münchens von den Amerikanern verhaftet. Beim Transport in das Internierungslager Ludwigsburg verunglückte er tödlich. Niemand konnte ihm also mehr den Prozeß machen, und so bleiben viele seiner üblen Machenschaften bis heute im dunkeln.

Die Münchner Festtage wurden immer mit pompöser Opernregie arrangiert, mit theatralischen Effekten angefüllt. Ganze Straßenzüge wurden mit Fahnen und Stoffbahnen dekoriert, Hunderte von Flammentürmen (Pylonen) aufgestellt, Scheinwerfer-Dome in den nächtlichen Himmel gestrahlt, ungezählte Lichter an den Fensterbrettern angezündet. Trommelwirbel, Kampflieder, Marschmusik – auch ausländische Besucher, Ehrengäste, Diplomaten verloren, wie vielfach nachzulesen ist, zeitweise ihre kritische Reserve, konnten sich der Wucht und Magie solcher Darbietungen nicht entziehen. Dem einfachen Volksgenossen aber gaben sie das Gefühl »Mir san wieder wer!« – auch wenn sich manchmal das bedrückende Gefühl dazugesellte »Lang kann des ja nimmer gutgehn«.

Dazu muß gesagt werden, daß ein deutlicher wirtschaftlicher Aufschwung erfolgt und die Arbeitslosenzahl erheblich zurückgegangen war. Was nach Einführung des Arbeitsdienstes und der Wehrpflicht, durch Autobahnbau, allgemeine lebhafte Bautätigkeit und das Wachstum der Rüstungsindustrie so verwunderlich auch wieder nicht war. Dazu liest man in einer von Oberbürgermeister Fiehler gezogenen Bilanz: »Auf dem Weg der Verringerung der Arbeitslosenziffer kam die Stadt dazu, auch einmal den Arbeitswillen der Befürsorgten festzustellen, denn viele der Unterstützten waren lieber bereit zu hungern als zu arbeiten.

Die Arbeitslosenfürsorgemaßnahmen schafften hier grundlegenden Wandel. Zugleich konnten in der folgerichtigen Durchführung umfangreiche Einebnungsarbeiten ausgeführt werden, und zwar in verschiedenen Friedhöfen, in den Reichskleinsiedlungen, im Tierpark und im Nymphenburger Schloßpark; zusätzlich wurden dadurch neue Anlagen und Spielplätze gewonnen.« Das heißt im Klartext: Zwangsarbeit!

»Brot und Spiele« also, das schon bei den Tyrannen und Kaisern der Antike bewährte Rezept, tat auch in den noch friedlichen Jahren des Dritten Reiches seine Wirkung. Nicht nur pathetischer Ernst, sondern auch die »wiedererwachte Lebensfreude« kam bei diesen rauschhaften Festen und Feiern zu ihrem Recht: Volkstanz und Standkonzerte auf allen öffentlichen Plätzen, in geschmückten Sälen und beleuchteten Parkanlagen, Feuerwerk und Festzüge gehörten dazu.

Das Ringelspiel des Münchner Jahres, vom Fasching bis zum Oktoberfest, drehte sich lebhafter und bunter als je zuvor. Im Fasching kam zu den traditionellen Festen der Künstler und der Gesellschaft noch eine Reihe von Bällen der NS-Organisationen. Auch der Faschingszug wurde wieder zum Leben erweckt, und die als Cowboys oder Beduinen verkleideten SA- und SS-Reiter fühlten sich wahrscheinlich heiterer als die Zuschauer. Denn gelacht haben die Münchner bei den Faschingszügen der Nazi-Zeit (1935: acht Kilometer lang, 156 Wagen, Gruppen und Kapellen) grad so wenig wie vor- und nachher. Das unterscheidet sie noch heute, obwohl es keinen Faschingszug mehr gibt, von Köln oder Mainz. Aber sie standen doch in dichten Mauern am Zugweg, ließen sich mit Marschmusik und Konfetti berieseln und waren am lustigsten beim Faschingstreiben zwischen Viktualienmarkt und Marienplatz bis zum Stachus.

Im Sieben-Wochen-Fasching 1938 gab es mehr als 3000 Feste unter dem Motto »1000 Stunden lachendes Glück«. Beim Pressefest, für das jeweils ein eigenes Festspiel geschrieben und aufgeführt wurde, tauchte einmal ein Angehöriger der NS-Prominenz in einem maßgeschneiderten braunen Frack auf. Das erregte erhebliches Aufsehen – unliebsames allerdings. Der braune Fest-Frack wurde wohl als Entweihung der braunen Farbe der Bewegung betrachtet und allsogleich verboten. Einen solchen Einfall eines der Ihren mit Humor zu nehmen, war den sendungsbewußten Machthabern auch im Fasching nicht gegeben.

Für Münchens herbstliches Bierfest auf der Wies'n, das Oktoberfest, wurde 1933 vom Stadtrat der Bierpreis »zugunsten der Werktätigen« (und zum Grimm der Wirte) auf 90 Pfennig für die Maß festgesetzt. Zum 125. Jubiläum der Wies'n-Gaudi, 1935, wurde ein gewaltiger Sternmarsch veranstaltet. Da marschierten die Schützen und die Trachtler, der Reichsnährstand, das Handwerk und Gewerbe, der Arbeitsdienst und die Arbeitsfront. Einem Beobachter ist aufgefallen, daß diesmal besonders häufig das Wort »deutsch« auftauchte, »Echt deutscher Käse« und »Eßt deutsches Obst«. Außerdem führte der schon mehrfach erwähnte Ratsherr Christian Weber, Verwaltungsrat des Oktoberfestes und als Präsident des Rennvereins Riem fanatischer Förderer des Pferdesports, die Wies'n-Rennen wieder ein, die ursprünglich zu den Attraktionen des Oktoberfestes gehört hatten.

Im Jahr drauf, 1936, wurde die einheitliche Beflaggung mit Hakenkreuzfahnen befohlen. Das Weiß-blau der Landesfarben und das Schwarz-gelb der Stadtfarben durfte nicht mehr von den Masten flattern. Zwischen Schweinswürstlduft und Steckerlfischrauch wehten nur noch die »Farben des neuen Deutschland«. 1938 wurde das Oktoberfest gar zum »Großdeutschen Volksfest« umfunktioniert. Der »Anschluß« Österreichs war Grund genug, die Wies'n um acht Tage zu verlängern. Übrigens ist nirgends verzeichnet, daß Hitler auch einmal auf der Wies'n gewesen wäre. Wieder ein Jahr später war es eh' schon aus: Aus der fast fertig aufgebauten Budenstadt wurde eine Geisterstadt – am 1. September 1939 brach der Krieg aus, am 27. September wurde das Oktoberfest endgültig abgesagt. Elf bittere Jahre sollten vergehen, ehe am 17. September 1949 wieder ein »echtes« Oktoberfest auf der Theresienwiese eröffnet werden konnte.

Inzwischen war vom Führer der deutschen Arbeitsfront, Robert Ley, im November 1933 die NS-Gemeinschaft »Kraft durch Freude« gegründet und in den folgenden Jahren erheblich ausgebaut worden. In einer großen »Freizeitkundgebung« wurden ihre Aufgaben und Ziele bekanntgegeben: Das »Amt für Kultur« ermöglichte den Volksgenossen verbilligte Theater- und Konzertbesuche, das »Amt für Feierabendgestaltung« schickte sie zu Sommerfesten, Heimatabenden, Faschingsbällen, das »Amt für Reisen, Wandern und Urlaub« sorgte für Feriengast-Austausch zwischen Alpen und Masuren (»Jeder Deutsche hat das Recht, seine Heimat und ihre Schätze kennenzulernen«), das »Amt für Ertüchtigung des Volkes« (Sportamt) veranstaltete Kurse von Schwangeren-Gymnastik bis zu Jiu-Jitsu (aber auch so vergleichsweise feudale Sportarten wie Tennis, Reiten und Fechten wurden angeboten). Das »Amt für Unterricht und Ausbildung« zusammen mit dem »Deutschen Volksbildungswerk« führte Kurse in Fremdsprachen, Naturwissenschaften und Malerei, Plastik und Basteln durch.

In einer Bilanz »Fünf Jahre KdF« wurden für den »Traditionsgau München-Oberbayern« stolze Teilnehmerzahlen genannt: »1 787 747 Volksgenossen erlebten Deutschland mit KdF, über zwei Millionen nahmen an den KdF-Feierabendveranstaltungen teil, mehr als 700 000 besuchten Sport- und 330 600 die Fortbildungskurse. Dazu fuhren KdF-Schiffe, gecharterte Passagierdampfer und neugebaute (später als Truppentransporter verwendete) Schiffe mit Urlaubern in die norwegischen Fjorde und nach Madeira. Aus Devisenmangel konnten die KdF-Reisenden allerdings nicht oder nur kurz an Land gehen. Hunderte von KdF-Sonderzügen beförderten die Volksgenossen in oft drangvoller Enge zu Festen und Kundgebungen, zu den Nürnberger Reichsparteitagen, zu den Olympischen Spielen nach Berlin, zum Oktoberfest nach München. Oft gab es arge Mißstimmungen, weil die Quartiere in keinem Verhältnis zur Zahl der Angereisten oder zu deren Vorstellungen über Komfort standen. An ausgesprochenen Fremdenverkehrsorten – und München gehörte da auch dazu – waren die KdF-Billigst-Urlauber nicht sonderlich gern gesehen. Klagen über das arrogante Auftreten zum Beispiel sächsischer KdF-Urlauber im Bayerischen Wald kamen oft genug auf den Tisch des Regierungspräsidenten, während sich die Urlauber selbst über die primitiven Unterkünfte und die eintönige Verpflegung beklagten. Eine reine Freude war »Kraft durch Freude« für Gäste und Gastgeber nur recht selten. Immerhin sprach das »Internationale Olympische Komitee« der Deutschen Arbeitsfront »für ihre hervorragenden Leistungen auf dem Gebiet der Freizeitgestaltung durch die NS-Gemeinschaft »Kraft durch Freude« einen Olympischen Pokal zu.

Nicht unerwähnt soll auch ein weiteres Amt der DAF bleiben: das »Amt für Schönheit der Arbeit«. Der Name forderte zu noch mehr Spott heraus als die Bezeichnung »Kraft durch Freude«. Aber wohin das Schlagwort zielte, zeigt eine kurze Zeitungsnotiz als Beispiel: »Die städtischen Straßenbahnen führen im Zeichen ›Schönheit der Arbeit‹ fahrbare Aufenthaltsräume und Waschanlagen für die Streckenarbeiter ein.« Für Albert Speer brachte die Tätigkeit dieses Amtes, wie er erzählt, eine »nette Nebenbeschäftigung«: »Wir beeinflußten die Fabrikbesitzer, ihre Betriebsräume neu herzurichten und Blumen in den Werkstätten aufzustellen. Fensterflächen sollten vergrößert, Kantinen eingerichtet werden; aus mancher Abfallecke entstanden Sitzplätze für die Arbeitspause, statt des Asphalts wurden Rasenflächen angelegt ...« Speer zitiert auch den britischen Botschafter Sir Neville Henderson, der in seinen Erinnerungen (1940) vermerkt: »Es gab tatsächlich viele Dinge in der Nazi-Organisation und in sozialen Einrichtungen – verschieden von ihrem tollen Nationalismus und ihrer Ideologie –, die wir studieren und ... unserer alten Demokratie anpassen sollten.«

Der letzte Knüller der »Deutschen Arbeitsfront« war der KdF-Wagen, später Volkswagen genannt. Ende Dezember 1938 wurde der Bau des von Ferdinand Porsche konstruierten Fahrzeugs bekanntgegeben. »Ende 1939 beginnt die Erzeugung im neuen Volkswagenwerk bei Fallersleben, 1940 werden 10 000 KdF-Wagen über Deutschlands Straßen laufen«, hieß es in einer Ankündigung in der »Münchener Zeitung« (von »und läuft und läuft und läuft« war damals noch nicht die Rede). Der Wagen sollte 999 Reichsmark kosten. Das billigste Auto, das auf dem Markt war, kostete 1650 RM: der Opel P 4. Mitte April 1939 kamen die ersten KdF-Wagen auf einer Werbefahrt nach München und standen auf dem Parkplatz an der Sonnenstraße (wo einst die Matthäuskirche gestanden hatte) zur Besichtigung. Der Andrang war gewaltig. Denn der Dreh bei diesem Auto war: als KdF-Wagen-Sparer konnte man sich für einen Mindestbeitrag von wöchentlich fünf Reichsmark das Bezugsrecht sichern. Wie erinnerlich, führten die Volkswagensparer – von denen keiner ein Fahrzeug bekommen hatte – nach dem Krieg einen langwierigen Prozeß um die Anerkennung ihrer angesparten Reichsmarkbeträge für den Erwerb eines neuen »Käfer«. Man einigte sich schließlich auf einen Kompromiß.

Großgeschrieben wurde bei den Nazis auch das Sammeln. Zu den boshaften Scherzen der schon erwähnten Faschingszeitung »Münchner Netteste Nachrichten« von 1937 gehört auch ein Inserat: »Haben Sie offene Füße? Dann gehen Sie zum Arzt. Haben Sie offene Hände? Dann verständigen Sie das WHW!«

WHW, das Winterhilfswerk, war alljährlich das Stichwort für das große Büchsenklappern straßauf und straßab und von Tür zu Tür. Wer sich an solchen Sammeltagen partout nicht zur Kasse bitten lassen wollte, durfte das Haus nicht verlassen und auf kein Klingeln öffnen. Zum Sammeln wurde abwechselnd alles abkommandiert, was Beine hatte und eine Büchse voll Zehnerl und Pfennigen tragen konnte. Hitlerjugend und Beamtenschaft, SA, SS und Wehrmacht, Amtswalter, Blockwarte und Luftschutz, Frauen- und Burschenschaften, Berufsgruppen aller Art. Es waren immer so viele, daß man ihnen als Passant nicht ausweichen konnte. Und sie wurden in ihrem Sammeleifer durch die Erfolgsergebnisse der vorhergegangenen Sammlungen aufgestachelt.

Am »Tag der nationalen Solidarität« (»Sammeln ist Dienst am Volk«) war die gesamte Nazi-Prominenz an öffentlichen Plätzen postiert, die vorher bekanntgegeben wurden. Damit einer sein Zehnerl auch wirklich beim Gauleiter oder Oberbürgermeister in die Büchse werfen und den Herren einmal direkt ins Gesicht sehen konnte. Das Volk honorierte diesen »Einsatz« der Führungsspitzen 1938 in München noch mit 303 538 Mark. Zählen mußten das Kleingeld in der Sonntagnacht die Beamten und Angestellten von Stadt- und Sparkassen und Banken.

Bei den Straßenbetteleien wurden die Spenden mit Abzeichen quittiert, die zum Teil recht hübsch gestaltet waren. Eine komplette Sammlung aller Winterhilfswerkabzeichen hat heute sogar einen beträchtlichen Sammlerwert. Ergänzend zu den Büchsenschwingern waren für die Winterhilfs-Lotterie die »grauen Glücksmänner« unterwegs, mit Bauchladen und grauen Umhängen. Auch sonst ließ man sich mancherlei einfallen, um die Volksgemeinschaft für die Bedürfti-

7 Baubeginn für die Untergrundbahn in der Lindwurmstraße am 22. Mai 1938. Trotz strömenden Regens gab Hitler selbst das Signal zum ersten Rammschlag.

28 Als Hitler am 15. Oktober 1933 den Grundstein für das »Haus der Deutschen Kunst« legte, brach der Hammer entzwei. Rechts neben ihm Albert Speer und Bankier August von Finck, der das Geld für den Bau unter seinen Industriefreunden sammelte.

29/30 Gut hundert Jahre war die evangelische Matthäuskirche in München alt geworden, als sie im Juni 1938 »im Zuge des Ausbaus der Hauptstadt der Bewegung« abgerissen wurde. Eine weitergehende Begründung gab es nicht.

31 Die Synagoge hinter dem Künstlerhaus am Lenbachplatz war dem Gauleiter Adolf Wagner ein Dorn im Auge. Er befahl im Juni 1938 den Abbruch. Die jüdische Kultusgemeinde konnte sich nicht dagegen wehren.

32 Bagger und Bauarbeiter rückten an und rissen den Bau im Eiltempo nieder. Niemand in München glaubte an die angeblich »verkehrstechnischen Gründe«, denn für die Herzog-Max-Straße gab es keine Umbaupläne.

33 Die sogenannten »Führerbauten« an der Arcisstraße, nach Plänen von Hitlers Lieblingsarchitekten Paul Troost errichtet, haben den Bombenkrieg, dem so viele bauliche Kostbarkeiten zum Opfer fielen, fast unversehrt überstanden. Die Ehrentempel für die Gefallenen des 9. November 1923 (links im Bild) wurden nach dem Krieg gesprengt.

34 Hitler bei der Besichtigung einer Baustelle für die Kanzlei des »Braunen Hauses«. Rechts: Reichsjugendführer Baldur von Schirach mit bayerischer Lederhose.

gen zu mobilisieren. Da gab es zum Beispiel das Strickopfer der bayerischen Frauen: jede Frau sollte (oder mußte) entweder ein Paar Wollhandschuhe, eine Mütze mit Ohrenklappen, ein Paar Socken oder einen Schal stricken, in Erwachsenengrößen. Jedes Mädchen in Kindergrößen. Ähnlich ging es mit der »Pfundspende« den Haushaltsvorräten an den Kragen: Jedes Kind hatte ein Pfund Lebensmittel in die Schule mitzubringen. Salz wurde allerdings nicht angenommen.

Erinnert sich die Hausfrau Hildegard M.: »Ich weiß noch gut, wie das damals zugegangen ist bei den Spendenaktionen. Ich war grad 14 Jahre alt. Die Strickarbeiten haben wir in der Handarbeitsstunde in der Schule gemacht. Meine Mutter hat dazu die billigste Wolle gekauft, die mußte sie ja von ihrem Haushaltsgeld bezahlen. Ich habe Strümpfe gestrickt, und mir tut das Kind irgendwo im Bayrischen Wald heut noch leid, das sie bekommen hat. Das ist aus dem Kratzen überhaupt nicht mehr rausgekommen. Bei der Pfundspende hat meine Mutter mir immer die billigsten Lebensmittel mitgegeben. ›Es soll ja wirklich niemand hungern‹, hat sie gesagt, ›aber krummlegen tu ich mich deswegen auch nicht.‹ Also hat sie mir Grieß mitgegeben oder Linsen. Wenn ich dann daheim erzählt hab, daß meine Freundin Weizenmehl mitgebracht hat oder Zucker, dann hat meine Mutter nur gesagt: ›Gut so, dann können sie ihren Grießbrei wenigstens zuckern!‹«

Ein besonders ergiebiger Einfall für die ständige Beutelschneiderei aber war der »Eintopfsonntag«. Das Volk wurde aufgefordert, an diesen Sonntagen nur Eintopfgerichte zu verzehren, die Gaststätten hatten mindestens zwei Essen dieser Art bereitzuhalten. Sie durften daneben noch 10 Gerichte auf der Speisekarte haben. Zu denen mußte jedoch der Gast jeweils einen Zuschlag zahlen, der von 10 Pfennig (bei einem Grundpreis bis zu einer Mark) bis zu einer Mark (bei einem Grundpreis von mehr als zwei Mark) gestaffelt war. Gestaffelt übrigens auch nach Qualität der Gaststätte: von schlicht bis Luxus kostete es immer mehr.

Mit diesen Eintöpfen konnten auch gelegentlich vorhandene Überschüsse abgebaut werden. So war 1938 zum Beispiel Hammelfleisch reichlich am Markt. Also wurde verfügt: »In erster Linie kommt Hammelfleisch mit Kraut und Kartoffeln in Frage . . . Es ist für die Gastwirte und die Einwohnerschaft, besonders aber für alle Gasthausbesucher eine Selbstverständlichkeit, daß sie in erster Linie Hammelfleischgerichte bevorzugen.« Das hatte eben einfach zu schmekken. Basta.

Für die Zuschläge gab es eine Quittung, »die beweist, daß der Gast sein Mittagessen mit einem armen Volksgenossen geteilt hat«. Es fanden auch mit Prominenz gespickte öffentliche Eintopfessen in Wirtshaussälen und Bierkellern statt, mit Blasmusik und Unterhaltungsprogramm. Da entstanden dann die aufmunternden Bilder für die Zeitungen: Göring bei Erbswurst mit Speck, Himmler bei Linsen mit Würstl, Fiehler bei Nudelsuppe mit Rindfleisch. Im Begleittext hieß es dann etwa so: »Wieder hatte als unsichtbarer Gast an jedem Tisch ein darbender Volksgenosse Platz genommen, dem wir durch unsere Spende, durch unser Opfer den Hunger nahmen. Und es gingen die von der Partei damit beauftragten Männer und Frauen von Tür zu Tür, um das Opfer, das jeder deutsche Volksgenosse als eine Selbstverständlichkeit betrachtet, einzusammeln« (Münchener Zeitung, Dezember 1938). Selbstverständlich ließ man auch beim Eintopf keinen Esser entwischen. An der Wohnungstür mußte jeder selbst seinen Namen und den Spendenbetrag in die Sammelliste des Hauswarts eintragen.

Auch die Aktivitäten von Festen und Fasten gehörten zum braunen Alltag. Sie brachten dem Normalbürger, damals Volksgenosse genannt, eine Fülle von Belastungen und Belästigungen.

Ein typischer Scherz aus dieser Zeit: Treffen sich zwei Mädchen. »Na – wie geht's?« – »Danke gut. Nur viel Dienst beim BDM« – »Und was machen deine Brüder?« – »Der Jüngere ist beim Jungvolk, der Ältere bei der HJ.« – »Und deine Eltern?« – »Naja, Mutter ist Frauenschaftsleiterin und Vater ist bei der SA.« – »Oh je – da seid ihr ja gar nie mehr daheim?« – »Selten. Wir sind eben immer im Dienst.« – »Und wann seht ihr euch dann mal?« – »Auf dem Reichsparteitag!«

Nicht nur die ständigen Attacken auf den Geldbeutel, sondern noch mehr die Selbstverständlichkeit, mit der »ehrenamtliche« Mitwirkung gefordert wurde, verärgerten die Menschen. Im Dienst an der Volksgemeinschaft wurden ebenso ungezählte wie unbezahlte Überstunden gemacht, die von der an sich schon karg bemessenen Freizeit abgingen (damals wurde z. B. an den Samstagvormittagen noch voll gearbeitet, man hatte von der 42-Stunden-Woche zur

48-Stunden-Woche zurückgeschaltet). OB Fiehler: »Auch die tatkräftige ehrenamtliche Mitarbeit der städtischen Beamten, Angestellten und Arbeiter in der NSV wirkt sich durch die sich daraus ergebende Volksverbundenheit sehr günstig aus.«

Die NS-Volkswohlfahrt hatte die eingegangenen Sach- und Geldspenden zu verteilen, sie gab Gutscheine für Kleidung und Lebensmittel an die Bedürftigen aus. Es sind oft Zweifel darüber aufgetaucht, ob die erheblichen Geldbeträge wirklich den Hilfswerken zugute kamen oder in andere Kanäle, zum Beispiel der Rüstung, verschwanden. Öffentliche Rechenschaft darüber wurde nicht abgelegt und auch nicht gefordert. Offenbar ist auch niemand der Widerspruch aufgefallen zwischen den vielen darbenden, hungernden und frierenden Volksgenossen, für die ständig gesammelt wurde, und den propagandistischen Jubeltönen vom angeblich so herrlichen Leben im neuen Deutschland.

Stadt der deutschen Kunst

»Kunst ist eine erhabene und zum Fanatismus verpflichtende Mission« – diesen von ihm selbst geprägten, ebenso kernigen wie hohlen Satz hatte Hitler über den Eingang des »Hauses der Deutschen Kunst« setzen lassen. Was er, der verhinderte Kunstmaler und Architekt, zum Thema Kunst zu sagen hatte, war noch phrasenschwülstiger und haßtriefender als die meisten seiner politischen Ergüsse. Seine »Kunstreden«, ob öffentlich oder im privaten Kreis, waren bei halbwegs empfindsamen Menschen geradezu gefürchtet.

Hitlers Ansprache zur Eröffnung des Troostschen Kunsttempels am Englischen Garten, gehalten am 18. Juli 1937, erschien im »Völkischen Beobachter« unter der Überschrift: »Der Führer zeigt den deutschen Künstlern ihren Weg«. Zuerst rechnete er, wie üblich, mit der Kunst der »Systemzeit« ab. Er sprach von den »grauenhaften Sehstörungen«, von denen die modernen Maler befallen seien, die »alle Wiesen blau und den Himmel grün und die heutigen Gestalten unseres Volkes nur als verkommene Kretins sehen«, und dann gab er einen seiner »unabänderlichen Beschlüsse« bekannt: »Ich will nunmehr genauso wie auf dem Gebiet der politischen Verwirrung auch hier mit den Phrasen im deutschen Kunstleben aufräumen . . . Mit der Eröffnung dieser Ausstellung hat das Ende der deutschen Kunstvernarrung und damit der kulturellen Vernichtung unseres Volkes begonnen . . .«

Wirklich begonnen aber hatte ein existenzvernichtender Feldzug gegen alle Künstler, die nicht im Sinne des Regimes malen oder bildhauern wollten. Einen Tag später, am 19. Juli 1937, wurde in den Hofgartenarkaden die Ausstellung »Entartete Kunst« eröffnet, in der Bilder von Kokoschka und Kirchner, Beckmann und Nolde, Dix und Grosz (um nur einige zu nennen) mit hämischen Unterschriften und hetzerischen Pamphleten garniert zur Schau gestellt wurden.

»Schon am ersten Tag nach der Eröffnung«, meldete triumphierend der »Völkische Beobachter«, »gingen 30 000 Besucher durch diese Abnormitätenschau«. Das war wohl eine gewisse Verkennung der Motive dieser Besucher. Sicher waren viele dabei, die beim Anblick eines abstrakten Gemäldes (wie auch heute noch) sagten: »So a Gschmier bringt mei Bua mit seine fünf Jahr aa scho zamm« – aber nicht wenige Beschauer kamen, um Abschied zu nehmen von den Repräsentanten einer freien Kunst, die überall in der Welt bewundert wurde, nur nicht in Nazi-Deutschland. Den Wert dieser »entarteten« Werke aber kannten die Nazis sehr wohl: die aus etwa 25 deutschen Museen zusammengeholten Bilder wurden zwei Jahre später in der Schweiz für erhebliche Summen versteigert.

Eine Episode, die schon zwei Jahre früher sehr deutlich die Einstellung des kunstinteressierten Münchner Publikums zu den »Entarteten« zeigte, schildert der Münchner Maler und Schriftsteller Anton Sailer in seinem Buch »Münchner Aufzeichnungen«. Auf Einladung der Münchner Ausstellungsleitung der Neuen Pinakothek wurde vom 15. März bis Mitte Mai 1935 »Berliner Kunst« gezeigt.

Sailer: »Allein schon das Geleitwort, das die Berliner Ausstellungsleitung im Katalog beisteuerte, war eine Tollkühnheit. Unter anderem stand da zu lesen: ›Vertreten sind auch Künstler, die in der letzten Zeit vielfach bekämpft worden sind. Die Werke, welche wir von ihnen zeigen, können wir mit unserem künstlerischen Gewissen verantworten. Da die einzelnen Menschen durchaus verschieden von Geschmack und Anschauung sind, müssen zwangsläufig auch die künstlerischen Ideen und Manifestationen verschieden sein. Eine Kunst für alle gibt es nicht!‹
Worte wie diese hatte man seit 1933 nicht mehr lesen können – und Bilder von ›Künstlern, die in der letzten Zeit vielfach bekämpft worden sind‹, hatte man in offiziellen Ausstellungen auch nicht mehr sehen können. Gezeigt wurden unter anderem Werke von Max Beckmann, Lyonel Feininger, Erich Heckel, Karl Hofer, Käthe Kollwitz, Emil Nolde, Max Pechstein und Karl Schmidt-Rottluff. Namen, die bereits verfemt waren und auf die Nazis wie rotes Tuch wirken mußten.

Die angereiste Berliner Kommission hatte das alles feinsäuberlich aufgehängt. Kurz vor der Eröffnung schritt Staatsminister Adolf Wagner die Wände ab, und auf der Stelle mußten die ›Machwerke der Entarteten‹ entfernt werden. Eilig wurde alles in einen Nebensaal gebracht, doch blieb keine Zeit mehr, auch die Schnüre, an denen sie zuvor gehangen waren, zu entfernen. Das hereinströmende Publikum schüttelte die Köpfe, ein Tuscheln begann, ein hastiges Blättern in den Katalogen . . . da begann schon der uniformierte Minister seine vorbereitete Eröffnungsrede, die den ›nationalsozialistischen Kunstwillen‹ pries – aber die Leute hörten nicht zu. Arme reckten sich hoch, aber nicht zum ›Deutschen Gruß‹ – nein, immer mehr Zeigefinger deuteten auf die Schnüre an leeren Wänden, und da und dort klangen Rufe: ›Wo sind die Bilder? Wir wollen die Bilder sehen . . .‹, und unversehens skandierten alle zusammen: ›Wir wollen die abgehängten Bilder sehen!‹ – ›Ruhe!‹ schrie der Staatsminister, auf sein Rednerpult schlagend, ›Ruhe!‹

Aber der Bann war gebrochen. Die Menge wiederholte ihre Forderung, schob sich, drängte an die hohen Flügeltüren, die urplötzlich nachgaben, offenstanden, und da gab es kein Halten mehr. Man stürzte geradezu hinein . . . und am Boden, gegen die Wände gelehnt, mit den Frontseiten nach vorn, standen die abgehängten Bilder.

Wagner verschwand – eine unheimliche Ruhe trat ein. Ratlos und verstört standen alle vor den Ergebnissen der ›Säuberungsaktion‹. War es also das, wirklich das, was die Nazis wollten? Wer ›anders‹ malte, sollte nicht mehr existieren . . .

Am nächsten Tag kamen viele Besucher. Aber was sie sehen wollten, war nicht mehr zu sehen. Die Ausstellung lief weiter, Kataloge gab es nicht mehr.«

Im Haus der Deutschen Kunst war nur noch Raum für jene Künstler, die der Gauleiter Adolf Wagner, in die Fußstapfen seines Führers tretend, im Vorwort zum Ausstellungskatalog 1937 so beschreibt: »Künstler . . ., die insbesondere der Größe der aus Blut und Boden, aus nationalsozialistischer Haltung und Weltanschauung geborenen neuen Zeit höchsten Ausdruck verleihen.«

Unter den vielen Tausenden jährlich eingesandter Bilder, bei deren endgültiger Auswahl auch Hitlers Leibfotograf Heinrich Hoffmann ein gewichtiges Wort mitzureden hatte, war denn auch »Blut und Boden« vorherrschend. Da schritt der deutsche Bauer hinter dem Pflug und der SA-Mann hinter der Fahne, da dampften die Scholle und der Hochofen, da kämpften Recken gegen Ungeheuer und deutsche Feldgraue im Stahlgewitter. Deutsche Berggipfel glitzerten, und deutsche Wälder schwiegen vor sich hin. Hüllenlose Mägdlein, teils mystisch verbrämt, teils bäuerlich umrahmt, zeigten die ideale Gestalt der deutschen Frau. Dazu natürlich immer wieder der Führer, seine Minister, seine Kampfgenossen, seine Generale. Mit Fotograf Heinrich Hoffmann und Gauleiter Wagner als Entscheidungsinstanzen über Aufnahme oder Ablehnung wurde pathetischer Hitlerkitsch zugelassen, da er dem Geschmack dieser Herren entsprach: Hitler in der Ritterrüstung, umstrahlt von aufgehenden Hakenkreuz-Sonnen, umjubelt von Kindern, umhechelt von treuen Hunden.

Von Arnold Sommerfeld, dem Physiker der Münchner Universität und aktivem Mitglied der evangelischen Gemeinde, hat der spätere Dekan Georg Lanzenstiel einen Spottvers in Erinnerung, der damals die Runde machte: »Kennt ihr das Haus – auf Säulen ruht kein Dach, von Blut und Boden schimmert das Gemach. Und Ziegler-Bilder stehn und sehn dich an – was hat man dir, du deutsche Kunst, getan!«

Adolf Ziegler, von Goebbels zum Präsidenten der Reichskunstkammer ernannt, hatte für die erste Ausstellung ein Tryptichon beigesteuert, das »Die vier Elemente« als vier nackte Damen darstellte, die ziemlich trübsinnig vor grauem Hintergrund saßen. Alsbald sprachen die Besucher vor diesem Bild von den »fünf Sinnen«. Und wenn einer einwendete, es seien doch nur vier Symbol-Gestalten zu sehen, flüsterte man ihm zu: der fünfte Sinn fehlt – der Geschmack!

Wegen seiner übergenauen Malweise, die sich auf allen seinen Gemälden am gleichen Ort wiederholte, erhielt Ziegler bald den Spottnamen »Reichsschamhaarpinsler«.

Verboten und zugelassen

Vom Reichspropagandaministerium wurden zugelassen: Neujahrskarten mit Hakenkreuz, Christbaumschmuck mit Hakenkreuz und ein durchsichtiges Bild des Führers und Reichskanzlers mit Vorrichtung zur Erleuchtung. Auch wurden erstmals SA- und SS-Puppen zugelassen, weil die SA- und SS-Uniformen ihnen ein würdiges Aussehen verliehen.

Nicht zugelassen wurden: Abziehbilder mit führenden deutschen Persönlichkeiten, Selbstbinder mit eingewebtem Hakenkreuz, Speisekartenständer in Holz in Form eines Hakenkreuzes, Pullover und Kinderschürzen mit aufgenähten Hakenkreuzen, Hosenträger aus Gummiband mit eingewebtem Hakenkreuz.

Münchener Zeitung vom 29. 11. 33

Gar nicht pingelig dagegen war der Maler Paul Padua, um dessen »Leda mit dem Schwan« es einmal zu heftigen Diskussionen kam. Es war ein für die damaligen Verhältnisse recht ekstatisches Bild, und die Gerüchte wollten nicht verstummen, das weibliche Modell sähe einer Geliebten des Gauleiters verdächtig ähnlich. Nun – das Bild blieb hängen. Als bei der Vorbesichtigung die »Kunstbetrachter« der Zeitungen (Kunstkritiker gab es offiziell nicht mehr) davor standen und sich einigermaßen ratlos fragten, was sie dazu schreiben sollten, schlug Peter Trumm, Feuilletonist und bekannter Pferdemaler, lakonisch vor: »Schwanerei!« Aber auch das wurde natürlich nicht geschrieben.

Neben der Malerei gewann auch die Plastik im wahrsten Sinn des Wortes neue Maßstäbe. Die überdimensionalen Muskelprotze und Amazonen der Bildhauer Josef Thorak und Arno Breker beherrschten die Hallen – und drei Führer-Büsten mindestens gab es in jeder Ausstellung.

Das heißt nun keineswegs, daß alle diese Gemälde und Plastiken im »Haus der Deutschen Kunst« nichts getaugt hätten. Es waren da hervorragende Werke darunter, und Kenner wußten sie zu finden. Die Namen ihrer Schöpfer sind noch heute berühmt, und ihre Arbeiten werden hoch bezahlt. Damals jedoch traten sie neben den Exponenten der »neuen Zeit« und ihren regimegetreuen Arbeiten in den Hintergrund.

Einen Ausweg gab es trotzdem. Dazu nochmals Anton Sailer: »Ein Ausweg sollte sich mit der ›Kameradschaft der Künstler e. V.‹ ergeben. Gegründet von Gauleiter Adolf Wagner, diente sie bildenden und darstellenden Künstlern an ihrem Sitz im Künstlerhaus (am Lenbachplatz) der Begegnung, wobei der Gauleiter unter letzterem vor allem Ballettratten des National- und Gärtnerplatztheaters verstand. Doch wollte er offiziell als Förderer der Münchner bildenden Kunst gelten, und so konnten im Rahmen der Kameradschaft in den Wandelgängen des Maximilianeums ›Münchner Kunstausstellungen‹ veranstaltet werden. Ab 1938 hingen dort jeweils von Mai bis Oktober fast nur Werke jener Künstler, die im Haus der Deutschen Kunst von vornherein nicht ausstellen wollten. Was man sah, war oft gemäßigt modern, in ihren Motiven jedenfalls eine unbekümmerte, mehr oder weniger kraftvolle Malerei ohne Blut- und Bodenschwulst. Die auch hier obligate ›Führerbüste‹ wurde als unumgänglich notwendiges Zubehör empfunden. Auch galt das Maximilianeum zunehmend als ›Gegenunternehmen‹, das dem Haus der Deutschen Kunst an Qualität des Gebotenen überlegen war. Die Verkaufserfolge waren immerhin erstaunlich. Wiederholte Versuche von Parteigewaltigen, das Maximilianeum abzuwürgen, blieben ergebnislos. Hitler selbst ignorierte das Ganze. Letzte Ausstellung der Kameradschaft: 1943.«

Mit einem gewaltigen Aufwand an Menschen und Material wurde alljährlich der »Tag der Deutschen Kunst« begangen. »2000 Jahre deutscher Kultur« wogten und rollten z. B. 1938, aufgeteilt in die germanische, romanische, gotische Zeit, gefolgt von Renaissance, Barock, Klassik, Romantik und abgeschlossen durch die »neue Zeit« als Festzug durch die Straßen. Die Hauswände wurden mit Stoffbahnen verkleidet, Triumphbogen spannten sich über die Straßen, Fahnenwälder säumten den Weg. Tausende von Mitwirkenden, in die Gewänder der jeweiligen Epoche gekleidet, begleiteten die Wagen, auf denen Nachbildungen berühmter Kunstwerke, symbolische Figuren und zuletzt Modellbauten des Dritten Reiches mitgeführt wurden. Dutzende von Künstlern und ungezählte Kunststudenten waren wochenlang mit der Gestaltung beschäftigt. Gaupropagandaleiter Wenzel gab bekannt, wie sich der »Tag der Deutschen Kunst« als Auftraggeber ausgewirkt hat: Es wurden 33 821 Personen beschäftigt, 690 000 Arbeitsstunden geleistet, 72 910 Reisende mehr als zu Normalzeiten gezählt, 62 000 Festpostkarten verkauft und 500 000 Sendungen mit Sonderpoststempeln aufgegeben.

Die Ausstattung wurde von Jahr zu Jahr üppiger – es bestand sogar die Absicht, die zunächst aus Pappmaché, Gips und Holz gefertigten Gebilde in edlen Metallen und aus kostbaren Werkstoffen herzustellen: »Und so wird mit der Zeit ein güldener Schatz wachsen, der nicht seinesgleichen hat«, schrieb ein Zeitgenosse. Auch eine Erwartung, die sich nicht erfüllte.

Beim Rahmenprogramm am »Tag der Deutschen Kunst« wurde in jeder Hinsicht alles aufgeboten, was gut und teuer war. So dirigierte zur Eröffnung 1938 Richard Strauss die Wiener Philharmoniker, gab es als Festaufführung im Prinzregententheater »Richard III.« mit Alexander Golling in der Titelrolle, wurde im Gärtnerplatztheater die Operette »Liebe, Trommeln und Fanfaren« mit Musik von Peter Kreuder uraufgeführt und in der Staatsoper »Lohengrin« neu inszeniert. Am Dirigentenpult: Clemens Krauss. In der Samstagnacht erstrahlte die ganze Stadt in festlicher Beleuchtung, und bekannte Orchester spielten auf öffentlichen Plätzen: Die Berliner Philharmoniker am Königsplatz, die Wiener Philharmoniker im Kaiserhof der Residenz, die Münchner Philharmoniker im Alten Hof, die Sächsische Staatskapelle Dresden unter Karl Böhm im Alten Botanischen Garten und das große Rundfunkorchester am Max-Joseph-Platz.

Am Sonntag brach dann nach dem großen Festzug bei Dunkelwerden die »Festnacht der Künstler« mit Tanz und Darbietungen in den illuminierten Parks und Anlagen an. Zum Beispiel ein »Fest der Nymphen« am Kleinhesseloher See, ein »Fest der Blumen« im Hofgarten, ein »Nachtlager der Landsknechte« im Alten Hof – es war unglaublich viel los, ganz München war auf den Beinen, man tanzte im Englischen Garten, auf Straßen und Plätzen.

Die Vortäuschung der »heilen Kunstwelt« wurde zu einem klaren Propaganda-Erfolg und ließ, wenigstens äußerlich und für ein paar Tage, Bedrückung und Unterdrückung, Aufrüstung und Verknappung in den Hintergrund treten. Diese nur in einer Diktatur möglichen, auf Knopfdruck ablaufenden protzigen Demonstrationen einer umfassenden »Kulturpflege«, garniert mit den besten Namen aus allen Kunstbereichen, gaben ein prächtiges Aushängeschild ab. Wie sollten die Zuschauer und die ungezählten in- und ausländischen Gäste durchschauen, was mit diesem Schild alles zugedeckt wurde? Sie schimpften höchstens über die Geldverschwendung (wobei zu bemerken ist, daß viele Künstler und Orchester «ehrenhalber« auftreten mußten), aber sie gingen hin und schauten sich den gar nicht so faul wirkenden Zauber an.

Wie schon zu den Olympischen Spielen 1936 in Berlin wurden auch zu den Münchner Festtagen der Kunst ganze Rudel ausländischer Pressevertreter und ganze Tribünen voll ausländischer Diplomaten eingeladen. Sie schrieben und berichteten von dem, was sie zu sehen bekamen: Prachtentfaltung und Begeisterung.

Was bei den Festspielen in der Oper und den Theatern gezeigt wurde, konnte internationale Vergleiche aushalten und wird zum größten Teil in seiner Qualität auch von den Kunsthistorikern der Gegenwart nicht bestritten.

Von Richard Strauss wurde in diesen Jahren, nach seiner Rückkehr in die Heimatstadt, im Nationaltheater »Arabella« uraufgeführt (23. 11. 33), musikalische Leitung Hans Knappertsbusch, und am 24. 7. 38 sein »Friedenstag«, dirigiert von Clemens Krauss. Dazwischen hatte ein Wechsel der Opernleitung stattgefunden. Hans Knappertsbusch war bei Hitler in Ungnade gefallen (»Der Militärkapellmeister muß weg!«) und ging später nach Wien. Er übergab die Leitung der Münchner Staatsoper an Clemens Krauss. Dazu die berühmte Kammersängerin Hildegarde Ranczak in einem Erinnerungskapitel »Denk ich an München . . .«: »Natürlich bedeutete der Wechsel in der Leitung der Oper auch für uns Künstler eine große Umstellung. Man kann sich kaum einen größeren Gegensatz vorstellen als den zwischen dem Westfalen Knappertsbusch und dem Wiener Clemens Krauss. Eines steht jedenfalls fest: hervorragende Opernchefs waren sie beide – nicht umsonst hat die Doppel-Ära Knappertsbusch-Krauss einen Höhepunkt in der Münchner Operngeschichte dargestellt . . . Vielleicht ist dem Münchner Publikum die Ära Krauss auch deshalb unvergeßlich geblieben, weil der Glanz der Inszenierungen kaum mehr zu überbieten war. Man legte auch an ›höchster Stelle‹ größten Wert darauf, daß die Münchner Oper schon rein äußerlich ihre führende Stellung bewahrte. An Mitteln wurde nicht gespart.«

Der Wiener Dirigent Oswald Kabasta übernahm 1938 die Münchner Philharmoniker von Siegmund von Hausegger. Er nahm sich besonders der Werke von Anton Bruckner an. Alexander Berrsche, langjähriger Musikkritiker der »Münchener Zeitung«, schrieb in seinem Buch »Trösterin Musica« über Kabasta: ». . . er trifft das Rechte, ohne zu grübeln und zu schwanken, das Schwere wird ihm leicht, und wo rechts und links Abgründe lauern und der kleinste Fehlschritt in die Tiefe führt, bewahrt er die natürliche Sicherheit des Mannes, der sich auf dem vertrauten Boden der Heimat weiß.« Das bezog sich nur auf den Künstler Kabasta. Der Dirigent galt als treuer Gefolgsmann des Führers, in aller Naivität, wie seine Freunde wissen. Kabasta wählte nach dem Zusammenbruch zusammen mit seiner Frau den Freitod – und das war sicher ein verhängnisvoller falscher Schritt. Ganz bestimmt hätte ihn nach dem Krieg niemand vor ein Tribunal gestellt.

In seiner »Münchner Theaterchronik 1750–1950« schreibt Hans Wagner: »Mit dem Jahr 1933 . . . führt auch hier der Beginn einer geistfeindlichen Diktaturperiode das Theater in eine schiefe Lage. Die Bühnen mit ihrem verwässerten Spielplan werden als Propaganda-Instrument für Staat und Partei mißbraucht. Das Prinzregententheater als ›Theater des Volkes‹ wird zur Tretmühle des täglichen ›Kraft durch Freude‹-Betriebs herabgewürdigt. München verliert einige wertvolle Künstler, die in die Schweiz abwandern (Kurt Horwitz, Therese Giehse und andere).«

Trotzdem: eine Fülle großer Theaternamen ist aus dieser Zeit noch heute in Erinnerung. Otto Falckenberg leitete die Münchner Kammerspiele, die 1939 als städtische Bühne übernommen wurden. Unter seiner Regie gab es die Uraufführung von Gerhart Hauptmanns »Die goldene Harfe«, von Richard Billingers »Goldene Pfennige« (mit Käthe Gold, Elisabeth Flickenschildt und Kurt Meisel), von Alois Johannes Lippls »Der Passauer Wolf« und viele sehenswerte Inszenierungen klassischer Stücke. Zum Ensemble gehörten Friedrich Domin und Hedwig Wangel, Maria Nicklisch und O. E. Hasse, Horst Caspar und Heidemarie Hatheyer, Elisabeth Flickenschildt, Käthe Dorsch und Axel von Ambesser – um nur einige Namen aus der langen Liste zu nennen.

Natürlich mußte auch Otto Falckenberg, der nach der »Machtübernahme« sogar wegen angeblicher kommunistischer Sympathien kurz verhaftet worden war, etliche Konzessionen machen. So kamen z. B. vor dem Krieg von dem NS-Dramatiker Curt Langenbeck das allerdings unpolitische Stück »Bianca und der Juwelier« und von Hans Rehberg »Friedrich I.« und »Der siebenjährige Krieg« (mit Ernst Fritz Fürbringer als Friedrich der Große) zur Aufführung. Man spielte aber auch das Stück »Im sechsten Stock« von Alfred Gehri, dessen weitere Aufführungen Goebbels dann verbot. Im Mittelpunkt stand nämlich ein bresthaftes Mädchen, und das war mit den NS-Vorstellungen vom »erbgesunden Nachwuchs« nicht zu vereinbaren. Und man spielte auch (mit Carl Wery und Friedrich Domin) das Stück »Wasser für Canitoga« von Georg Turner. Hinter diesem Namen aber verbarg sich der Dramatiker Hans Rehfisch, der bei den Nazis »unerwünscht« war – wie auch der verbotene Erich Kästner unter dem Pseudonym Robert Neuner mit seinem Stück »Das lebenslängliche Kind« zum Zuge kam.

Otto Falckenberg versuchte, sein Theater nach dem Motto »So frei wie möglich, so angepaßt wie nötig« zu führen. Neben harmlosen

Komödien und unpolitischen Schauspielen blieb immer noch die »Flucht in die Klassiker«, womit man allerdings häufig den Staatstheatern ins Gehege geriet, die diesen Zweig der Dramatik für ihre ureigenste Domäne hielten. Den gröbsten Eingriff des »Reichsdramaturgen« Rainer Schlösser erlebten die Kammerspiele mit der Auflage, anläßlich der 3. Reichstheaterfestwoche, die 1936 erstmals nach München vergeben worden war, das antisemitische Tendenzstück »Rothschild siegt bei Waterloo« von E. W. Möller aufzuführen. Gegenvorschläge Falckenbergs wurden abgelehnt. Er mußte dem Druck nachgeben, inszenierte das Stück aber weniger von der satirisch-tendenziösen, als von der menschlich-komischen Seite her. Autor Möller hat sich, trotz Anwesenheit hoher NS-Prominenz, wegen des geringen Beifalls geweigert, vor den Vorhang zu treten. Er soll mit der Interpretation seines Schauspiels höchst unzufrieden gewesen sein.

Eine schwierige Zeit hatten die Kammerspiele durchzustehen, als zu Beginn des Jahres 1938 der schon mehrfach erwähnte Ratsherr Christian Weber Präsident des Verwaltungsrates der Kammerspiele wurde. Er setzte den Ratsherrn und SS-Sturmbannführer Paul Wolfrum zum neuen Geschäftsführer ein. Die beiden NS-Gewaltigen versuchten nun, »neuen Wind« durch das Schauspielhaus wehen zu lassen. Wolfrum ließ die Belegschaft gerne zum Appell antreten, traf seine Anordnungen im Kasernhofton und warf mit Drohungen um sich. Zusammen mit Weber, der bekanntlich Präsident des Rennvereins München-Riem und »Schöpfer« des Pferderennens »Um das Braune Band von Deutschland« war, ließ Wolfrum das Lustspiel »Derby« unter dem Titel »Das Braune Band« im Rahmen der Internationalen Riemer Rennwochen aufführen. Es wurde beim Publikum eine Pleite und für die Kammerspiele eine finanzielle Katastrophe. Wenig später wurde durch ein (von Goebbels inspiriertes) »Machtwort des Führers« der Ratsherr Paul Wolfrum abgelöst und die Übernahme der Kammerspiele als städtische Bühne eingeleitet. Hitler selbst verhinderte auch, daß Otto Falckenberg von Goebbels nach Berlin geholt wurde.

Am Staatsschauspiel regierte seit 1938 Alexander Golling, der als Schauspieler in der Titelrolle »Richard III.« glänzende Kritiken erhalten und auch als Florian Geyer und Mephisto Erfolg hatte. Auch für das Residenz-und das Prinzregententheater (Tagespreise der Theaterkarten 1938: von 1,80 bis 6,30 RM) war in den dreißiger Jahren ein Ensemble noch heute bekannter Namen tätig, von Gustl Waldau bis Wastl Witt, von Hellmuth Renar bis Anne Kersten, von Willi Rösner bis Franziska Kinz. Neben den Klassikern konnte das Staatsschauspiel mit einer mundartsicheren Besetzung bayerischer Volksstücke aufwarten, Ludwig Thoma und Anzengruber wurden besonders gepflegt. »Die Pfingstorgel« von Alois Johannes Lippl wurde hier 1933 uraufgeführt. Aber natürlich wurden auch »Der Hochverräter« des inzwischen zum Chefdramaturgen aufgestiegenen Curt Langenbeck, »Gregor und Heinrich« von E. G. Kolbenheyer und »Schlageter« von Hanns Johst, dem späteren Präsidenten der Reichsschrifttumskammer gespielt. »Schlageter« erreichte sogar die höchsten Aufführungszahlen. Als aber 1935 das Schauspiel des katholischen flämischen Dichters Felix Timmermans »Der Pfarrer vom blühenden Weinberg« aufgeführt wurde, mußte das Stück unter dem Druck einflußreicher Nazis nach zwei Vorstellungen wieder abgesetzt werden.

Dritte Renommierbühne der Stadt der Deutschen Kunst: Das Gärtnerplatz-Theater, 1938 zur Staatsoperette erhoben. Intendant wurde Fritz Fischer, der hier ausgiebig seiner Marotte frönen konnte, jede Operette in eine Revue mit 33 Bildern aufzulösen. Sein Musikdirektor war Peter Kreuder, der in seinen Erinnerungen »Schön war die Zeit« berichtet: »Mit Fritz Fischer stellte ich ein neues Ensemble auf, das Orchester hatte ich bis auf vier Mann aufgelöst. Das hieß, daß 41 Mann nach Hause geschickt wurden, von ihnen aber waren etwa 38 Parteigenossen. Der Obmann des Orchesters, alter PG, ging in die Luft ... Gewirtschaftet wurde aus dem Vollen. Mein Orchester konnte ich auf 68 Mann vergrößeren ...«

Sicher waren da auch wieder Parteigenossen dabei. Aber darüber schreibt Kreuder nichts. Da der Gauleiter Wagner seine Hand über das Gärtnerplatz-Theater hielt, hatte man freie Hand. Wagner verhalf dort seiner Freundin aus dem Ballett zu einer Solo-Nummer: In der (natürlich auch in 33 Bilder zerlegten) »Fledermaus« durfte sie sich beim Fest des Fürsten Orlowski nackt in einem überdimensionalen Sektkelch rekeln.

Hitler fand viel Geschmack an der leichten Muse. Auch als Reichskanzler besuchte er sechsmal in einem halben Jahr die Vorstellungen der »Lustigen Witwe«, an der er offenbar einen Narren gefressen hatte. In seinem Erinnerungsbuch »Es kommt auf die Sekunde an«

schildert Johannes Heesters, der in der »Lustigen Witwe« damals wochenlang mit Bombenerfolg den Danilo spielte und sang, einen solchen Führerbesuch: »Eines Abends, nur wenige Tage nach der Premiere, hieß es hinter der Bühne, der »Führer« ist in der Vorstellung, mit großem Gefolge. In der Pause, ich stehe noch im Frack, mit weißen Glacé-Handschuhen, vor dem Spiegel, klopft es an meiner Garderobentür. ›Herein‹, sage ich, und zwei Männer in schwarzer SS-Uniform treten ein.

›Heil Hitler, Herr Heesters! Der Führer erwartet Sie in seiner Loge!‹. Die beiden hatten wie ich weiße Handschuhe an, was mich so irritierte, daß ich meine gleich auszog. Ich ging mit.

Hitler saß mit irgendwelchen bayerischen Parteiprominenten, die ich nicht kannte, in der Mittelloge, der sogenannten Königsloge. Er stand auf, als ich eintrat, kam auf mich zu, drückte mir mit beiden Händen die rechte Hand und sagte: ›Ich danke Ihnen für diesen schönen Abend. Die lustige Witwe ist meine Lieblingsoperette, und Sie sind für mich der beste Danilo, den ich kenne!‹

Sagte es, ließ meine Hand los, die er die ganze Zeit über geschüttelt hatte, und kehrte auf seinen Platz an der Balustrade zurück.«

In einem bekannten Lied aus der Operette »Das Land des Lächelns« heißt es: »Doch wie's da drinnen aussieht, geht niemand was an . . .« Wie es hinter dem äußeren Glanz von Festspielen und Uraufführungen, wie es im Opern- und Theater-Alltag hinter den Kulissen aussah, das steht auf einem ganz anderen Blatt. Einerseits waren die Theaterzuschüsse von Staat und Stadt erheblich erhöht, die sozialen Sicherungen für Schauspieler und Personal wesentlich verbessert worden. Andererseits gab es den »Reichsdramaturgen« in Berlin, der jederzeit in die Spielplangestaltung eingreifen konnte, und es gab die »Oberste Theaterbehörde« in Bayern, deren Leiter Oskar Walleck zugleich Generalintendant der Bayerischen Staatstheater war.

Sänger und Schauspieler sehen, unter welcher Regierungsform auch immer sie auftreten, in erster Linie die Rolle, den Beifall, den Erfolg. Sie sind in den Augen des Volkes (und auch in ihren eigenen) eine Elite, sind Privilegierte. Das Regime war nicht kleinlich mit Gagen, Ehrungen und Auszeichnungen (»Staatsschauspieler«). Das ist heute in Moskau oder Dresden nicht anders als damals in München oder Berlin. Verschieden ist immer nur der Grad des Eintretens für eine

Sache, verschieden die Geschicklichkeit des Lavierens. Schauspieler spielen Helden. Sie müssen deswegen nicht selbst Helden sein.

Ebenso wie in anderen Bereichen war auch im Kultursektor die Überwachung und Kontrolle vollständig. Autoren und Stücke wurden, oft ohne Angabe von Gründen, schon vor oder auch erst nach einer Aufführung verboten. Shakespeare-Dramen durften nicht mehr in der Übersetzung des jüdischen Schriftstellers Hans Rothe aufgeführt werden, sondern grundsätzlich nur in der Fassung von Schlegel-Tieck, Darsteller wurden mit Berufsverbot belegt, verschwanden in der Versenkung. Das Spitzelsystem der Obmänner, Kulturwalter und Kunstwarte funktionierte. Wem konnte man trauen, wem nicht? Noch dazu in einem Milieu, das von jeher zur Intrige und zum Klatsch geneigt ist. Da wurde etwa ein halbjüdischer Schauspieler mit Tricks und Beziehungen jahrelang »durchgezogen« (der berühmte »jugendliche Held« Horst Caspar – 1939–41 im Ensemble der Kammerspiele – konnte trotz »nichtarischer« Abstammung mit Sondergenehmigung auftreten.), ein angetrunkener Witze-Erzähler aus der Theaterkantine aber der Gestapo gemeldet.

Vor den Toren Münchens war auch die Filmstadt Geiselgasteig »zu neuem Leben erwacht«. Die 1938 gegründete Bavaria-Filmkunst begann der Ufa und Terra Konkurrenz zu machen. Über die hier bis zum Krieg gedrehten Filme ist nicht viel zu sagen – die meisten sind inzwischen den deutschen Fernsehzuschauern im »Pantoffelkino« längst wieder vorgesetzt worden. Sie waren überwiegend gut gemachte, tendenzfreie Unterhaltung mit beliebten Stars wie Hans Albers, Heinz Rühmann oder Matthias Wieman, Marianne Hoppe, Brigitte Horney und natürlich auch Kristina Söderbaum (die später wegen einiger drehbuchgerechter Filmtode »Reichswasserleiche« genannt wurde).

In seinem Buch »Bilanz der Traumfabrik« schreibt der Münchner Filmkritiker Hans Hellmut Kirst: »Filmleute respektieren fast immer die Macht, auch wenn sie es gar nicht nötig hätten: die Macht des Publikums und die des Staates. Und wenn es gar Staaten gibt, die eine staatlich geschützte Weltanschauung und damit zugleich scharf fixierte weltanschauliche Gegner besitzen, dann werden auch prompt die meisten Filmtypen für die mißbrauchte Öffentlichkeit genormt. Da gibt es dann während einer Nazizeit keinen Nazi, der nicht ein Held

35 Gigantische Neubaupläne im Modell: Die prunkvolle Ost-West-Achse sollte vom Platz des heutigen Hauptbahnhofs, wo ein 200 Meter hohes »Denkmal der Bewegung« errichtet werden sollte, von Monumentalbauten flankierte, als vier Kilometer lange Prachtstraße zum neuen Bahnhof in Höhe Laim führen.

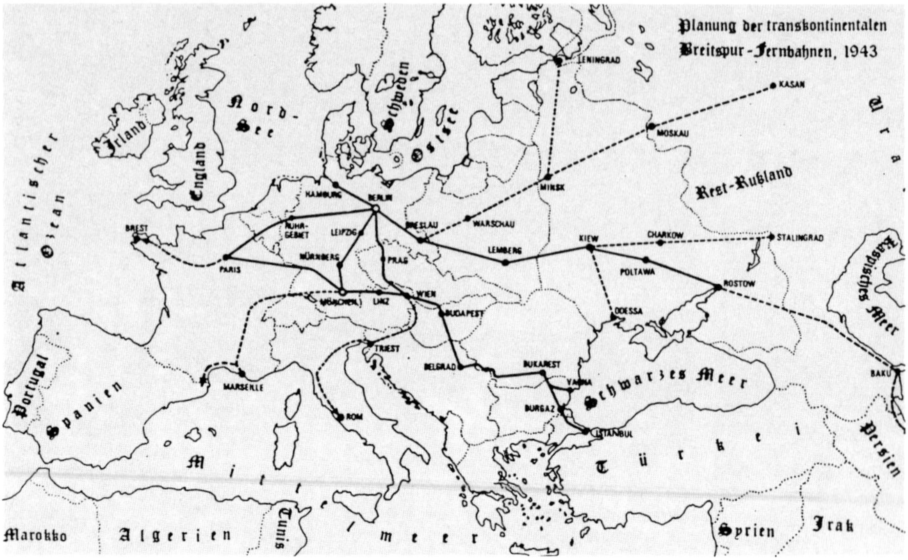

36/37 Die streng geheime Planung einer überdimensionalen, transkontinentalen Breitspurbahn von Berlin bis ans Kaspische Meer wurde bis in die Details der Innenausstattung von einer Sonderdienststelle der Reichsbahn bis zum Kriegsende weitergeführt. Auf einer Spurbreite von vier Metern sollten sechs Meter breite und sieben Meter hohe Waggons im 250-Kilometer-Tempo auf die tagelange Reise gehen.

38 Die neue Oper mit ihrem pompösen Säulenportal kam nicht über ein stattliches Modell hinaus.

39 Am neuen Odeonsplatz wäre ein erheblicher Teil des Hofgartens dem wuchtigen Odeon (mit Konzertsaal) zum Opfer gefallen, die Arkadenbauten und die Häuser an der Galeriestraße wären bis auf den einsamen Rest des Hofgartentores verschwunden.

40 Hitler liebte nicht nur Wagner-Opern, sondern auch die leichte Muse, der auch Gauleiter Wagner zugetan war. Bei der Eröffnung der »Staatsoperette« im November 1937 wohnte Hitler nebst Parteigrößen der »Fledermaus«-Premiere bei.

41 Ratsherr Christian Weber liebte Titel und Uniformen: hier bei der Eröffnung des Deutschen Jagdmuseums.

wäre. Und nach dieser Zeit kaum einen Nazi, der ein Held gewesen wäre. Und zu beiden Zeiten sind dann noch oft dieselben Autoren, vielfach dieselben Produzenten und fast immer die nämlichen Schauspieler am Werk.«

Noch eine Episode sei hier festgehalten, weil sie einerseits typisch dafür ist, wie wenig sicher man sich in diesen Jahren in der Wertung einer künstlerischen Arbeit fühlen konnte, andererseits auch zeigt, wie rücksichtslos auch Parteigenossen untereinander sich gegenseitig ins Handwerk pfuschten.

Im Jahre 1938 war der Gedanke aufgetaucht, einen Kulturfilm über München drehen zu lassen, der zugleich als Dokumentation und als Werbung dienen sollte. Eine Auftragsarbeit der »Hauptstadt der Bewegung«, hergestellt von der staatlich gelenkten »Bavaria-Filmkunst GmbH«. Es wurde ein erfahrener Kulturfilmregisseur gewonnen, der mit einem hervorragenden Kameramann ans Werk ging. Ein Jahr lang wurde gedreht, das Münchner Leben in seinen »normalen« und besonderen Jahreszeiten eingefangen. Der greise Richard Strauss dirigierte selbst eine Szene aus seinem »Rosenkavalier« (die einzige Filmaufnahme übrigens, die es von ihm gibt), und er steuerte auch einen »München-Walzer« als Filmmusik bei.

Der Film enthielt aber auch die einzige Dokumentar-Aufnahme von der Sprengung der Matthäus-Kirche (Sprechertext: »Altes muß fallen, um Neuem Platz zu machen.«). Alles schien enthalten, was München an Kunst und Folklore, Lebensfreude, Historie und als »Hauptstadt der Bewegung« zu bieten hatte.

Am 24. Mai 1939 war die Premiere des Films im Phöbus-Palast in der Sonnenstraße, dem größten Kino Münchens, angesetzt. Hunderte von geladenen Gästen, die »Spitzen von Partei, Staat und Wehrmacht« (wie es damals hieß) waren eingeladen und gekommen. Niemand, auch der Festredner Oberbürgermeister Fiehler nicht, konnte ahnen, daß Hans Schweikart, der künstlerische Leiter der Bavaria-Filmkunst, ein Telegramm aus Berlin in der Tasche hatte, das die Aufführung des Films verbot! Erst bei dem Empfang, den Fiehler anschließend für die Filmmacher und Mitwirkenden gab, überreichte ihm Schweikart das Telegramm. Der OB reagierte empört, ließ sofort in Berlin anrufen und verlangte den Reichspropagandaminister. Aber Goebbels war nicht zu sprechen. Der Zorn über die Berliner Einmischung in Münchner Belange verpuffte. Nur aus den Pressebesprechungen am nächsten Tag, die nicht mehr zu stoppen gewesen waren (falls dies überhaupt jemand versucht hat), erfuhren die Münchner von »ihrem« Film, den sie nie zu sehen bekamen. Die Premiere des München-Films war zugleich sein Finale gewesen.

Einige Tage später hieß es, Hitler höchstpersönlich wünsche keine weitere Aufführung. Eine Begründung wurde nicht gegeben. Man kann sie nur vermuten: Im Film folgte dem bekannten Königswort Ludwigs I. »Ich will aus München eine Stadt machen, daß keiner sagen kann, er kenne Deutschland, wenn er München nicht gesehen hat« eine eindrucksvolle Schnittfolge der königlichen Bauten. Von Hitler war weder ein ähnlich gewichtiges Wort noch ein vergleichbares Bauwerk enthalten. Der architekturvernarrte »Führer« fühlte sich und seine München-Bauten einfach unterbewertet. Hans Schweikart sagte zu den enttäuschten Filmleuten nur ironisch: »Macht euch nichts draus – schlechte Filme werden bei uns nicht verboten.« Der Film von München landete ungeachtet der hohen Kosten seiner Herstellung im Archiv der Stadt. Da liegt er noch heute. Gelegentlich wird er sogar in Sondervorführungen geladenen Gästen gezeigt. Er ist zum historischen Dokument geworden.

Die Jugend »fest im Griff«

In München galt – nicht anders als überall im Reich – das besondere Interesse der NS-Führung der Jugend. Man wußte sehr wohl, daß man die »älteren Jahrgänge« nur zum Teil für die Mitarbeit gewinnen (jeder will schließlich leben), aber nur einen geringen Teil ehrlich überzeugen konnte. Bei der Jugend aber sollte von Anfang an die nationalsozialistische Erziehung dafür sorgen, daß in den jungen Köpfen nichts anderes mehr Platz fand als die von Propaganda- und Kultusministerium entwickelten Denkmodelle. Der Weg zur »Staatsjugend« wurde systematisch beschritten. Die Jugendorganisationen der Partei, Jungvolk, Hitlerjugend und Bund Deutscher Mädel, sorgten für die stramme Ausrichtung von Kindesbeinen an.

Logischerweise zog auch in die Schulen eine »neue Ordnung« ein. Dazu aus dem Buch »München baut auf«, einem Rechenschaftsbericht des OB Fiehler aus dem Jahr 1938: »Jahre der Aufklärung waren notwendig, um den in falscher Tradition oder verständnisloser Gleichgültigkeit erstarrten Elternwillen für die deutsche Gemeinschaftsschule zu gewinnen. In Schulen, in denen deutsche Kinder nach Konfessionen getrennt sind, kann wahre Kameradschaft und Gemeinschaft nicht zur Entfaltung kommen. So ist das Einschreibeergebnis des Jahres 1937/38 ein offenes Bekenntnis der Münchner Eltern zur Schule der deutschen Volksgemeinschaft, zum Führer und seinem Wollen geworden. In der Gemeinschaftsschule sind die organisatorischen Voraussetzungen geschaffen worden, die Volksschüler den wahren Geist der Volksgemeinschaft nicht nur erlernen, sondern praktisch erleben zu lassen.«

Einschreibeergebnis 37/38: 96,11 Prozent in die Gemeinschaftsschule. Auch dieses Rennen war für die Nazis gelaufen.

Erzählt Frau Traudl H.: »Ich war damals am Anna-Lyzeum. Auch hier mußten wir unsere Lehrer und Lehrerinnen mit ›Heil Hitler‹ grüßen. Ich lief eines Tages hastig zu meinem Klassenzimmer und begegnete auf dem Gang unserem Studiendirektor W. In der Eile hob ich den linken Arm statt des rechten zum Gruß. Verwirrt blieb ich stehen und grüßte nochmals mit dem rechten Arm. Da lächelte der Studiendirektor und sagte: ›Das macht gar nichts, Kind. Für *den*

Gruß ist der linke Arm grad so gut wie der rechte!‹ Und noch was fällt mir ein: Wir hatten einen deutschen Aufsatz zu schreiben mit dem Thema ›Mein schönstes Erlebnis‹. Ich war immer gut im Deutschen, und deshalb habe ich mich furchtbar geärgert, weil meine Schulfreundin Rosemarie diesmal den besten Aufsatz geschrieben hatte und ihn vorlesen durfte: Als ihr schönstes Erlebnis hatte sie den Gemeinschaftsempfang einer Hitlerrede geschildert! Da konnte die Lehrerin wahrscheinlich gar nicht anders . . .«

Bei der nicht ausbleibenden Neuordnung der Höheren Schulen wurde 1938 »aus bevölkerungspolitischen Gründen« die Schulzeit von bisher neun auf acht Jahre verkürzt. Der Unterricht wurde grundsätzlich für Jungen und Mädchen getrennt gegeben. Schon seit 1934 gab es anschließend an die mündliche Reifeprüfung die sogenannte Gesinnungsprüfung.

Im Zusammenhang mit den Bestimmungen über die beschränkte Zulassung zum Hochschulstudium mußte sich jeder Abiturient vor einem besonderen Kollegium eine halbe Stunde lang auf seine nationale Gesinnung prüfen lassen. Eines der Aufsatzthemen für die Reifeprüfung hieß: »Der deutsche Arbeitsdienst, ein Eckpfeiler im Wiederaufbau unseres Reiches und Volkes«.

Hitler hatte die Einführung der Arbeitsdienstpflicht (einen freiwilligen Arbeitsdienst hatte es schon in der Republik gegeben) u. a. mit folgenden Kernsätzen angekündigt: »Deshalb ist es unser unverrückbarer Entschluß, jeden einzelnen Deutschen, er mag sein, wer er will, ob hochgeboren oder reich oder arm, ob Sohn vom Gelehrten oder vom Fabrikarbeiter, einmal in seinem Leben zur Handarbeit zu führen, damit er sie kennenlernt, damit er auch hier einst leichter befehlen kann, weil er selbst schon vorher zu gehorchen gelernt hat.«

Dem jungen Arbeitsmann, der als erstes lernen mußte, daß man auch mit einem blankgeputzten Spaten Präsentiergriffe klopfen kann, folgte bald die Arbeitsmaid, die meist in entlegenen Notstandsgebieten zur landwirtschaftlichen Arbeit eingesetzt wurde. Frau Agnes F.: »Wir sind alle furchtbar dick geworden, nicht vom guten Essen, wirklich nicht, sondern weil man uns da sicher was ins Essen getan hat, damit ja kein Arbeitstag ausfällt und überhaupt . . .« Private und öffentliche Betriebe und Verwaltungen durften keine ledige weibliche Arbeitskraft unter 25 Jahren einstellen, wenn sie nicht eine mindestens einjährige Tätigkeit in Land- oder Hauswirtschaft durch das Arbeitsbuch nachweisen konnte. In Verwaltungen der Wehrmacht, in Rüstungsbetrieben o. ä. wurden dann doch wieder Ausnahmen gemacht. Dieses »Pflichtjahr« hat vermutlich die Heiratslust der jungen Mädchen mehr belebt als Ehestandsdarlehen und andere Förderungseinrichtungen es vermochten.

Wer an die Universität gekommen war – Voraussetzung neben schulischen Leistungen: sechs Monate Arbeits- oder Ausgleichsdienst vor Studienbeginn – geriet dort in die Maschinerie der NS-Studentenschaft, und das hieß auch nichts anderes als Aufmärsche, Appelle, Uniformen, Gleichschritt in jedem Sinne. Begonnen hatte es auch in München mit der »Machtübernahme« durch die NS-Studenten, der Ausschaltung aller »unerwünschten Elemente« in der Professorenschaft und unter den Studierenden, der Bildung von »Kameradschaften« an Stelle der bisherigen Corps und Burschenschaften. Die »Schlagenden« bekamen sofort Oberwasser: Schon am 28. März 1933 war das Mensur-Verbot aufgehoben worden, und die Studenten konnten weiterhin ihre »volle Wichs«, ihre Fahnen und ihre Schmisse tragen. Dazu erhielten sie neue treudeutsche Namen: So wurde aus der früheren Burschenschaft »Arminia« die Kameradschaft »Albert Leo Schlageter« oder aus »Frankonia« und »Bavaria« die Kameradschaft »Dietrich Eckart«.

Am 10. Mai 1933 wurde an der Münchner Universität bei einer Kundgebung im Lichthof das »neue Studentenrecht« übergeben. Universitätsrektor Geheimrat Ritter von Zumbusch erneuerte ohne rechte Begeisterung das »Gelöbnis zum neuen Reich« (zwei Jahre später wurde er als »unerwünscht« entlassen), Kultusminister Schemm bezeichnete es als die »stolze Pflicht der Universität, Führer zu bilden für das Führervolk auf Erden« (!).

Im Fackelzug marschierten die Studenten durch die illuminierte und beflaggte Ludwigstraße zum Königsplatz, und da schmetterte der Gaustudentenführer in die Nacht: »Unser Bekenntnis heißt deutscher Sozialismus, wir fühlen uns als Vertreter der arbeitenden Schichten auf den Hohen Schulen.« Und auch die Drohung fehlte nicht: »Wir werden jeden, der gegen die Grundgesetze der deutschen Arbeit verstößt, der sein Leben als Akademiker nicht so führt, daß auch der deutsche Arbeiter auf ihn mit brüderlichem Stolz sehen kann, unnachsichtig von der Hohen Schule verstoßen.« Und schließlich: »...ein Scheiterhaufen war am Nachmittag errichtet worden, aufgebaut aus Büchern jenes Ungeistes der Ichsucht, der platten Anmaßung, der feigen Witzelei und des Verrats, dem die deutsche Studentenschaft als Sachwalter der jungen Nation die Vernichtung geschworen hat. Er flammt nun auf ... und das ›Burschen heraus!‹ erbraust um Mitternacht« (Münchener Zeitung).

Fünf Jahre später, am 20. Juli 1938, verabschiedete der stellvertretende Gauleiter Nippold im Bürgerbräukeller 4000 Studenten – zum Ernteeinsatz im Rahmen der »Erzeugungsschlacht«. Auch das gehörte zum Studentenleben im Dritten Reich.

Auch als Lehrer wurden an der Universität nur noch Personen zugelassen, die dem Regime genehm waren. Bedeutende Gelehrte wurden aus rassischen oder politischen Gründen vertrieben oder mundtot gemacht. So mußten der Jurist Hans Nawiasky, der Mathematiker Alfred Pringsheim, der Literaturhistoriker Fritz Strich und der Chemiker Richard Willstätter der »Hauptstadt der Bewegung« den Rücken kehren und ihr Leben ins Ausland retten. Männer wie der Erziehungswissenschaftler und Pädagoge Aloys Fischer oder der Literaturwissenschaftler und Romanist Karl Vossler erhielten Vorlesungsverbot. Das wissenschaftliche Leben Münchens erlitt schwerste Schäden (nach Ludwig Hollweck, »Unser München«).

In seinen »Erinnerungen eines Biologen« verzeichnet Karl von Frisch, Leiter des Münchner zoologischen Instituts, wie sich Schikanen und Behinderungen häuften:

»Ich wurde eines Tages auf das Ministerium zitiert und sollte Rede und Antwort stehen wegen ›Tierquälereien‹ in unserem Institut. Es war einer der merkwürdigen Widersprüche jener Zeit, daß der Nationalsozialismus, der den Menschen Qualen brachte wie kaum je eine andere Diktatur, den Tierschutzgedanken auf sein Banner schrieb. Was war in unserem Institut geschehen? Studenten hatten Anzeige erstattet, weil es beim Präparieren an Regenwürmern vorgekommen war, daß sich beim Aufschneiden der eine oder andere der mit Alkohol betäubten Würmer noch ein wenig bewegt hatte. Ich fragte, warum man nicht dagegen einschritte, daß die Angelfischer ihre Regenwürmer überhaupt nicht betäubten, sondern sehr lebendig auf die Haken spießten. Die Antwort war: das geschehe im Dienste der

Volksernährung. Es bedurfte langer Auseinandersetzungen über das primitive Nervensystem der Würmer und ihre mutmaßlich doch sehr kümmerlichen Empfindungen, um die praktische Einführung der Studierenden in die Elemente der Zoologie ungehindert fortsetzen zu können.«

Werbeplakat für den Bund Deutscher Mädel, März 1937.

Drohung mit dem KZ

Über das Konzentrationslager Dachau, das kurz nach der »Machtübernahme« in den Hallen und Baracken einer ehemaligen Munitionsfabrik eingerichtet worden war, ist viel und ausführlich geschrieben worden, auch manches Widersprüchliche. Viele ehemalige Häftlinge aus Dachau, Politiker, Priester, Juden, Zeugen Jehovas, Intellektuelle und Arbeiter haben in ihren Erinnerungen geschildert, wie es dort zuging. Es gehörte ein ungeheurer Lebenswille, körperliche Zähigkeit, Geschicklichkeit und viel Glück dazu, die Tage, Monate und manchmal Jahre dauernder Haft mit ihren Brutalitäten und Erniedrigungen zu überleben.

Schon in den Jahren 1933 bis 1939 wurde »Dachau« in der Bevölkerung zu einem festen Begriff. Jeder wußte von der Existenz dieses Konzentrationslagers. »Sag des net so laut – sonst kommst nach Dachau«, war eine gängige Redensart. Die NS-Machthaber haben auch keineswegs den Versuch gemacht, dieses Lager zu verheimlichen. Im Gegenteil. Der Hinweis auf »Dachau« diente ihnen als Einschüchterungs- und Abschreckungsmittel.

Schon am 21. 3. 1933 war in den Münchner Zeitungen eine Bekanntmachung des kommissarischen Polizeipräsidenten von München, Heinrich Himmler, zu lesen: »Am Mittwoch, 22. 3. 33, wird in der Nähe von Dachau das erste Konzentrationslager geöffnet. Es hat ein Fassungsvermögen von 5000 Menschen. Wir haben diese Ausmaße ohne Rücksicht auf kleinliche Bedenken gewählt in der Überzeugung, damit zur Beruhigung der nationalen Bevölkerung und in ihrem Sinne zu handeln.«

Am 24. 3. berichtete der »Völkische Beobachter« bereits Einzelheiten: ». . . gegenwärtig befinden sich in Dachau über 140 Häftlinge, das Lager soll aber nach dem Ausbau Platz für 2500 Menschen haben . . . In einem Umkreis von ungefähr 15 Metern ist um die Baracken ein fünf Meter hoher Stacheldrahtzaun gezogen, der unter schärfster Bewachung steht, so daß ein Entkommen unmöglich ist . . . Die Aufgabe des Lagers besteht darin, die Kommunisten durch Gewöhnung an Arbeit wieder zu anständigen Mitgliedern der Volksgemeinschaft zu machen . . .«

Über dem Eingang des KZs stand denn auch die makabre Inschrift »Arbeit macht frei«.

Noch fünf Jahre später, im Februar 1939, fand für die Teilnehmer einer Polizeitagung in München eine Führung durch das Konzentrationslager Dachau statt, über die in der Presse berichtet wurde: »Die Tagungsteilnehmer fuhren dann nach Dachau, wo sie unter Leitung von SS-Oberführer Loritz die Einrichtungen des KZ besichtigten. Die glänzende Ordnung und Sauberkeit im Lager, die vorbildlichen Einrichtungen der Küche und der Werkstätten hinterließen einen tiefen Eindruck bei den Teilnehmern. Ebenso waren sich alle einig, daß das deutsche Volk für die Arbeit der Geheimen Staatspolizei und des Sicherheitsdienstes, die in wenigen Jahren die anständige Bevölkerung von solchen Volksschädlingen befreit haben, wie sie im KZ Dachau zusammengefaßt sind, wirklich dankbar sein muß.« (Münchner Neueste Nachrichten, 8. 2. 39)

Was man von diesem Bericht, für den das Wort »schönfärberisch« viel zu schwach ist, zu halten hat, weiß inzwischen wohl jeder. Wenn man also den meisten Zeitgenossen nicht abnehmen kann, daß sie von KZs nicht gewußt hätten – sie hätten ja nur die Zeitungen zu lesen brauchen –, muß man ihnen doch zugestehen, daß sie kaum eine Ahnung von dem hatten, was sich hinter dem hohen Stacheldraht wirklich abspielte. Dies gilt zumindest für die Kriegsjahre, in denen Hunger, Folter, Brutalität und Mord in unvorstellbarer Weise zunahmen.

Entlassene Häftlinge wurden zu strengstem Stillschweigen verpflichtet und hüteten sich, von ihren Erlebnissen zu erzählen. Sie schwiegen sogar im Freundes- und Familienkreis. Denn auch Mitwissen war gefährlich. Nicht von ungefähr kam folgender bittere Witz in Umlauf: »Mensch – du kommst doch grad aus Dachau. Wie war's denn?« – »Da war's ganz prima. Frühstück ans Bett, Spaziergang, tadelloses Mittagessen, Bettruhe, Sport, Kaffeestündchen, Abendunterhaltung.« – »Ja so was – da hat aber der Huber Schorsch ganz was anderes erzählt!« – »Der is ja auch schon wieder drin!«

Daß trotz des Schweigegebots geredet wurde, beweisen Zeitungsmeldungen wie diese: »Die Polizeidirektion teilt mit: Es werden immer wieder Gerüchte verbreitet, daß die in Schutzhaft befindlichen Personen schlecht behandelt, ja, sogar mißhandelt werden. Diese Gerüchte sind lügenhaft . . . Die Polizei wird künftig die Verbreitung falscher, beunruhigender Gerüchte aufs schärfste ahnden.« Jeder konnte sich also sehr schnell am eigenen Leibe von Wahrheit oder Lüge überzeugen. Er brauchte nur ein »Gerücht« weiterzuerzählen.

Wie sich die NS-Führung die Angst vor dem KZ zunutze machte, zeigt ein kleines Beispiel: Als in München die Einzelhändler die Preise auf eigene Faust drastisch hinaufgesetzt hatten, erhielten sie eine nicht minder drastische Antwort: Die Gestapo verhaftete im Auftrag des Ministerrats schlagartig 200 Einzelhändler und brachte sie ins KZ Dachau. Die verständlicherweise verstörten Ladenbesitzer beeilten sich, Besserung zu versprechen. Daraufhin wurden sie wieder freigelassen. Der Schock wirkte noch lange nach.

Ebenso aber wurde, was auch in der Zeitung stand, das KZ zur Propaganda benutzt: »Anläßlich des 1. Mai 1933 wurden 2000 Schutzhäftlinge entlassen, vorwiegend Arbeiter.«

In einem (nicht veröffentlichten) Bericht der Staatspolizei-Leitstelle München wird angegeben, in der gesamten Zeit seit der NS-Machtübernahme im März 1933 bis zum 30. Juni 1937 seien in Bayern 26 926 Personen in Schutzhaft genommen, 25 439 aus der Schutzhaft entlassen worden. »Noch in Schutzhaft befinden sich 1487 Personen, davon 1146 im KZ Dachau.« Für die Zeit ab 1938 liegen keine Zahlen für ganz Bayern mehr vor (nach M. Broszat u. a. »Bayern in der NS-Zeit«).

Die Bayerische Politische Polizei (BayPoPo) sorgte mit eiserner Härte dafür, daß die Baracken des KZ Dachau immer überfüllt waren. Nachdem Heinrich Himmler, seit 1928 Reichsführer SS, die Polizeigewalt in München übernommen hatte, wurde aus der BayPoPo bald eine Sonderbehörde außerhalb der Münchner Polizeidirektion. Sie bezog das Wittelsbacher Palais in der Brienner Straße, das Friedrich von Gärtner 1843–48 für den Kronprinzen Max erbaut hatte. Hier fanden die gefürchteten Verhöre durch die Gestapo und den von Reinhard Heydrich aufgezogenen Sicherheitsdienst (SD) statt. Auch als die Bomben das Palais vernichtet hatten und nur noch ein einsamer steinerner Löwe auf das Ruinenfeld blickte, blieb die Erinnerung an diese Stätte des Terrors in München lebendig.

Himmler hatte in der Dienststelle der BayPoPo die erfahrenen Polizeibeamten aus der Regierungszeit des Dr. Held übernommen. Sogar ehemalige Gegner des Nationalsozialismus blieben im Amt.

Fachliche Tüchtigkeit war wichtiger als weltanschauliche Festigkeit. Und die Polizei-Profis beeilten sich, zu zeigen, daß sie den SS-Amateuren überlegen waren. Einer der »Übernommenen«, der Referatsleiter Heinrich Müller, machte als »Gestapo-Müller« eine schnelle Karriere und gelangte zu höchst zweifelhaftem Ruhm.

Schon im März 1933 war auch für den Bezirk des Oberlandesgerichts München ein Sondergericht gebildet worden, dessen Zuständigkeit alle in der Verordnung des Reichspräsidenten zum Schutz von Volk und Staat genannten Verbrechen und Vergehen umfaßte. Gegen die Entscheidungen dieses Gerichts waren Rechtsmittel nicht zulässig. »Das Verfahren vor den Sondergerichten wird jeweils mit größter Beschleunigung durchgeführt, damit der Tat alsbald die Aburteilung folgen kann ... es ist mit Nachdruck darauf hinzuwirken, daß dem Schuldigen die verdiente Strafe zuteil wird« (amtliche Bekanntmachung). Auch Zuwiderhandlungen gegen die »Verordnung zur Abwehr heimtückischer Angriffe gegen die Regierung der nationalen Erhebung« fielen in die Zuständigkeit des Sondergerichts: »Insbesondere die vorsätzliche und die grob fahrlässige Aufstellung oder Verbreitung einer unwahren oder gröblich entstellten Behauptung, die geeignet ist, das Wohl des Reiches oder eines Landes oder das Ansehen der Reichsregierung oder einer Landesregierung oder der hinter diesen Regierungen stehenden Partei und Behörden schwer zu schädigen.«

Damit waren jeder Witze-Erzähler, jeder unachtsame Stammtischdebattierer, die sogenannten »Miesmacher« und »Meckerer« und erst recht jeder Flugblattverteiler oder sonstige aktive Widerständler dem Zugriff der Polizei und der Verurteilung durch das Sondergericht ausgeliefert. Spitzel und Denunzianten gab es leider nur allzu viele.

In den Zeitungen wurden eigene Rubriken »Vor dem Sondergericht« eingerichtet, so daß sich bald jeder selber ausrechnen konnte, was ihm eine Unachtsamkeit einbringen konnte. (Flüsterwitz: »Was gibt's für neue Witze?« – »Ein Jahr mindestens!«)

Die oft drakonischen Strafen auch für kleinste Vergehen wurden zur Abschreckung veröffentlicht. Das reichte vom unberechtigten Tragen des Parteiabzeichens (ein Jahr Haft) bis zur Störung der Übertragung einer Führerrede (zwei Monate). Ein Mann, der sich in einem Wirtshaus beim Deutschlandlied nicht erhob – »er wurde schließlich mit Gewalt erhoben« (so der Polizeibericht) –, wurde zu zehn Tagen Haft verurteilt, und einer, der nach sieben Maß Bier über das Arbeitsbeschaffungsprogramm der Regierung »in sehr volkstümlichen Ausdrücken« gelästert hatte, erhielt einen Monat. Mit Beispielen dieser Art von »Rechtspflege« ließen sich Seiten füllen. Aber auch wenn gelegentlich etwas mildere Urteile gesprochen wurden, half das dem »Täter« wenig. Nur allzu oft verschwand er, besonders wenn er als Marxist abgestempelt war, gleich nach der Entlassung aus dem Gefängnis wieder im KZ.

Im Konzentrationslager Dachau sind in den Jahren von 1933 bis 1945 nach Feststellung des »Internationalen Suchdienstes« in Arolsen 31 951 Häftlinge ums Leben gekommen – erschossen, erschlagen, verhungert, an Krankheiten, Seuchen oder Experimenten gestorben. Mehr als 200 000 Menschen insgesamt hatten in diesen zwölf Jahren das KZ Dachau erlebt, erlitten – oder nicht überlebt.

Übereinstimmend berichten Chronisten und Augenzeugen, daß erst mit Kriegsausbruch 1939 die wirklich mörderischen Jahre im KZ Dachau begannen. Die Zahlen der Häftlinge und der Toten stiegen von 1940 bis 1945 in die Zehntausende. Unbestreitbar wurde im Lager Dachau auch zwischen 1933 und 1939 mißhandelt, gefoltert und getötet. Die bayerische Justiz versuchte 1933 noch, Ermittlungen und Strafverfahren wegen »Häftlingstötungen« einzuleiten. In keinem Fall kam es aber zu einer Verurteilung. Die Verfahren wurden schließlich eingestellt. – Bei der Befreiung durch amerikanische Truppen am 29. April 1945 befanden sich noch mehr als 32 000 Häftlinge im Lager.

Kirche im Abwehrkampf

»Aktiver oder passiver Widerstand war in den ersten Jahren des Nationalsozialismus leider nicht zu erwarten, zumal da die wahren Absichten des Gegners noch immer verschleiert, von einer blendenden und verblendenden Propaganda überdeckt waren und dieser Gegner in Taktik und Angriff nur schrittweise vorging.« Der dies schreibt (in seinem Buch »Saat des Bösen«, Kirchenkampf im Dritten Reich), ist kein geringerer als der verstorbene Weihbischof Dr. Johannes Neuhäusler. Seine kompromißlose Haltung gegenüber dem NS-Regime hatte auch eine mehrjährige KZ-Haft (1941–1945) in Dachau nicht brechen können. In seinem früheren Werk »Kreuz und Hakenkreuz« hat Neuhäusler schon kurz nach dem Krieg den beharrlichen Widerstand der katholischen Geistlichkeit geschildert.

In der Tat befand sich die katholische Kirche nach Abschluß des Reichskonkordats im Juli 1933 in einer komplizierten Situation. Einerseits war in diesem Vertrag die Abgrenzung der Rechte und Pflichten zwischen staatlicher und kirchlicher Gewalt festgelegt, andererseits wurde sehr schnell klar, daß sich insbesondere das »Fußvolk« der Partei, daß sich SA und SS nicht an solche Begrenzungen halten wollten. Während man sich beiderseits auf »höchster Ebene« mit höflicher Zurückhaltung begegnete, begann auf der unteren Ebene ein hartnäckiger Kleinkrieg mit Schikanen, Behinderungen und Übergriffen. Im Januar 1938 schließlich wurden die katholischen Jungmännervereine, Jungfrauenkongregationen und der »Neudeutschlandbund« aufgelöst und verboten, ihr Vermögen kassiert. Besonders diffamierend waren die zahlreichen »Sittlichkeits«-Prozesse, die man vor allem gegen Ordensgeistliche in Szene setzte. Mit Vorliebe wurden den Geistlichen auch Devisenvergehen und sonstige »Schiebungen« zur Last gelegt. Über diese Verfahren wurde vor allem in der NS-Presse ausführlich berichtet.

Die katholische Kirche ließ sich nicht »gleichschalten«. Da sie trotz aller Angriffe und Eingriffe ein festgefügter Machtblock blieb, hatte sie immer wieder die Möglichkeit, ihre gegensätzliche Haltung zur Nazi-Ideologie öffentlich von der Kanzel herab zu verkünden. Berühmt wurde die Silvesterpredigt 1933, die der Münchner Erzbischof Michael Kardinal Faulhaber zum Thema »Christentum und Germanentum« hielt. Sie war eine klare Absage an die nationalsozialistischen Rassetheorien. Unter anderem sagte der Kardinal: »Dem Vaterland ist mit aufrechten Jüngern des Evangeliums besser gedient als mit kriegslustigen Altgermanen ... Christusfeindliche Kräfte werden auch im neuen Jahr versuchen, das altheidnische Germanentum aus den Gräbern zu rufen ... dazu hat uns Gottes Gnade nicht vor dem russischen Heidentum bewahrt, um uns jetzt in einem germanischen Heidentum versinken zu lassen.«

Protestaufruf gegen die Protestpredigten Kardinal Faulhabers.

Diese Germanentümler versuchten allmählich auch, die kirchlichen Feiertage »umzufunktionieren«. Pfingsten sollte zum »Fest des hohen Mai«, Weihnachten zum »Fest des aufsteigenden Lichts« werden, »Lebensfeiern« sollten Geburt, Hochzeit und Tod begleiten. Eine Reihe von kirchlichen Feiertagen wurde überhaupt abgeschafft, andere wurden auf die darauffolgenden Sonntage verlegt. Der Fronleichnamsprozession konnte man allerdings – außer dieser Verlegung – nichts anhaben. Sie zog – in den ersten Jahren sogar noch unter Beteiligung uniformierter Gruppen – Jahr für Jahr durch die geschmückten Straßen. »An die 20 000 bis 30 000 Katholiken, Männer und Frauen, hervorragend vertreten die männliche und weibliche Jugend, nahmen jedesmal in würdigster Weise teil, abgesehen von den Zehntausenden, die mitbetend und mitsingend den Prozessionsweg säumten.« (Neuhäusler)

Mit einem Predigtverbot belegt wurde 1937 der Jesuitenpater Rupert Mayer, Präses der Marianischen Männerkongregation. Der Pater, der im Ersten Weltkrieg als Feldgeistlicher schwer verwundet und mit dem Eisernen Kreuz I. Klasse ausgezeichnet worden war, warnte von der Kanzel herab immer wieder vor dem nazistischen Ungeist. Er hielt sich nicht an das Predigtverbot, wurde verhaftet und zu einer Gefängnisstrafe von sechs Monaten verurteilt.

Kardinal Faulhaber trat am 4. Juli 1937 in der St. Michaelskirche öffentlich für ihn ein:». . . ich benütze diese feierliche Gelegenheit, um öffentlich zu erklären, mit welcher Bestürzung und Entrüstung, ja, mit welcher Erbitterung die katholischen Männer von München die Verhaftung von Pater Mayer vernommen haben und wie schwer die Fortdauer der Haft auf den Katholiken lastet . . . So nenne ich auch die Verhaftung von Pater Rupert Mayer ein Flammenzeichen der Zeit.« (Zitiert nach Ludwig Hollweck »Unser München«.)

Pater Mayer, auch der »Männerapostel von München« genannt, überlebte als todkranker Mann die Haft im KZ Sachsenhausen. Er starb 1945, am Allerheiligentag, in München.

Ein Ereignis kennzeichnet die anfängliche Unsicherheit im gegenseitigen Umgang von Kirche und Staat: der Katholische deutsche Gesellentag im Juni 1933 in München. Zunächst war die Veranstaltung von der Bayerischen Politischen Polizei verboten worden. Dann wurde sie doch zugelassen mit der Auflage, daß sich die Kundgebung auf Ausstellungspark und Dantestadion zu beschränken habe; weder

Aufmärsche noch entrollte Fahnen waren gestattet. Die Leitung der katholischen Gesellenvereine versicherte in einer vorsichtig formulierten Erklärung, daß es »das ausgesprochene Ziel dieses Gesellentages sei, vertrauensvolle und aufrichtige Unterstützung der Aufbauarbeit der nationalen Regierung zu dokumentieren«.

Also ging die Veranstaltung über die Bühne. Oberbürgermeister Fiehler begrüßte die Gesellen mit einer »von starkem sittlichem Geist durchwehten Rede« (Münchener Zeitung). Bei den gedrängt vollen Kundgebungen am Samstag, 10. Juni, die unter den Themen »Gott und Volk« und »Stand und Staat« standen, sprachen auch Vizekanzler Franz von Papen und der bayerische Wirtschaftsminister Graf Quadt.

Nun hatten die NS-Machthaber genug von den Gesellen. In der Nacht zum Sonntag kam es zu zahlreichen Zusammenstößen mit SA und SS. Die katholischen Gesellen, deren orangefarbene Hemden den Braunhemden ähnelten, wurden angepöbelt und verprügelt. Gegebener Anlaß, die Fortsetzung des Gesellentages zu verbieten. Aber wie kam denn Herr von Papen überhaupt dazu . . .? Erklärung: »Unter unrichtiger Weitergabe der seinerzeitigen Verbotsgründe brachte die Leitung des Gesellentages die Herren Vizekanzler von Papen und Wirtschaftsminister Graf Quadt in die unangenehme Lage, unter diesen schwierigen Umständen als offizielle Vertreter an der Tagung teilzunehmen.« Ein etwas mühsamer Rückzug.

Offiziell wurde auch wieder die beliebte und vielstrapazierte »Erbitterung weitester Kreise der Bevölkerung« festgestellt, »weshalb sich die für Ruhe und Ordnung verantwortliche Polizei zu ihrem großen Bedauern gezwungen sah, den katholischen Gesellentag nicht zuletzt im Interesse der katholischen Kirche und der Geistlichkeit zu untersagen, um dadurch unter allen Umständen zu verhindern, daß das Ansehen der kirchlichen Stellen und des geistlichen Kleides infolge der Ausschreitungen und Zwischenfälle leiden könnte« (Münchener Zeitung).

Im Auftrag der Politischen Polizei wurden zahlreiche Beamte zu eifrigen Kirchgängern. Sie hatten die Predigten zu überwachen und jede abfällige oder kritische Äußerung zu melden. Bestimmte Themen wie »Antisemitismus«, »Sterilisation«, »Euthanasie« u. a. durften nicht behandelt werden.

»Bei den Predigten von Kardinal Faulhaber war in der Regel eine größere Anzahl von amtlichen Aufpassern anwesend. Einmal wurde die Lautsprecherleitung, mittels der die Predigt in eine andere Kirche übertragen wurde, von der Münchner Parteileitung angezapft und die Predigt selbst auf Schallplatten aufgenommen, einerseits um den Text ganz sicher festzuhalten, andererseits, um im Braunen Haus am gleichen Abend eine ›Belustigungsvorstellung‹ zu geben, wobei man die Schallplatten mit der Predigt das eine Mal übertrieben langsam, das andere Mal übertrieben schnell ablaufen ließ, um so die Wiedergabe zu verzerren.« (J. Neuhäusler, »Saat des Bösen«.)

Auch vor öffentlichen Demonstrationen gegen den verhaßten Kardinal schreckten die NS-Machthaber nicht zurück. Bei der Fronleichnamsprozession 1939 wurde der Kardinal, der das Allerheiligste trug, vom Balkon eines Restaurants am Max-Joseph-Platz als »Landesverräter« beschimpft, ohne daß dies für die Schreier irgendwelche Folgen hatte. Schon 1936, beim Silbernen Priesterjubiläum des Kardinals, waren vor dem Dom einige Personen verhaftet worden, die dem Kirchenfürsten zugejubelt hatten. Und zwei Tage nach der »Reichskristallnacht« vom 9. November 1938, bei der die jüdischen Geschäfte demoliert wurden und die Synagoge in Flammen aufging, zog im Anschluß an eine Reihe von Hetzversammlungen gegen »die Juden und ihre schwarzen Freunde« eine aufgeputschte Menge vor den Bischofshof in der Promenadestraße und warf mit Steinen die Fensterscheiben ein.

Die evangelische Kirche schien zunächst das Wohlwollen des NS-Regimes zu besitzen. »Aber die Fronten klärten sich rasch, als gegen die Kirche Schlag auf Schlag erfolgte mit den neuen, manipulierten Kirchenwahlen, mit der Schaffung der deutsch-christlichen Reichskirche und der Kreierung des dubiosen Reichsbischofs Ludwig Müller«, schreibt der spätere Münchner Dekan Georg Lanzenstiel in einem Beitrag zu dem Buch »Denk ich an München«. »Was in ganz Deutschland vorging, hatte seine Entsprechung in München. Es gab keinen anderen Platz als an der Seite der Bekennenden Kirche.«

Es kam nun zunächst zu einem viel Unruhe und Unsicherheit unter den Gläubigen auslösenden evangelischen Kirchenkampf zwischen den Bekenntnispfarrern und der Landeskirche einerseits und dem Reichskirchenregiment und den Deutschen Christen andererseits. Dabei wurde in München das Gebäude der Kirchenleitung in der Arcisstraße mit Hilfe der SS von den Deutsch-Christen besetzt und der Landesbischof D. Hans Meiser in seiner Wohnung unter Arrest gestellt. Hitler zitierte dann die führenden Männer der Bekennenden Kirche zu einem Gespräch. Landesbischof D. Meiser wurde wieder in sein Amt eingesetzt.

Das änderte allerdings nichts daran, daß auch die evangelischen Prediger überwacht wurden, daß man sie verhörte, verhaftete und ins KZ einlieferte. »Der Kirchenkampf in München ist die Geschichte eines hartnäckigen, kaum noch an die Öffentlichkeit gedrungenen, oft mißverstandenen, oft auch mißdeuteten Widerstands von Landesbischof D. Meiser, den Mitgliedern der Kirchenleitung, von den Synodalen und den unbeugsamen Pfarrern und Gemeindemitgliedern«. (Lanzenstiel)

Zum Abschluß ein Zitat aus den »Erinnerungen« Albert Speers: »›Die Kirche ist sicher notwendig für das Volk. Sie ist ein starkes und haltendes Element‹, konnte er (Hitler) ein andermal im privaten Kreis erklären. Allerdings stellte er sich darunter ein Instrument vor, das ihm zur Seite stand: ›Wenn der Reibi (so nannte er den Reichsbischof Ludwig Müller) nur Format hätte . . ., ich würde ihm gerne meine ganze Unterstützung geben . . . Die evangelische Kirche könnte durch mich Staatskirche werden, wie in England . . . Er würde glücklich sein, wenn sich eines Tages ein bedeutender Kirchenmann fände, der geeignet sei, eine – oder möglichst beide Kirchen vereint – zu führen.«

Nun, ein solcher Mann hat sich verständlicherweise nicht gefunden. Die beiden Kirchen haben trotz aller – in den Kriegsjahren noch verstärkter – Anfeindungen und Verfolgungen das Dritte Reich triumphal überlebt. Und ihre Hilfe war für den Wiederaufbau nach der Katastrophe von entscheidender Bedeutung.

Die Juden und die »Volkswut«

»Um den übermäßigen Einfluß der jüdischen Geschäftswelt im Bereich der Münchner Stadtverwaltung auf ein erträgliches Maß zurückzuschrauben«, wurden schon kurz nach der »Machtübernahme« die ersten städtischen Verordnungen erlassen. Die in städtischen Krankenhäusern beschäftigten jüdischen Ärzte durften nur noch jüdische Patienten behandeln. »Auch ist ihnen nur das Sezieren jüdischer Leichen gestattet.« Auf Dulten und dem Oktoberfest wurden jüdische Schausteller und Fieranten nicht mehr zugelassen.

Für den 1. April 1933 wurde von der Parteileitung der NSDAP im ganzen Reich ein eintägiger Boykott gegen jüdische Geschäfte, Ärzte und Rechtsanwälte angeordnet. Vor jüdischen Läden und Büros zogen auch in München SA-Posten auf und verwehrten den Kunden den Eintritt. Plakate und Zettel klebten an den Fenstern: »Deutsche, kauft nicht bei Juden«. Einige hundert Geschäfte wurden auf diese Weise »boykottiert«. Aber die meisten Geschäftsleute hatten ihre Läden gar nicht geöffnet und ein Schild »Heute geschlossen« an die Tür gehängt. Die »Münchner Neuesten Nachrichten« berichteten über die Boykott-Aktion: »Die Geschäftsstraßen in der Münchner Innenstadt, aber auch die verkehrsreichen Plätze in den Außenvierteln waren dicht bevölkert, vor den jüdischen Geschäften standen zahlreiche Menschen. Im Straßenzug Marienplatz – Karlsplatz war das Menschengewoge so stark, daß die Straßenbahnwagen wiederholt anhalten mußten. Die Autos bildeten im Stau lange Reihen; im Rosental und im angrenzenden Teil der Pettenbeckstraße stauten sich die Menschen; einmal mußte hier das Überfallkommando eingreifen. SA-Männer hielten den Verkehr in Fluß.«

Der Boykott war allerdings ein Schlag ins Wasser. Die Menschen zogen zwar neugierig durch die Straßen, aber sie verhielten sich passiv. »Die Bevölkerung neigt vielfach dazu, die Juden zu bemitleiden«, hieß es später in einem Stimmungsbericht der Polizei. Von nun an wurde die »Ausschaltung« der Juden auf dem Gesetz- und Verordnungsweg weiter betrieben. Die Mühlen der Bürokratie begannen ihre schikanenreiche Arbeit.

In seiner Dissertation »Zur Geschichte der Juden in München zwischen 1933 und 1945« schreibt Peter Hanke: »Es zeigte sich, daß die Münchner Bevölkerung in ihrer Gesamtheit für ein pauschales Vorgehen gegen ihre jüdischen Mitbürger nicht gewonnen werden konnte ... In jüdischen Geschäften einzukaufen, wurde für viele Münchner zu einem Akt ostentativer Verachtung des Regimes. Dies blieb eine der wenigen, relativ gefahrlosen Möglichkeiten, seinen Willen kundzutun ... Die Unterdrückung der Juden begann sich jetzt bereits in ein gewisses Halbdunkel hineinzuverlagern, welches dem normalen Bürger undurchsichtig schien. Zwar erfuhr er laufend durch die Presse von jüdischen »Missetaten« gegen die deutsche Allgemeinheit, zwar wurden bis 1938 viele Erlasse und Gesetze in den Presseorganen Münchens veröffentlicht, doch die Durchführung jener Bestimmungen, welche immer wieder eine neue Einschränkung für die jüdischen Mitbürger bedeuteten, konnten nicht kontrolliert werden und schienen der großen Masse auch ziemlich gleichgültig zu sein, solange sie nicht in öffentliche Tätlichkeiten ausarteten. Dieses Verhalten der augenscheinlichen Passivität, das heimliche Anteilnahme nicht ausschloß, änderte sich im Laufe der Zeit wenig ... Die Münchner Juden wiederum, bereits bedrängt von Bürokratie und exekutiver Gewalt, bemühten sich erfolgreich um ein möglichst unauffälliges Verhalten.«

Erzählt Frau Rosa G.: »Ich wollte eines Tages – ich weiß nimmer genau, wann das war – zu unserem alten Hausarzt gehen, wegen eines Furunkels. Dr. Wassermann hat er geheißen, und meine Mutter hatte ihn schon immer geholt, als ich noch ein Kind war. Weil er der einzige in unserer Gegend war, der auch nachts gekommen ist, wenn's dringend war. Also – wie ich hinkomme, ist kein Praxisschild mehr am Haus und kein Namensschild an der Tür. Bin ich halt wieder gegangen. Später hab' ich bei der Milchfrau gefragt. Die hat aber nur zu mir gesagt: ›Der Doktor Wassermann, der war doch a Jud'.‹ Ich habe gesagt, daß er doch sogar im Weltkrieg Offizier war und das EK I gehabt hat und so beliebt bei den Leuten war. ›Gmacht hams ihm ja nix', hat sie gesagt, ›er ist von selber 'gangen. Nach Prag soll er sei'. ›Jud‹ hams' ihm auf sein Praxisschild draufgschmiert. Da hat er scho gspannt, woher der Wind weht‹. – ›So eine Sauerei‹, hab' ich gesagt. ›Sagns des net so laut‹, hat sie gesagt, ›des is jetzt halt so.‹«

Schon in den Tagen des April-Boykotts 1933 hatte der Präsident der Israelitischen Gemeinden, Dr. Neumeyer, u. a. an General von Epp geschrieben: »Wir legen auch nachdrücklich Verwahrung ein gegen den Kampf, der jetzt gegen uns geführt wird. Wir deutschen Juden haben stets für Deutschland gearbeitet, viele Tausende von uns haben im Krieg ihr Leben für Deutschland geopfert, das Wohl des Vaterlandes war uns stets die höchste Aufgabe. Wir können und wollen den Maßnahmen, die sich gegen uns wenden, nicht mit äußeren Mitteln entgegentreten. Aber wir werden sie standhaft ertragen im Bewußtsein, daß uns schweres Unrecht geschieht. Der göttliche Herrscher der Welt wird uns die Kraft dazu geben. Wir beten zu ihm, daß er unseren deutschen Volksgenossen bald die Einsicht schenken möge, daß der Weg zum großen Ziel des nationalen Wiederaufbaus Deutschlands nicht über die Unterdrückung der Juden geht.«

Aber weder frühere Verdienste noch nationale Gesinnung, weder Münchner Geburt noch äußeres Wohlverhalten vermochten etwas gegen den Haß.

Im Februar 1933 wohnten nach der Einwohnerstatistik 10 737 Juden in München, das 735 388 Einwohner zählte. Ausgewandert sind zwischen dem 1. März 1933 und dem 16. März 1938 nach einer Aufstellung der Münchner jüdischen Gemeinde 3574 Juden (Hanke). Die Auswanderung wurde einerseits vom Staat gefördert (so wurden viele vermögende Juden erst aus der »Schutzhaft« im KZ entlassen, wenn sie sich zur Auswanderung bereit erklärt hatten), andererseits aber durch die bürokratischen Formalitäten ständig erschwert. Finanzämter und Zollbehörden sorgten in zunehmendem Maße dafür, daß möglichst wenig an Vermögenswerten mitgenommen werden konnte. Eine Auswanderung setzte ja auch Geld, Verbindungen, Freunde im Ausland voraus. Ältere und besser situierte Juden verfügten darüber eher als jüngere Leute. Viele wollten es trotz aller Schikanen und Demütigungen immer noch nicht glauben, daß sie in dem Land, in dem sie geboren worden waren, jedes Heimat- und Lebensrecht verloren haben sollten. Ein bitterer Witz aus dieser Zeit beleuchtet die Situation: Isaak hat endlich seine Ausreise-Erlaubnis erhalten und kommt zu seinem schon früher emigrierten Freund Abraham nach New York. Zu seinem Entsetzen sieht er in Abrahams Zimmer ein großes Hitler-Bild hängen. »Was soll denn das – bist du wahnsinnig?« – »Das ist gegen das Heimweh«, sagt Abraham.

Inzwischen waren 1935 die »Nürnberger Gesetze« erlassen worden, waren auf Grund zahlreicher Verordnungen die Juden aus allen

Bereichen des öffentlichen Lebens ausgeschaltet, die jüdischen Geschäfte auf Kosten der Besitzer »arisiert«, jüdische Angestellte und Arbeiter »arischer« Firmen entlassen worden. Bei Kriegsausbruch gab es nur noch 27 jüdische Firmen in München, in der Hauptsache Zimmervermietungen, dazu drei Antiquitätengeschäfte und zwei Hausverwaltungen. Damit war die »Entjudung« der Münchner Wirtschaft abgeschlossen (nach Hanke). Vom 1. Januar 1939 an mußten Juden, die »normale« Vornamen führten, zusätzlich noch einen weiteren Vornamen annehmen, »und zwar männliche Personen den Namen Israel, weibliche Personen den Vornamen Sara« (Verordnung vom 17. 8. 38).

Wie ein Fanal wirkte der von Gauleiter Wagner im Juni 1938 befohlene Abbruch der Hauptsynagoge in der Herzog-Max-Straße hinter dem Künstlerhaus. Wie wenige Tage später bei dem Vernichtungsbefehl für die evangelische Matthäuskirche wurde auch hier eine »vom Führer angeordnete städtebauliche Maßnahme« vorgeschützt. Konnte man dies bei der Matthäuskirche in der Sonnenstraße noch halbwegs glaubhaft machen, so war für den Platz in der Herzog-Max-Straße unter den Bauplänen Hitlers keinerlei andere Verwendung vorgesehen. Es war ein reiner Willkürakt des Gauleiters. Vielleicht war ihm bei seinen häufigen Saufgelagen im Künstlerhaus der Anblick der wuchtigen Synagoge ein besonderes Ärgernis – er befahl jedenfalls den Leiter der Münchner Kultusgemeinde zu sich und eröffnete ihm, daß die Synagoge verschwinden müsse. Der Abbruch habe bis zum Tag der Deutschen Kunst am 8. Juli beendet zu sein. Nach kurzer Bedenkzeit und Beratung mit dem Vorstand der Gemeinde erklärte Dr. Neumeyer schließlich, daß man »von der Notwendigkeit des Abbruchs der Synagoge Kenntnis nehme und sich bereit erkläre, die Synagoge abzutreten«. Am nächsten Tag begannen die Abbrucharbeiten.

Heute erinnert nur noch ein am 9. November 1969 gesetzter Gedenkstein an die einstige Synagoge. Das Gelände wurde zu einer Grünanlage umgestaltet, darunter befindet sich eine Parkgarage.

Auch in München fand am 9. November 1938 jener Ausbruch der befohlenen »spontanen Volkswut« statt, der als »Reichskristallnacht« in die Geschichte des Dritten Reiches eingegangen ist. Ausgelöst wurde die Aktion durch das Attentat eines jungen Juden auf den Legationssekretär vom Rath in Paris. Am Abend des 9. November wurde bekannt, daß vom Rath seinen Verletzungen erlegen war. Goebbels zögerte nicht. Er mobilisierte von München aus (hier war gerade wegen der Erinnerungsfeier zum 9. November die ganze Parteiprominenz versammelt) die »berechtigte und verständliche Empörung des deutschen Volkes«, und das Ergebnis hörte sich in einer Erklärung der Münchner Kreisleitung der NSDAP so an: »Auch bei uns in München hat das Weltjudentum die ihm gebührende Antwort erhalten. Die Synagoge (nach Abbruch der Hauptsynagoge war der jüdischen Gemeinde noch die alte Synagoge an der Herzog-Rudolf-Straße geblieben, d. Verf.) ist abgebrannt! Die jüdischen Geschäfte sind geschlossen! Die frech gewordenen Juden sind verhaftet. Das nationalsozialistische München demonstriert heute um 20 Uhr in 20 Massenkundgebungen gegen das Weltjudentum und seine schwarzen und roten Bundesgenossen!« In der Zeitung war tags darauf nachzulesen: »In erster Linie richtete sich des Volkes Zorn gegen die jüdischen Ladengeschäfte, denen größtenteils sämtliche Fenster eingeschlagen wurden, auch Fenster im ersten Stock gingen durch Steinwürfe in Scherben. Teilweise wurden die Eingänge der Geschäfte demoliert, in einzelnen Fällen auch die Inneneinrichtung. Die Synagoge in der Herzog-Rudolf-Straße wurde ein Raub der Flammen. Die Feuerwehr mußte sich in der Hauptsache darauf beschränken, ein Übergreifen des Feuers auf die benachbarten Häuser zu verhindern. Am frühen Morgen mußten die Straßen von vielen Scherben gesäubert werden.« (Münchner Neueste Nachrichten vom 11. 11. 38)

Viele Münchner merkten erst am nächsten Morgen, was in der Nacht vorgefallen war. Eine neugierige Menge zog den ganzen Tag über durch die Straßen und betrachtete die vernagelten oder verhängten Fenster, die bewaffneten Posten vor den Eingängen und die Schilder »Jüdisches Geschäft«. Oft hörte man da die Bemerkung: »Des hab i garnet gwußt, daß des aa Juden warn.«

Im Bericht des Regierungspräsidenten von Oberbayern vom November 1938 heißt es: »Die Protestaktion gegen die Juden wird von der Bevölkerung vielfach als organisiert betrachtet. Die Gewalt, die dabei angewendet wurde, hat Anlaß zu Kritik gegeben.« Augenzeugen berichten von einer erstaunlichen Hilfsbereitschaft und Anteilnahme der »arischen« Mitbürger.

Bei der Massenkundgebung am 11. November im Circus Krone behauptete der Gauleiter Adolf Wagner: »Wir haben in München nicht einmal auf die Judengeschäfte draufgeschrieben, daß sie Judengeschäfte sind. Wir haben mit einer Großzügigkeit gehandelt, die nicht überboten werden konnte. Jetzt ist der Faden unserer Geduld gerissen. Die Judengeschäfte sind nicht nur zeitweilig geschlossen, sondern sie bleiben geschlossen . . .« Und weiter: Man könne es den deutschen Geschäften nicht verwehren, wenn sie Juden den Eintritt verbieten würden. Es sei auch an der Zeit, daß die deutschen Angestellten und Arbeiter sich zu gut dafür fühlten, beim Juden Dienst und Arbeit zu leisten . . . Im übrigen habe er, der Gauleiter, dafür gesorgt, daß die in jüdischem Besitz befindlichen deutschen Kunstgegenstände, die für die deutsche Kultur von Wert sind, sichergestellt würden. Rund tausend Juden seien in dieser Nacht und am darauffolgenden Tag festgenommen worden. »Damit wir für alle Fälle tausend Pfänder in der Hand haben« (so Wagner wörtlich).

Konsul Bernheimer berichtet über seine Verhaftung: »So wurde auch ich verhaftet und nach Dachau gebracht. Dort ließ man uns die halbe Nacht stehen, bis wir alle registriert waren und uns schließlich auf Strohsäcken niederlegen konnten. Am nächsten Morgen mußten wir in aller Herrgottsfrühe aufstehen zum Frühappell. Dabei hat man sogar die Toten herbeigeschafft, damit die Zahl der Gemeldeten vollzählig war. Inzwischen hatte sich meine Frau mit dem mexikanischen Generalkonsulat und dem Gesandten in Berlin in Verbindung gesetzt (im Bernheimer-Haus befand sich auch das mexikanische Konsulat, d. Verf.).

Nach vier Tagen kam ein Telegramm an die Lagerverwaltung in Dachau des Inhalts, daß, wenn ich nicht sofort freikäme, zwölf prominente Deutsche in Mexiko verhaftet werden würden. Ich wurde daraufhin sofort freigelassen, wenn auch freilich mit halbgeschorenem Kopf.

Bei der Gestapo erklärte ich selbstverständlich sofort, daß ich so rasch wie möglich auswandern wolle. Das Geschäft durften wir seit der ›Kristallnacht‹ sowieso nicht mehr betreten.« (Bericht von Otto Bernheimer in dem von Dr. Hans Lamm herausgegebenen Buch »Von Juden in München«.)

Das weit über Deutschland hinaus bekannte Haus Bernheimer wurde »arisiert«, wenigstens der Name blieb damit erhalten.

Die meisten der verhafteten Juden wurden nach kurzer Zeit wieder entlassen. Alle mußten sich zur Auswanderung verpflichten.

In den Kriegsjahren wurden die Einschränkungen auch für die Münchner Juden immer drastischer. Es wurde ihnen buchstäblich die Luft zum Atmen abgeschnürt – sie durften u. a. weder öffentliche Verkehrsmittel benützen noch die Parkanlagen betreten. Im September 1941 wurde die Kennzeichnung mit dem »Judenstern« eingeführt, im Oktober 1941 wurde jede Auswanderung verboten.

Die ersten Transporte mit Juden begannen auch aus München zu rollen – nicht mehr nach Dachau, sondern in die Vernichtungslager. Am 1. 5. 1943 wurden in München noch 483 Juden gezählt; nur 84 »Sternträger« erlebten 1945 den Einmarsch der Amerikaner.

Jeder Widerstand zerschlagen

Unter den vielen Abwandlungen des Münchner »Ehrentitels« »Hauptstadt der Bewegung« fehlt auch die »Hauptstadt der Gegenbewegung« nicht. Manchem genügt als Grund dafür schon die unausrottbare Vorliebe für das »Grüß Gott« oder die häufige Benützung des »Drückeberger-Gaßls«.

»Widerstand« in vielfältigen Formen hat es natürlich vom ersten Tag an gegeben. Die Historiker haben sich redlich sowohl um die Begriffsbestimmung als um die Dokumentation bemüht. So führt Professor Martin Broszat, Leiter des Münchner Instituts für Zeitgeschichte, bei der Veröffentlichung des Buches »Bayern in der NS-Zeit« darüber aus: »Bei den vielen kleinen ›Widerständen‹ des täglichen Lebens gegenüber den Zwängen der NS-Herrschaft und ihrer lokalen Repräsentanten ging es oft nicht um prinzipielle, oft auch gar nicht um politisch bewußte Gegnerschaft, sondern häufig nur um Interessenwahrung, um die Behauptung überlieferter sozialer und kultureller Lebensformen oder der geistig-religiösen Eigenständigkeit. Gleichwohl war es die Summe dieser Widerstände, die die Grenzen der Durchsetzungsfähigkeit des Regimes in hohem Maße bestimmte«.

Heike Bretschneider gibt in ihrer Dissertation »Der Widerstand gegen den Nationalsozialismus in München 1933–1945« folgende Definition: »Widerstand gegenüber dem Nationalsozialismus war jeder Versuch des einzelnen oder durch Gesinnungsübereinstimmung Verbündeter, aus religiösem, ethischem, weltanschaulichem oder politischem Verantwortungsbewußtsein dem NS-System unter persönlichem Risiko entgegenzuwirken.« Und weiter: »Ungeplanter sporadischer Widerstand konnte aus einer Augenblickssituation heraus entstehen, wie z. B. Nichtbefolgung eines Befehls, spontane Hilfeleistung gegenüber Verfolgten, Beteiligung an politischen Mißfallenskundgebungen und ähnlichem. Im Gegensatz dazu war der planmäßige Widerstand nach einem bestimmten Konzept geführt; dabei ist die Regel, daß sich Ziel und Konzept im Laufe der Jahre der veränderten politischen Situation anpassen.«

Genug der Theorie. Nach dem Zusammenbruch hat sich herausgestellt, daß eigentlich alle schon immer »dagegen« waren. Auch wenn sie nur gelegentlich einmal einen Bogen um eine NS-Sammelbüchse gemacht oder eine Führerrede im Radio vorzeitig abgeschaltet hatten. Wenn es an die eigene Bequemlichkeit, Freizeit oder an Essen und Trinken ging, hat jeder, tatsächlich jeder, zur »Gegenbewegung« gehört.

Hier aber geht es um die Männer und Frauen, die aktiv für die Bekämpfung und Beseitigung des NS-Systems im Untergrund – und auf verlorenem Posten gewirkt haben. Daß ihrem gefährlichen und oft mit dem Leben bezahlten Tun kein Erfolg beschieden war, ändert nichts an dem Mut und der Opferbereitschaft, mit dem wenigstens der Versuch zum Widerstand unternommen wurde. Dieser Mut hat auch manchem Häftling das Leben gerettet und manchem Verfolgten die Flucht ermöglicht. Aber: »Der exakt arbeitende Verfolgungsapparat des Dritten Reiches erwies sich der gesamten Widerstandstätigkeit in den ersten Jahren nach der Machtübernahme weit überlegen. Nahezu alle in dieser Zeit entstandenen Gruppen und Kreise fielen ihm zum Opfer« (Bretschneider).

Am ehesten von allen seit 1933 ausgeschalteten Parteien waren die Kommunisten auf illegale Tätigkeit im Untergrund vorbereitet. Noch am 12. Februar 1933 hatte der kommunistische Reichstagsabgeordnete und KPD-Chef in Bayern, Hans Beimler, auf der letzten öffentlichen Wahlversammlung der KPD im Münchner Circus Krone erklärt: »Wenn sie Krieg haben wollen, wir sind gerüstet. Wir haben die Erfahrung der bayerischen Räterepublik auf unserer Seite. Bei Dachau treffen wir uns wieder!« (Münchner Neueste Nachrichten, 13. 2. 33) Beimler spielte damit auf ein im April 1919 bei Dachau gewonnenes Gefecht der roten Truppen gegen die Regierungstruppen an. Die Ironie des Schicksals wollte es, daß man sich tatsächlich in Dachau wieder traf – im Konzentrationslager. Beimler konnte aus Dachau fliehen und gelangte über die Schweiz nach Spanien. Er ist 1936 im spanischen Bürgerkrieg gefallen.

Tatsächlich gelang es der kommunistischen Partei, ihre Organisation nach der ersten großen Verhaftungswelle wieder einigermaßen aufzubauen. In vielen Stadtvierteln gab es erneut kommunistische Zellen. Sie versuchten sogar, Parteibücher zu führen, Mitgliedsmarken zu kleben und Beiträge zu kassieren. Es wurden Flugblätter, Zeitungen und Broschüren gedruckt und verteilt, in Briefkästen gesteckt, in Treppenhäusern ausgelegt. Aber die Bayerische Politische

Polizei war wachsam. Mehrfach wurde in den Zeitungen über die Aushebung kommunistischer Druckereien und die Verhaftung der Beteiligten berichtet. 1936 waren die Stadtteilgruppen zerschlagen. Eingeschleuste Spitzel hatten sie ans Messer geliefert.

Bretschneider: »Angesichts der Konsolidierung des NS-Systems griff seit den Jahren 1935/36 in den kommunistischen ›Restgruppen‹ eine gewisse Hilflosigkeit und Resignation um sich . . . Der überwiegende Teil der Bevölkerung ließ sich durch den wirtschaftlichen Aufschwung, die Abnahme der Arbeitslosigkeit und die außenpolitischen Erfolge Hitlers blenden . . . Diese Tatsachen und die mangelnde Resonanz in der Bevölkerung mußte die übrig gebliebenen Widerstandsgruppen in ihrer Aktivität lähmen.«

Nochmals wurde zur Neuwahl des Reichstags am 29. März 1936 eine Flugblattaktion gestartet. In den Außenvierteln der Stadt, besonders auf den Zufahrtsstraßen zu den großen Fabriken, wurden die getarnten Flugblätter verstreut. Auf der Vorderseite war eine Werbung für den Kauf von Gasherden abgedruckt. Auf der Rückseite die Warnung: »Wer für Hitler stimmt, stimmt für den Krieg!«. Diese Aktion löste die letzte große Verhaftungswelle aus.

In den Jahren von 1934 bis 1937 standen allein vor dem Oberlandesgericht rund 260 Münchner unter der Anklage kommunistischer Betätigung. Die Zahl der Angeklagten ging im Jahre 1938 erheblich zurück und im Jahr 1939 ist praktisch kein Prozeß von Bedeutung gegen Kommunisten in München geführt worden (Bretschneider).

Waren schon die für illegale Arbeit besser geschulten kommunistischen Gruppen und Zellen gescheitert, so brachten die Sozialdemokraten für diese Art des Partei-Überlebens noch weniger Voraussetzung mit. Ihre Führung gab sich noch lange der Illusion hin, auch unter nationalsozialistischer Regierung an den alten Formen und Traditionen festhalten zu können. In seinen Erinnerungen schreibt Alt-Ministerpräsident Dr. Wilhelm Hoegner, daß sich die führenden SPD-Politiker, soweit sie nicht verhaftet oder emigriert waren, noch regelmäßig in einem Nebenzimmer des Künstlerhauses trafen. »Ein von Erhard Auer, dem bayerischen SPD-Vorsitzenden, herausgegebenes Mitteilungsblatt enthielt meist recht harmlose väterliche Mahnungen an die Parteimitglieder zum Zusammenschluß in dieser schweren Zeit, besonders zur Weiterzahlung der Parteibeiträge usw.« Auer glaubte noch immer an einen baldigen politischen Umschwung.

Von einer Umstellung der Partei auf illegale Arbeit war nicht die Rede. So sahen auch die nach dem Parteiverbot weiterbestehenden oder neugebildeten Gruppen ihre Hauptaufgabe in der politischen Diskussion und der Pflege der vorhandenen Kontakte. Sie schickten Berichte über die Situation ins Ausland und erhielten von dort Propagandamaterial zur Verteilung. V-Männer der politischen Polizei beobachteten auch die Tätigkeit der sozialdemokratischen Widerständler und sorgten nach einiger Zeit dafür, daß sie restlos zerschlagen wurden.

Das gleiche Schicksal erlitten kleine Gruppen aus ehemaligen Mitgliedern der Bayerischen Volkspartei, der Bayernwacht, des Heimat- und Königsbundes. Sie betrieben weniger aktiven Widerstand als Vorsorge für eine politische Neugestaltung nach dem erwarteten Zusammenbruch des Dritten Reiches, zum Teil strebten sie die Wiedereinführung der Monarchie in Bayern an. Im Oktober 1939 wurden insgesamt 125 Personen aus diesen Kreisen festgenommen. Der Volksgerichtshof verhängte (im Juni 1944) gegen sie einige schwere Zuchthausstrafen.

Die offiziellen Berichte der Bayerischen Politischen Polizei und des Regierungspräsidenten dokumentieren diese Entwicklung: Von der Bayerischen Politischen Polizei wurden im Jahre 1934 wegen Vorbereitung zum Hochverrat 253 Personen, davon 238 männliche und 15 weibliche Personen und wegen sonstiger marxistischer Betätigung und Umtriebe 130 Personen (112 männliche und 18 weibliche), insgesamt 383 Personen festgenommen (352 Kommunisten und 31 Sozialdemokraten). Ferner mußten von der BayPoPo 992 Haussuchungen vorgenommen werden. Insgesamt wurden in Bayern wegen marxistischer Betätigung 2144 Personen festgenommen und beim Bayerischen Obersten Landesgericht 116 Verfahren wegen Vorbereitung zum Hochverrat eingeleitet ...

Im Jahre 1935 wurden wegen marxistischer Betätigung insgesamt 1579 Personen festgenommen, darunter 268 ehemalige Schutzhäftlinge, von denen der größte Teil bereits längere Zeit im Konzentrationslager Dachau verwahrt war. Außerdem wurden vom Oberlandesgericht München 164 Verfahren wegen Vorbereitung zum Hochverrat eingeleitet.

1936: Staatsfeindliche Bestrebungen ernsthafter Natur wurden nicht wahrgenommen.

Am 50. Geburtstag des Führers (20. 4. 39) kam die Liebe und Verehrung der Bevölkerung im Schmuck der Straßen, Häuser und Schaufenster zum überwältigenden Ausdruck . . . Organisierte staatsfeindliche Bestrebungen wurden nicht wahrgenommen. In vereinzelten Fällen wurde wegen staatsabträglichen Verhaltens mit Schutzhaft und Strafanzeige vorgegangen . . . (zitiert nach »Bayern in der NS-Zeit«).

Erst als der von allen Widerstandskämpfern von Anfang an prophezeite Krieg tatsächlich ausgebrochen war, besonders nach Beginn des Rußlandfeldzugs, nahm die Untergrundtätigkeit wieder spürbar zu. Über die Taten der »Weißen Rose« und der »Freiheitsaktion Bayern« wird an anderer Stelle berichtet.

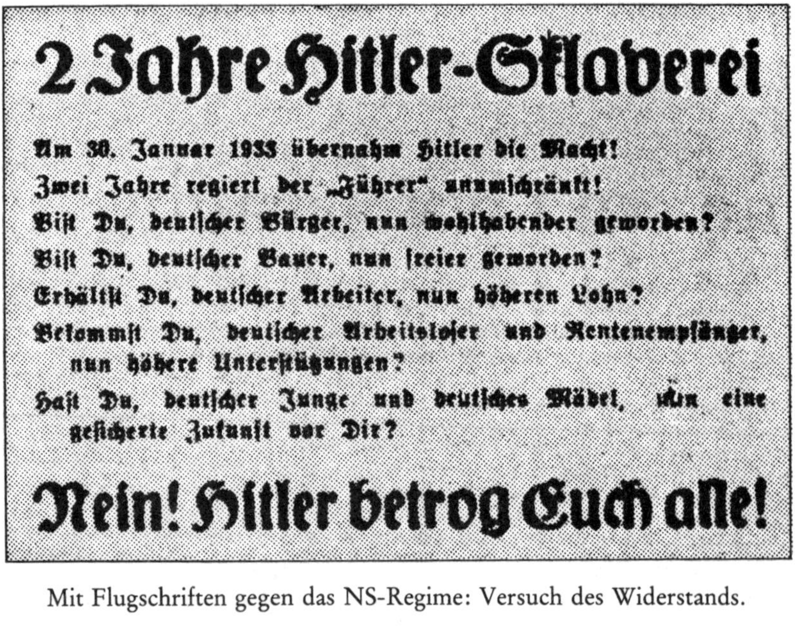

2 Jahre Hitler-Sklaverei

Am 30. Januar 1933 übernahm Hitler die Macht!
Zwei Jahre regiert der „Führer" unumschränkt!
Bist Du, deutscher Bürger, nun wohlhabender geworden?
Bist Du, deutscher Bauer, nun freier geworden?
Erhältst Du, deutscher Arbeiter, nun höheren Lohn?
Bekommst Du, deutscher Arbeitsloser und Rentenempfänger, nun höhere Unterstützungen?
Hast Du, deutscher Junge und deutsches Mädel, nun eine gesicherte Zukunft vor Dir?

Nein! Hitler betrog Euch alle!

Mit Flugschriften gegen das NS-Regime: Versuch des Widerstands.

Teil II

Bis zum bitteren Ende
1939–1945

»Seit 5 Uhr 45 wird zurückgeschossen . . .«

»Auf der ganzen Linie herrscht volle Beschäftigung, noch dazu bei steigenden Löhnen, die sozial erfreulich, wirtschaftlich aber nicht unbedenklich sind. Die Theater sind gut besetzt, die Kinos voll und die Cafés bei Musik und Tanz bis in die späten Nachtstunden überfüllt. Der Ausflugsverkehr an Sonntagen weist Rekordzahlen auf. Und trotz all dieser Symptome einer guten Wirtschaftslage ist die Stimmung in weiten Kreisen des Volkes nicht so, wie sie der günstigen Konjunktur entsprechen würde. Sie ist vielfach gedrückt wegen der Zukunft . . . Es besteht in weitesten Volkskreisen die ernste Sorge, über kurz oder lang würde ein Krieg der wirtschaftlichen Blüte den Garaus machen und einen für Deutschland schrecklichen Ausgang nehmen . . .«

So steht es im Monatsbericht der Wehrwirtschafts-Inspektion VII/München vom 9. 9. 1938 (aus »Bayern in der NS-Zeit«). Genau ein Jahr später war aus den Ahnungen und Ängsten bittere Wirklichkeit geworden.

An diesem schönen, warmen Spätsommertag, dem 1. September 1939, konnte man noch in den Biergärten unter den kaum angegilbten Kastanien sitzen. Aber so recht geschmeckt hat das Bier doch nicht mehr. Seit dem frühen Morgen dröhnten überall die Lautsprecher mit Marschmusik, Nachrichten und Anordnungen, und jeder hatte noch die fast überschnappende Stimme des Führers und Reichskanzlers Adolf Hitler im Ohr: »Seit 5 Uhr 45 wird zurückgeschossen . . .«

Ein Blitz aus heiterem Himmel war der Ausbruch des Krieges gegen Polen allerdings nicht. Auch der gutgläubigste Zeit- und Volksgenosse mußte schon in den Tagen zuvor gemerkt haben, daß sich da etwas zusammenbraute. Die Schlagzeilen der Zeitungen und die Nachrichtensprecher des Rundfunks hatten es hinausposaunt: »Polnische Terrorwelle in Ostoberschlesien« – »Polen metzeln Deutsche nieder« – »Polenterror wütet weiter« – »Drohender polnischer Handstreich auf Danzig«. Am 23. August war der 6. Luftschutzpflichttag in München abgehalten worden. Sämtliche Selbstschutzgeräte mußten durch den Luftschutzwart »erfaßt«, kontrolliert und überprüft werden: Wassereimer, Löschsand und Feuerpatsche. Außerdem wurden Anfertigung und Gebrauch eines »Einreißhakens« demonstriert. Am 28. August hatte die Ausgabe von Lebensmittelkarten begonnen, die mit der »Verordnung zur Sicherstellung des lebensnotwendigen Bedarfs des deutschen Volkes im Notfall« bekanntgegeben worden war. Die Karten waren als »Geheime Reichssache« längst gedruckt worden. An 42 Verteilungsstellen konnten sich die »Normalverbraucher« – diese Bezeichnung tauchte jetzt zum erstenmal auf – ihre Karten abholen.

Die Rationen waren zunächst durchaus auskömmlich. Brot, Mehl, Kartoffeln und Hülsenfrüchte blieben frei. Und die Gaupressestelle versicherte, diese Bewirtschaftung sei »kein Ausdruck des Mangels an Nahrungsmitteln, sondern ein Mittel der gerechten Verteilung«. Damit fing es auch gleich gut an: Viele Münchner, die schnell geschaltet hatten, konnten sich noch mit Butter oder Wurst und Fleisch eindekken. Aus irgendwelchen Gründen hatte sich nämlich in München die Ausgabe der Lebensmittelkarten um einen Tag verzögert. Das gab

Für viele Jahre ständiger Begleiter aller erwünschten und unerwünschten Volksgenossen: Bezugskarten, Berechtigungsscheine, Ausweise.

einen großen Krach im Rathaus, Untersuchung, Erklärungen, Entschuldigungen. »Die zuständigen Stellen wurden gemaßregelt.« Auf die am 29. August 1939 ausgegebenen Lebensmittel-Bezugsscheine gab es pro Woche z. B. noch 700 g Fleisch oder Fleischwaren. Knapp vier Wochen später wurden die neuen »Reichskarten für Lebensmittel« ausgegeben, aufgeteilt in die Lebensmittelkarte (rosa), die Reichsbrotkarte (rot), die Reichsfleischkarte (blau), die Reichsmilchkarte (grün), die Reichsfettkarte (gelb) und die Reichskarte für Marmelade und Zucker (weiß).

Zugeteilt wurden für den Versorgungszeitraum 25. September bis 22. Oktober 1939 an »Normalverbraucher« je Woche: 2400 g Brot oder 1900 g Brot und 375 g Mehl, 500 g Fleisch oder Fleischwaren, 80 g Butter, 125 g Margarine (oder Pflanzenfett), 65 g Schweineschmalz oder Speck, 62,5 g Käse oder 125 g Quark, 100 g Marmelade, 250 g Zucker, 100 g Nährmittel. Höhere Rationen wurden an verschiedene Berufsgruppen (Schwer- oder Schwerstarbeiter) ausgegeben. Kinder bis zu sechs Jahren erhielten 0,75 Liter Vollmilch, von sechs bis 14 Jahren 0,25 Liter Vollmilch täglich. Entrahmte Frischmilch, Buttermilch, Magermilch-Joghurt u. ä. gab es ohne Bezugsschein, ebenso Kartoffeln, Gemüse und Obst.

In München wurden die Reichskarten am Samstag/Sonntag, 23./24. September 1939, von BDM-Mädchen an rund 830 000 Personen in die Wohnungen zugestellt.

In Tausenden von Briefkästen lagen schon vor dem 1. September Gestellungsbefehle. Natürlich war auf den braunen Karten nicht von Krieg die Rede. Es handelte sich um die »Einberufung zu einer mehrwöchigen Wehrübung«. In Betrieben, Büros und Behörden fehlten von einem Tag auf den anderen viele jüngere Mitarbeiter: »Der hat aa eirucka müassn«. Truppen rollten durch die Straßen zur Autobahn Ingolstadt. Überall in den Kleinstädten und Marktflecken rund um München wurden Reserve-Einheiten zusammengestellt und überall in den oberbayerischen Ferienorten reisten die letzten Urlaubsgäste schleunigst ab. Die Züge waren überfüllt. Alle wollten nach Hause. »Es will doch jeder in solch entscheidungsvoller Zeit dort stehen, wo er hingehört, an der Maschine, in der Werkstube, am Schreibtisch. Was bedeuten in diesen Stunden Erholung, Entspannung, Urlaub, wenn es gilt, dem Führer zu zeigen, daß sein Volk bereitsteht.« So war es zu lesen. Am Verschiebebahnhof in Laim standen Hunderte von Güterwagen, beladen mit Kriegsgerät, Geschützen, Fahrzeugen. Und über die Stadt donnerten Flugzeugstaffeln. Es war eindrucksvoll und beängstigend zugleich.

Ein Reporter der »Münchner Neuesten Nachrichten« schließt seinen Bericht über diesen für Deutschland und die Welt so verhängnisvollen Tag mit dem poetischen Satz: »Und als am herbstlichen Himmel die Sonne zur Neige ging, tauchte die Stadt wieder in eine samtene Nacht, eingebettet in Dunkelheit und Stille.« Am Abend dieses Freitags hatte im Ufa-Palast an der Sonnenstraße der Film »Der Vorhang fällt« seine Premiere. Und in der Bonbonniere begann Adolf Gondrells neues Kabarettprogramm mit dem Titel »Es spricht sich rum«.

Noch nicht einmal ein Jahr war vergangen, seit die Münchner Bevölkerung jubelnd die fahnengeschmückten Straßen gesäumt und die Erhaltung des Friedens gefeiert hatte: Im »Führerbau« an der Arcisstraße hatten sich am 29. September 1938 der britische Premierminister Neville Chamberlain, der französische Ministerpräsident Edouard Daladier, der italienische Staatschef Benito Mussolini und der deutsche Reichskanzler Adolf Hitler zu Verhandlungen über die sudetendeutschen Gebiete der Tschechoslowakei getroffen. Nach achtstündigen Beratungen wurde in den ersten Morgenstunden des 30. September das »Münchner Abkommen« über die Abtretung dieser Gebiete an Deutschland unterzeichnet. Eine riesige Menschenmenge hatte geduldig vor dem Führerbau und den Hotels der Staatsmänner ausgeharrt und begrüßte die Politiker mit stürmischen Ovationen (sehr münchnerischer Sprechchor: »Daladier – wir danken dir!«). Auch bei der Rückkehr in ihre Heimatländer wurden sie als »Retter des Friedens« gefeiert, während die deutschen Truppen bereits im Sudetenland einmarschierten.

Das Aufatmen und die Freude der Menschen in ganz Europa – die Tschechen ausgenommen – war allerdings verfrüht. Schon am 15. März 1939 besetzten deutsche Truppen die »Rest-Tschechei«, einen Tag später war das »Reichsprotektorat Böhmen und Mähren« errichtet. Ein Militärbündnis mit Italien und der deutsch-sowjetische Nichtangriffspakt vom 23. 8. 39 hatten Hitler den Rücken gestärkt für seine ultimative Forderung nach »Heimkehr Danzigs ins Reich« und der Übergabe des gesamten »polnischen Korridors« an Deutschland.

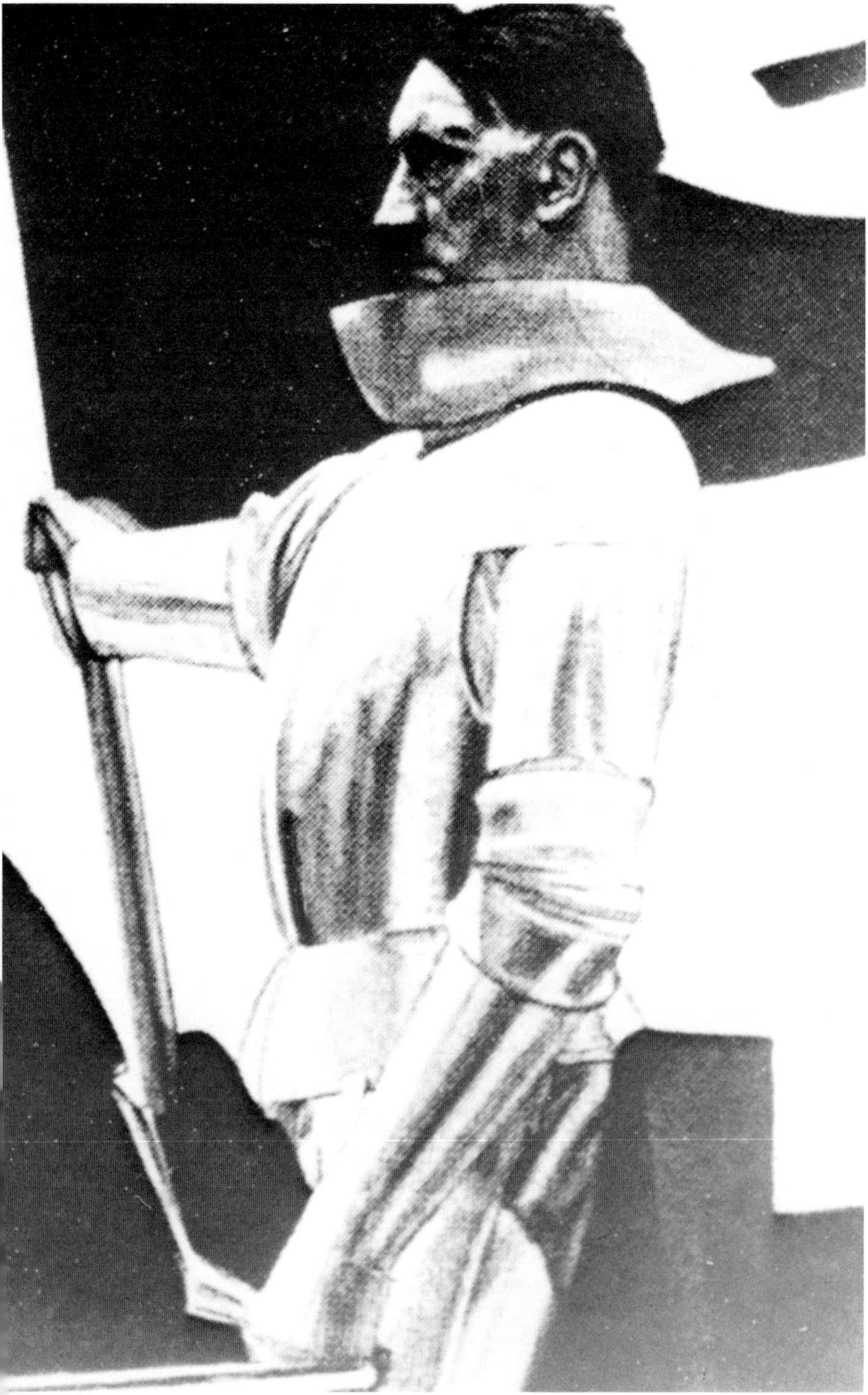

2 »Der Bannerträger der Nation« von Hubert Lanzinger. Derlei Gemälde durften bei der Deutschen Kunstausstellung nicht fehlen. Man bekam sie auch als Postkarten.

43/44 Großer Andrang zur Propaganda-Ausstellung »Entartete Kunst«. Rund 30 000 Besucher waren es schon am Tag der Eröffnung, am 19. Juli 1937. Zum letztenmal waren hier u. a. Bilder von Kirchner, Kokoschka, Beckmann, Dix oder Nolde in Deutschland zu sehen. Die »Abnormitätenschau« – so der »Völkische Beobachter« – war mit hämischen Hetzparolen garniert. Die Bilder wurden später zu Höchstpreisen ins Ausland verkauft!

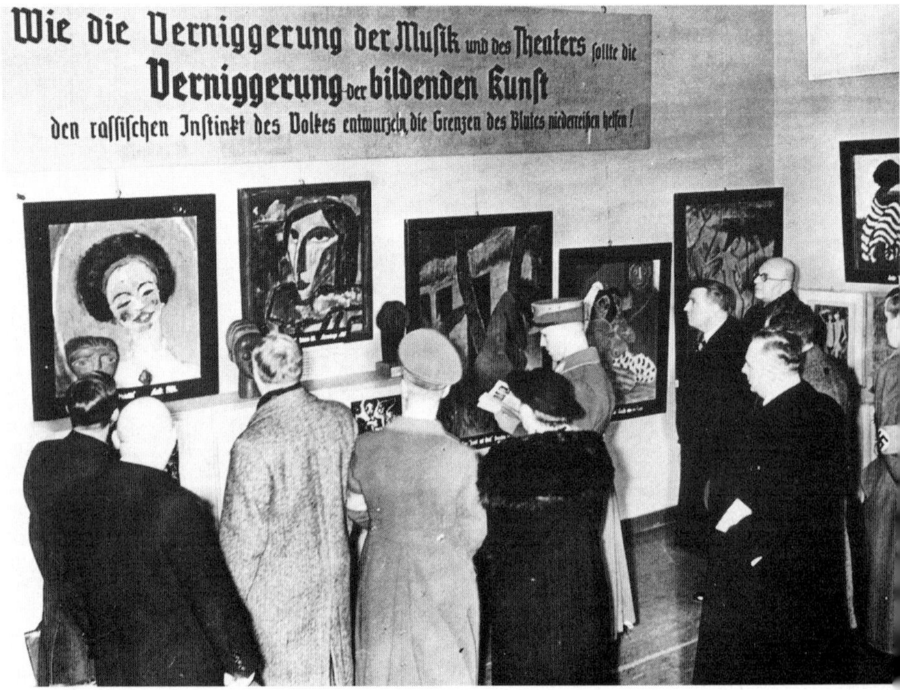

45/46 Für die Winterhilfe, später im NS-Abkürzungssalat »WHW« (Winterhilfswerk) genannt, wurde eifrig und ausdauernd gesammelt. Hübsche Mädchen in historischen Postkutschen warben dafür ebenso wie Schießbuden. »Keiner soll hungern und frieren« lautete die Parole. Einige Jahre später hungerten und froren alle »Volksgenossen«.

47 Nach dem Einmarsch in Österreich holte sich Hitler die Zustimmung zur »Heimkehr seiner Heimat in da Deutsche Reich« durch eine Volksabstimmung. Die Unterstützung durch riesige Wahlplakate (hier am Isarto wäre diesmal gar nicht nötig gewesen: Das Ergebnis – 99,01% Ja-Stimmen im »Altreich«, 99,73% Ja-Stimmen i der »Ostmark« – entsprach weitgehend der Volksmeinung.

Die Münchner Zeitungen haben an den runden Nachkriegs-Jahrestagen des 1. September 1939 immer wieder Umfragen veranstaltet, woran sich denn die Münchner nach 20 oder 30 Jahren noch erinnern. Eines wußten alle Befragten noch und erinnerten sich zu allererst daran: Es war keinerlei Begeisterung in der Stadt, keine Fahnen, keine Blumen für die Soldaten. Eher bedrückte und sorgenvolle Gesichter und ein resigniertes »So hat's ja kommen müssen« – »Des hat ja auf die Dauer net guatgeh' könna« – oder »Hat er's endlich so weit bracht, der Hitler«. Aber eine solche Äußerung war schon fast staatsgefährdend. Die konnte man sich nur »unter sich« leisten.

Noch ein paar sehr typische Erinnerungen: Ein Maschinenschlosser: »Wie ich gehört hab', daß Lebensmittelkarten ausgegeben werden, bin ich schnell zum nächsten Kramer g'rennt und hab mir 20 Tafeln Schokolad kauft. Ich war ja damals noch Lehrling.« – Ein Buchhalter: »Ich bin mit meinen zwei Brüdern auf einer Radltour gwesen, und da hamma ein kleines Wettrennats einglegt. Dabei hätt' ma beinah eine alte Frau zusammengefahren. Sie ist grad no auf d'Seiten ghupft und hat uns nachgrufen: ›Da brauchts net so renna – ihr kommts noch früh gnug in Kriag‹. An die alte Frau hab' ich dann noch oft denken müssen.« – Ein Pensionist: »Wie ich g'hört hab, daß' brenzlig werd, hab ich die 400 Mark, die ich auf der Sparkass' ghabt hab, schnell abghoben und hab meiner Frau a Nähmaschin kauft. Die Maschin hat uns viel gholfen, die hamma heut noch.« – Ein Polizeibeamter: »Mein Vater, der damals auch bei der Polizei war, hat meiner Mutter das Hamstern streng verboten. Aber wir haben trotzdem einen Haufen Kartoffeln im Keller versteckt. Meinem Vater haben sie dann genauso gut geschmeckt wie uns.« – Ein Baggerführer: »Am ersten Abend, wo die Verdunkelung in Kraft getreten ist, bin ich mit dem Radl spazieren gefahren. Plötzlich hat mir ein Schutzmann gepfiffen und hat mich furchtbar heruntergeputzt, weil ich mit vollem Scheinwerfer gefahren bin. Dann hat er mir die Luft aus den Reifen ausgelassen.« – Ein Fotograf: »Ich bin damals mit meinen Eltern in die Großmarkthalle gefahren. Wir haben zwei Steigen Äpfel, eine Steige Birnen und eine Steige Trauben gekauft. Als meine Mutter noch mehr mitnehmen wollte, hat mein Vater gesagt: ›Was willst denn mit dem vielen Zeug. Des glangt uns doch in d'Haut nei. So lang dauert der Krieg aa wieder net.‹«

Das haben in den Septembertagen 1939 sehr viele Leute geglaubt.

Oder zumindest gehofft. Blitzfeldzug in Polen, Danzig »heimgeholt ins Reich«, deutsche Panzer vor Warschau – die Siegesmeldungen überschlugen sich. Aber in den Zeitungen erschienen auch die ersten Todesanzeigen mit dem Eisernen Kreuz und der stereotypen Formel »Gefallen für Führer, Volk und Vaterland«. In den Anlagen der Stadt wurden Splittergräben ausgehoben, in die sich die Passanten bei Luftangriffen flüchten sollten. Der Reichsparteitag in Nürnberg wurde abgesagt und ebenso das Fußball-Länderspiel Deutschland gegen Schweden und die V. Olympischen Winterspiele. Sie hätten vom 2. bis 11. Februar 1940 wieder in Garmisch-Partenkirchen stattfinden sollen. Die Holzgerippe der Bierzelte auf der Theresienwiese, die für das Oktoberfest 1939 schon aufgebaut waren, wurden wieder abgerissen. Die Luftschutzräume in den Kellern wurden ausgebaut, Stützbalken eingezogen, Splittersicherungen vor die Kellerfenster genagelt und auf die Außenmauern mit weißer Farbe ein Pfeil und die Buchstaben »LR« gemalt. Als ein Bub den malenden Hausmeister fragte, was das heißen solle, hat der gegrinst und gesagt: »Letzte Ruhestätte«. Der Bub hat dumm geschaut, aber der Luftschutzwart, der dabeistand, schrie, daß er sich solche dummen Witze verbitte, sonst könnte er was erleben, der Herr Hausmeister. Der hat nur die Achseln gezuckt und an seinem weißen Pfeil weitergemalt.

Anfang Oktober flatterten wieder die Fahnen und das gleich sieben Tage lang: Reichspropagandaminister Dr. Goebbels hatte die Beflaggung angeordnet anläßlich des siegreichen Endes des Polenfeldzugs. Als die ersten Truppen aus dem Osten durch München nach dem Westen rollten, wurden sie jubelnd empfangen. Im Gemeinschaftsempfang hörte man die Führerrede »zur Neuordnung und Sicherung Europas«. Zeitungsbericht: »Still standen die Menschen vor den Fenstern, durch die des Lautsprechers Stimme ertönte, dicht scharten sich in den Betrieben alle Berufstätigen um den Rundfunk. Der Ernst einer großen, schicksalsschweren Stunde hielt alle in ihrem Bann. Ganz nah rückten sie zusammen, alles Reden und Flüstern war verstummt, nur die Augen sprachen, und in den Gesichtern war zu lesen, was jeder empfand: das Bewußtsein einer großen, unlösbaren Gemeinschaft.«

In sieben Münchner Kinos lief der Film »Der Westwall« (Eintritt 20 Pfennig – »kein Deutscher sollte ihn versäumen«). Er sollte die Zuschauer davon überzeugen, daß dort für den Feind kein Durchkommen war. Schließlich hatten England und Frankreich ja den Krieg erklärt, und das Ende des Polenfeldzugs hatte daran nichts geändert. Im Westen standen sich die Heere sozusagen Gewehr bei Fuß gegenüber. Es wurde ab und zu hin- und hergeschossen. Aber mehr zur Übung als zur ernsthaften Kampfhandlung.

Längst war in den Gaststätten das »Stammgericht« eingeführt worden, ein »preiswertes, markenfreies Eintopf- oder Tellergericht«, das meistens aus Kartoffeln und ziemlich fettfreiem Gemüse bestand. An zwei Tagen in der Woche durften im Gasthaus nur fleischlose Gerichte angeboten werden. Das Bier kostete um den Kriegszuschlag von 10 Pfennig mehr, auch auf Tabakwaren wurde ein Zuschlag erhoben. Der »erhöhte Verbrauch von Gemüsen, denen ja besonderer Nährwert zu eigen ist, gilt jetzt als vordringlich«. Benzin gab es nur noch für »kriegswichtige« Kraftfahrzeuge. Sie erhielten einen roten Winkel ans Nummernschild. Die Reichskleiderkarte wurde eingeführt, auf den Trambahnwagen fuhren schon einige hundert Frauen als Schaffnerinnen. Die Kinos waren immer ausverkauft, Oper, Operette und Schauspiel brachten bemerkenswerte Aufführungen heraus, im Haus der Deutschen Kunst wurden 400 000 Besucher gezählt. Gesammelt und »geopfert« wurde natürlich an jedem Wochenende. Irgendwoher mußte das Geld ja kommen, das da buchstäblich »verpulvert« wurde.

Die Bombe des Einzelgängers

Wochenlang war im Herbst 1939 ein junger, unscheinbarer Mann Stammgast im Bürgerbräukeller an der Rosenheimer Straße. Er kam jeden Tag zwischen 20 und 21 Uhr, bestellte meistens ein paar Würstl mit Kraut und trank ein dunkles Bier dazu. Ein schäbiges schwarzes Kofferl stand zu seinen Füßen unter dem Tisch. Der junge Mann unterhielt sich oft mit einer Kellnerin aus Schwaben, er sprach selber breiten schwäbischen Dialekt. Wenn die Bedienungen abkassiert hatten und die Gaststätte sich leerte, wenn die Stühle auf die Tische gestellt und die Fenster aufgerissen wurden, damit der Raucherqualm und der Bierdunst abziehen konnten, war der Schwabe verschwunden. Einmal allerdings, in einer Oktobernacht, hat ihn der Nachtwächter des Lokals in der Toilette auf der Galerie getroffen. Er sei dort aus Versehen eingeschlossen worden, behauptete der Gast, als er sich einen Furunkel am Bein verbunden habe. Der Gaststättenbesitzer wurde geholt und auch die schwäbische Kellnerin. Weil sie den Stammgast kannte und seine Aussagen bestätigte, ließ man ihn ungeschoren laufen. Niemand ahnte damals, daß der unauffällige Gast sich in all diesen Nächten auf der Toilette versteckt hatte, daß er hervorkam, wenn alles still geworden war und daß er in die tragende Säule der Galerie in mühevoller Kleinarbeit eine etwa 80 Quadratzentimeter große Höhlung gebohrt hatte, in der er am Freitag, 3. November, eine selbstgebaute Höllenmaschine installierte. Am Tag darauf füllte er sie mit Sprengstoff, in der Nacht vom Sonntag auf Montag, vom 5. auf den 6. November, setzte er das Uhrwerk des Zeitzünders in Gang. Die Bombe sollte am 8. November um 21.15 Uhr explodieren – wenn Adolf Hitler seine traditionelle Ansprache vor den »Alten Kämpfern« hielt.

Die Bombe explodierte auch – aber der Führer und Reichskanzler hatte ganz gegen seine Gewohnheit den Saal bereits eine Viertelstunde vorher verlassen. So traf die mit Getöse einstürzende Decke nicht mehr den Redner und die dicht um ihn gescharten Größen der Partei, sondern eine Gruppe von Altparteigenossen, die sich zum Aufbruch rüstete. Mehr als 60 Menschen wurden verletzt und verschüttet, sieben davon kamen ums Leben. Zu ihnen gehörte auch die Kellnerin, die dem jungen Schwaben immer die Würstl und das Bier gebracht hatte.

Dieser Mann, Georg Elser, wurde noch am Abend des 8. November festgenommen, als er heimlich über die Grenze in die Schweiz flüchten wollte. Aus Elsers Aussagen vor der Gestapo, aus Augenzeugenberichten und Vernehmungsprotokollen wurden Vorbereitung und Ablauf des Attentats genau rekonstruiert. Anton Hoch vom Münchner Institut für Zeitgeschichte hat die Ergebnisse seiner langwierigen Untersuchungen 1969 in den »Vierteljahresheften für Zeitgeschichte« vorgelegt. In dem Buch »Die SD-Story« (Neue Diana Press Zürich) hat André Brissaud der Tat und dem Schicksal des Georg Elser ein ausführliches, gut dokumentiertes Kapitel gewidmet.

»Wäre der Verlauf der Veranstaltung wie in früheren Jahren vor sich gegangen, so hätten an der Stelle, an der der Sprengkörper explodierte, sämtliche Führer der Partei ihren Platz gehabt. Die ganze politische Führerschaft des nationalsozialistischen Deutschland wäre mit einem Schlag vernichtet gewesen. An der Stelle, wo die Führerschaft saß, liegt ein drei Meter hoher Schutthaufen. Von der sieben Meter hohen Säule blieb nur ein Stumpf von 60 Zentimetern. Mit der Säule brach auch die von ihr getragene Galerie zusammen«, berichtet die »Münchener Zeitung« am 11. November. Schnell war da aber auch wieder die vom Führer und seinem Propagandaminister so gern bemühte »Vorsehung« am Werk. In einem Kommentar der »Münchner Neuesten Nachrichten« heißt es: »Die Spannkraft des Herzens reicht nicht aus, um das gemeinste, grausigste Verbrechen aller Zeiten zu fassen. Wohltuend senkt sich vor diesem Trümmerfeld wie ein Schleier der inbrünstige Dank an die Vorsehung, die unser Deutschland vor dem furchtbarsten nationalen Unglück bewahrt und uns den Führer erhalten hat.«

Im Gegensatz zum amtlich verordneten Pathos solcher Töne verlief die Arbeit der Kriminalpolizei mit Nüchternheit und Präzision. Vom Führer persönlich wurde der Chef der Reichskriminalpolizei, Arthur Nebe, mit der Untersuchung beauftragt. Gestapo-Chef Heinrich Müller soll darüber recht wütend gewesen sein. Aber er bekam auch so noch genug mit dem Fall zu tun. Während Nebes Leute den Schutt nach den Überresten der Höllenmaschine durchsiebten, versuchte Nebe selbst zu klären, wie denn ein solches Attentat überhaupt möglich gewesen war. Die Sicherheitsvorkehrungen und der Schutz des Bürgerbräukellers lagen in den Händen der SS-Leibstandarte. Das Münchner Polizeipräsidium war ausgeschaltet. Der damalige Polizeipräsident, Friedrich Karl Freiherr von Eberstein, erklärte später (zitiert bei Brissaud), er habe sich am 8. November persönlich in den Bürgerbräukeller begeben, um die Sicherungsvorkehrungen zu überprüfen. Es sei ihm jedoch bedeutet worden, daß er hier nichts zu suchen habe. Verantwortlich für die Überwachung des Bürgerbräukellers sei der Parteigenosse Christian Weber (Ratsherr der Hauptstadt der Bewegung, Präsident des Rennvereins München-Riem usw.). Von Eberstein: »Hitler hat diese Feierstunde immer als eine Art Familienfest betrachtet. Nur seine alten Kampfgefährten hatten da Zutritt, von Polizei wollte er nichts wissen.«

Nebes Kriminalbeamten waren schnell fündig geworden. Nach einer Stunde schon hatten sie die Reste des Zeitzünder-Uhrwerks gefunden. Sie fanden auch den Uhrmacher, der das Uhrwerk an einen jungen Mann mit stark schwäbischem Akzent verkauft hatte, sie fanden einen Schlosser, in dessen Werkstatt ein junger Schwabe angeblich an einer Erfindung gebastelt hatte, und sie kamen beim Verhör des Bürgerbräu-Personals auf die Spur des unscheinbaren Stammgastes vom Oktober. Die Indizienkette schloß sich schnell. Anfrage bei der Gestapo, ob sich unter den vorsorglich verhafteten Personen (auch 40 bayerische Monarchisten waren bei dieser Gelegenheit festgenommen worden) nicht auch ein junger Schwabe befinde. Und da stellte sich heraus, daß bei Konstanz ein gewisser Georg Elser, 36 Jahre alt, in Hermaningen in Württemberg geboren, von Beruf Kunsttischler, beim illegalen Grenzübertritt in die Schweiz geschnappt worden war. Er trug das Abzeichen des ehemaligen kommunistischen Rotfrontkämpferbundes unter dem Revers, in seinen Taschen wurden Reste von Sprengstoffzündern und eine Postkarte vom Bürgerbräukeller gefunden, auf der eine der Säulen mit einem roten Kreuz gekennzeichnet war.

Dieses Zusammenpassen war für die Kriminalisten und die Gestapo eigentlich zu schön, um wahr zu sein. Aber so gründlich dieser Elser auch in die Mangel genommen wurde, so heftig man ihm körperlich und seelisch zusetzte, mit Drogen und Hypnose, mit Schlägen und Haftverschärfung (überheizte Zelle, Salzheringe als einzige Verpflegung, Flüssigkeitsentzug – eine brutale Durstqual) – der Tischler blieb dabei, daß es keine Mittäter, keine Hintermänner gebe. Er ganz allein habe das Attentat ausgedacht, vorbereitet und durchgeführt.

Seine Aussagen wurden genau überprüft. Wie er zu Pulver, Dynamit, Sprengzündern kam, wie er alles zusammenbaute (er mußte seine Höllenmaschine in der Haft noch einmal nachbauen, und sie geriet ihm genauso gut wie die erste), wie er den aus der Säule gekratzten Schutt in seinem schwarzen Koffer aus dem Bürgerbräu trug und in die Isar kippte. Seine Vermieterinnen wurden befragt, bei denen er in München gewohnt hatte (»Ein ruhiger Mieter, der keine Besuche bekommen hat.«). Alles stimmte, und alles stimmte zusammen. Elser war ein Einzeltäter. Bis heute konnte nichts Gegenteiliges festgestellt werden.

Sein Motiv? Recht dünn, genau besehen. Sein Bruder war als Kommunist ins Konzentrationslager gesperrt worden. Ihn wollte er an Hitler rächen. Außerdem war er der Überzeugung, daß der Krieg, der Hunger, Not und millionenfachen Tod bedeute, nur durch die Beseitigung Hitlers beendet werden könne. Aber Elser war weder Kommunist noch machte er den Eindruck eines politischen Fanatikers.

Niemand mochte glauben, daß dieser »kleine Mann aus dem Volk« ein so raffiniertes Attentat mit soviel Intelligenz und handwerklichem Geschick ganz allein durchgeführt haben sollte. Das paßte auch gar nicht in die offizielle Propaganda, die schon bei der Verhaftung Elsers eine Verbindung zum britischen Intelligence Service und zu der »Schwarzen Front« des abtrünnigen Nationalsozialisten Otto Strasser angedeutet hatte.

In den Tagen vor dem Attentat waren zwei britische Offiziere, Best und Stevens, festgenommen worden, die zum Intelligence Service gehörten. Diese Tatsache wurde gleichzeitig mit Elsers Verhaftung bekanntgegeben. Aber die beiden Engländer (die ihre Haft im KZ Dachau überlebten) haben während und nach dem Krieg jede Verbindung zu Elser bestritten. Otto Strasser selbst hat später betont, er und seine Leute hätten zwischen 1936 und 1939 zwar dreimal versucht, den Tyrannen Hitler zu beseitigen. Mit Elsers Attentat jedoch hätten sie – leider – nichts zu tun gehabt.

So blieb dann noch die Version, daß dieses Attentat von der SS – also von Himmler und Heydrich – selbst inszeniert worden war, um die schützende Hand der Vorsehung zu demonstrieren, die den Führer seinem deutschen Volke erhalten habe. Schon bald nach der Explosion im Bürgerbräukeller lief ein Flüsterwitz um: Im Bürgerbräu hat es nicht nur sechs Tote und 60 Verletzte gegeben, sondern auch 60 Millionen Verkohlte. Jene 60 Millionen gutgläubiger Volksgenossen nämlich, die auf die These vom Britischen Geheimdienst hereingefallen waren. Aber auch eine Mittäterschaft der SS oder die Mitwisserschaft des Dr. Goebbels konnte nicht bewiesen werden.

Die Frage, warum Hitler gerade an diesem Abend seine Rede abgekürzt und den Saal ohne den üblichen Begrüßungsschwatz mit seinen alten Kampfgenossen verlassen hatte, ist durch Aussagen seiner Begleitung und seiner Sekretärinnen einigermaßen beantwortet: Er scheute bei dem nebligen Wetter den Rückflug nach Berlin am nächsten Morgen. Deshalb ließ er an den Nacht-D-Zug von München nach Berlin seinen Salonwagen anhängen. Dies bestätigt auch Freiherr von Eberstein: »Zu meinen Aufgaben gehörte es, Hitler zu der Versammlung in seiner Wohnung am Prinzregentenplatz abzuholen. Als ich dort ankam, sah ich die Begleitmannschaft einige Koffer in die Autos verladen. Auf meine Frage erhielt ich die Antwort: ›Wir fahren heute noch nach Berlin zurück.‹« Fahrplanmäßige Abfahrt des D-Zugs: 21.31 Uhr. Um rechtzeitig am Bahnhof zu sein, verließ Hitler den Festsaal um 21.09 Uhr. Um 21.24 Uhr war er mit seinem Gefolge am Bahnhof. Der Zug fuhr pünktlich aus der Halle.

Am wenigsten erklärlich von allen noch vorhandenen Dunkelstellen im Fall Bürgerbräukeller ist das weitere Schicksal des Georg Elser. Er kam zunächst in das Konzentrationslager Sachsenhausen und dort in den Zellenbau für prominente Häftlinge. Man richtete ihm eine kleine Tischlerwerkstatt ein, und hier baute er sich selber eine Zither, auf der er gern und gut spielte. Er brauchte nicht zur Fronarbeit zu gehen und mußte keinen Häftlingsdrillich tragen. 1944 wurde Elser ins KZ Dachau verlegt. Auch hier wurde er bevorzugt behandelt, hatte wieder seine kleine Werkstatt und war im Lager als »der Zitherspieler« bekannt. Prominente Häftlinge haben ihn dort gesehen und gehört. Auch für diese Sonderbehandlung sucht man vergebens nach Gründen. Die einen glauben, man habe Elser für einen großen Schauprozeß nach dem Krieg aufgespart (Freiherr von Eberstein: »Das hat mir Heydrich selbst bestätigt«). H. B. Gisevius vertritt die These, der Führer habe, abergläubisch wie er war, eine mystische Verbindung zwischen dem Leben seines Beinahe-Mörders und seinem eigenen Leben angenommen und sich gescheut, dieses irdische Band vorzeitig zu trennen.

So oder so – am Morgen des 5. April 1945 erhielt der Lagerkommandant von Dachau von Himmler die Anweisung, Georg Elser »auf Befehl des Führers« zu liquidieren. Sein Tod mußte in einem vorgeschriebenen Text als tödliche Verwundung anläßlich eines Bombenangriffs gemeldet werden. Zwei SS-Wachen holten Elser aus seiner Werkstattzelle, führten ihn unter einem Vorwand zum »Krematorium« und übergaben ihn einem SS-Oberscharführer. Wenig später konnte die befohlene Todesmeldung erstattet werden.

»Mit unseren Fahnen ist der Sieg«

Wären nicht die Lebensmittelkarten gewesen, an denen die Verkäuferinnen in den Läden und die Kellner in den Gaststätten herumschnipselten – man hätte in den letzten Monaten des Jahres 1939 wenig vom Krieg gemerkt. Die Straßensammlungen, die Eintopfsonntage, die Spendenaufrufe – das war man gewöhnt. Ebenso die Verdunkelung, die überfüllten Straßenbahnen, den eingeschränkten Reiseverkehr.

Der Dezember brachte frühen Schneefall, und in den Zeitungen den Aufruf: »Alle helfen beim Schneeräumen – vom Politischen Leiter bis zum Pimpf!« Nicht alle Volksgenossen freuten sich über diese Aussicht. Es wurde auch hinter der Hand – gemurrt. »Zum Schneeramma holnsas, statt zum Barras. Da hätten doch die ›alten Kämpfer‹ wieder was zum Kämpfen!«

Aber die hörten lieber bei der ersten Kriegsweihnachtsfeier im Löwenbräukeller die großen Töne, die Gauleiter Adolf Wagner voll flammender Siegeszuversicht von sich gab. Samt der Ankündigung, daß vorderhand jeder noch viele Opfer werde bringen müssen.

Im Feiertagsprogramm der Kinos liefen »Befreite Hände« (Brigitte Horney und Olga Tschechowa), »Die Reise nach Tilsit« (Kristina Söderbaum und Frits van Dongen), »Das Gewehr über!«, »13 Mann und eine Kanone« (Golling), »Anton der Letzte« (Hans Moser), »Opernball« (Hörbiger, Moser, Lingen), und »Es war eine rauschende Ballnacht« (Zarah Leander).

Eine rauschende Ballnacht wurde auch die Jahreswende. Die großen Hotels luden zu ihren Silvesterfeiern ein (an Alkohol war noch kein Mangel). Im Löwenbräukeller war ein Wiener Walzerabend angekündigt, und im Gärtnertheater ging die »Fledermaus« mit Schwung und Sektlaune über die Bühne. Johannes Heesters brillierte im Frack, und Karl Valentin spielte den kauzigen Gefängniswärter Frosch. Da und dort zischten, besonders in den Vororten, trotz strengen Verbots und »peinlichster Verdunkelung« (so die offizielle Anordnung) etliche Raketen in die Luft.

Auch in den ersten Monaten des Jahres 1940 hatte der Wehrmachtbericht vom Westwall nicht mehr zu melden als »gelegentliche Feuerüberfälle« und »beiderseitige Spähtrupptätigkeit« oder »Im Westen keine besonderen Ereignisse«.

Bei der Parteigründungsfeier im Hofbräuhaus am 26. Februar sparte Hitler nicht mit Versprechungen an die Volksgenossen und Drohungen gegen die Feinde, die seine »Friedenshand immer wieder zurückgestoßen« hätten. Beim Jahrestag der Nationalen Erhebung am 9. März schlugen Gauleiter Wagner im Löwenbräukeller, Oberbürgermeister Karl Fiehler im Sonnenhof und Staatssekretär Hermann Esser im Hofbräuhaus in dieselbe Kerbe. Vorgestanzte Reden in ausgewogener (wie man heute sagen würde) Mischung von Einschüchterung und Selbstbeweihräucherung. »Wenn s' nur net allwei bei Adam und Eva ofanga taatn«, stöhnten die mehr oder weniger freiwilligen Zuhörer. Aber wovon sollten die Herren schon reden, wenn nicht von der vergangenen glorreichen Kampfzeit und der noch glorreicheren Zukunft?

Ende März wurde zur Metallspende des Deutschen Volkes aufgerufen. In München hatte man über 50 Sammelstellen eingerichtet. Was die Leute da anschleppten, diese Metallgegenstände aus Kupfer und Messing, Bronze und Zinn, diese Zierstücke zwischen Kitsch und Kunst, dieser Hausrat von Vätern und Vorvätern – die Antiquitätenhändler von heute würden sich die Finger danach lecken. Kupferkessel und Messingglocken, den in der Vätergeneration besonders beliebten »Trompeter von Säckingen« in allen Größen, die bronzene Diana und den alten Zinnkrug brachten sie zu Tausenden an die Sammelstellen. Auf dem Marienplatz waren Stände aufgebaut, an denen der »Opferwille« der Münchner besichtigt werden konnte, ehe alles in die Schmelzöfen wanderte. Folgerichtig verschwanden auch die Kupferpfennige und die Messingmünzen. Anfang April wurden sie durch 1-, 5- und 10-Pfennigstücke aus Zink ersetzt.

Am 9. April marschierte die deutsche Wehrmacht in Dänemark ein und landete in Norwegen. Daß nun die Zeiten bald für alle ungemütlicher werden würden, machte die Anordnung des Stellvertreters des Führers vom 13. April 1940 über die »Verstärkung des Frauen-Einsatzes im Kriege« klar. In einem Bericht des Sicherheitsdienstes (SD) heißt es über die dabei gemachten Erfahrungen: »Die Einschaltung der Frauen in den Arbeitsprozeß konnte in zahlreichen Fällen nur gegen den Willen der Betroffenen geschehen. Es handelt sich dabei fast durchwegs um Angehörige der sogenannten gehobeneren Bevölkerungsschichten. Solche Frauen stehen im Mittelpunkt der Beachtung von Frauen aus den sozial schlechter gestellten Schichten, und immer wieder wurden Verweigerungen der letztgenannten Kreise mit dem Hinweis versucht, daß zuerst diese oder jene Frauen aus der besseren Schicht herangezogen werden sollen. Dabei ist verschiedentlich festzustellen, daß Frauen und Töchter führender Parteigenossen den übrigen Volksgenossen kein gutes Beispiel geben ...« (aus »Bayern in der NS-Zeit«)

Die »Volksgemeinschaft« zeigte sich halt viel weniger, wenn es um Arbeit und Einsatz ging, als wenn zum Beispiel wieder einmal zu Führers Geburtstag geflaggt werden mußte (20. April). In den Zeitungen dieser Tage war ein Bericht zu lesen: »Holzsandalen – die Sommerfußbekleidung für die deutsche Frau« oder die Einladung zu einem Vortrag: »Schone dein Waschgut – das zeitgemäße Waschen«.

Am 7. Mai eröffnete das Deutsche Museum eine neue Abteilung »Elektrotechnik und Straßenbau«. Am 9. Mai rollten auf allen Straßen und Autobahnen die Truppenkolonnen. Es begann der deutsche Einmarsch in Belgien und Holland und der Blitzkrieg gegen Frankreich. Am 22. Mai fiel der stellvertretende Gauleiter Otto Nippold als Gebirgsjäger im Westen. In der Todesanzeige, vom Gauleiter Adolf Wagner unterzeichnet, hieß es: »Er starb den schönsten Tod, den ein Nationalsozialist finden kann.« Und wieder füllten sich die Spalten der Zeitungen mit Todesanzeigen: »Gefallen im Westen ...«

In den ersten Junitagen wurden die Münchner elfmal in die Luftschutzkeller gescheucht. Die nächtlichen Luftangriffe waren vergleichsweise harmlos, die dabei angerichteten Schäden blieben gering, es gab keine Toten.

Die erste Bombe des Zweiten Weltkriegs riß bei Bosch in Allach einen Zehn-Meter-Trichter in den Boden. Offiziell wurde nur kurz mitgeteilt: »In der Nacht zum 5. Juni flogen erneut einzelne feindliche Flugzeuge in Südbayern ein und erreichten zum Teil München, wo sie wieder planlos Bomben abwarfen. Die meisten Bomben fielen in den Englischen Garten. Im übrigen wurde einiger Sachschaden an drei Wohngebäuden und an einer Lagerhalle verursacht. Verletzte sind nicht zu beklagen.«

Am Tag darauf zog ein Strom von Schaulustigen an den Hausruinen in der Kaiserstraße vorüber. Der Anblick der aufgerissenen Wohnungen und geborstenen Mauern war eine Sensation. Aber der Glaube daran, daß diese Feindflieger nur mehr oder weniger zufällig »durchgekommen« waren, überwog den Schrecken des Anblicks.

Wie wenig ernst diese Angriffe genommen wurden, läßt folgende Verlautbarung erkennen: »Bei den Fliegerangriffen in der Nacht zum 3. und 4. und vom 4. zum 5. Juni haben zahlreiche Volksgenossen den Alarm überhört und sind erst verspätet durch die Luftschutzwarte oder durch andere Hausbewohner geweckt worden. Das darf sich nicht wiederholen. Der Luftschutzwart ist auch davon zu unterrichten, wenn eine zum Haus gehörige Person die Nacht nicht im Hause verbringt.«

Einen Tag später, am 6. Juni, wehten Fahnen und läuteten die Glocken. Drei Tage lang, jeweils von 12 Uhr bis 12.05 Uhr. »Anläßlich der siegreichen Beendigung der größten Schlacht aller Zeiten zur Ehrung unserer Soldaten« (Dünkirchen). Am 18. Juni fuhren Benito Mussolini, der italienische Duce, und Adolf Hitler, der deutsche Führer, im offenen Wagen durch die hakenkreuzdurchflatterten Straßen, und die Münchner jubelten ihnen zu wie damals nach dem Sudeten-Abkommen. Mussolini hatte sich noch schnell an den Hitler-Krieg angehängt und war nach München gekommen, um bei den Waffenstillstandsverhandlungen mit Frankreich auch noch ein Stück vom Kuchen für Italien herauszuschneiden. Am 25. Juni trat Waffenruhe ein.

In diesen Tagen des großen Sieges im Westen, der für viele alte Soldaten des Ersten Weltkrieges wirklich ein nachgeholter Triumph war und ihnen die Brust schwellen ließ angesichts der getilgten »Schmach von Versailles«, in diesen Tagen also war die Stimmung der Bevölkerung auf einem Höhepunkt, der Stolz auf die Leistungen der Wehrmacht allgemein.

Erzählt Frau Irmgard R.: »Damals haben wir uns doch alle eingebildet, daß die Engländer bald klein beigeben müssen, wo doch unsere Soldaten von Frankreich aus haben hinüberschauen können auf die Kreidefelsen von Dover. Das hat mir mein Mann von der Kanalküste geschrieben. Die paar Einschränkungen daheim, das hat halt sein müssen, und wirklich knapp ist's ja noch nicht gewesen. Außerdem hat mir mein Mann ein französisches Parfüm und echte Seidenstrümpfe im Feldpostpackl geschickt, und wie er auf Urlaub gekommen ist, hat er so eine viereckige Flasche Cointreau mitgebracht, so einen Likör, wie wir ihn überhaupt nicht gekannt haben bis dahin. Sein ganzer Wäschebeutel war voll englischer Zigaretten, die haben sie lastwagenweise erbeutet, und Riesendosen mit süßer Kondensmilch – da haben wir doch echt das Gefühl gehabt, daß wir den Krieg schon gewonnen haben.«

Im Monatsbericht des Regierungspräsidenten von Oberbayern heißt es: »... staatsfeindliche Bestrebungen machten sich nicht bemerkbar. Auch die früheren Staatsfeinde sind von den Leistungen unserer obersten Führung und unserer Soldaten tief beeindruckt. Nur ganz vereinzelt mußte wegen staatsabträglichen Verhaltens vorgegangen werden ...« (aus »Bayern in der NS-Zeit«)

Als am Sonntag, 14. Juli, Teile einer motorisierten Division aus dem Wehrkreis VII, darunter die Aufklärungsabteilung 7, in ihre Garnison nach München zurückkehrte und Generäle, Parteiprominenz und Diplomaten den Vorbeimarsch der Truppen am Generalkommando in der Ludwigstraße abnahmen, standen die Münchner begeistert Spalier. Hitlerjugend, Jungvolk und BDM waren angetreten, »um die siegreich heimkehrenden Truppen freudig zu begrüßen« (Wortlaut des Einsatzbefehls).

Wieder Gemeinschaftsempfang in Betrieben, Gaststätten, Kinos. Hitler sprach vor dem Reichstag (19. Juli). Er sagte (unter vielem anderen): »Ich bin mir darüber im klaren, daß die Fortführung dieses Kampfes nur mit der vollständigen Zertrümmerung des einen der beiden Kämpfenden enden wird. Mister Churchill mag glauben, daß dies Deutschland ist. Ich weiß – es wird England sein!« – Bericht aus der »Münchener Zeitung«: »... und als am Schluß das ›Siegheil‹ verklungen war, als man aus den Lautsprechern die Lieder der Nation hörte, da war keiner unter den vielen, der nicht mit heißem Dank im Herzen voll stolzer Zuversicht in die Zukunft geschaut hätte.«

So schleppten sich die letzten Monate des ersten Kriegsjahres in München einigermaßen friedlich dahin. Im Deutschen Theater tanzte das Hiller-Ballett in einer großen Varieté-Parade, Fred Endrikat und Theo Prosel gastierten in der Bonbonniere, im Café Luitpold spielte Bernhard Ette mit seiner Kapelle. Den französischen Akzent auf dem letzten »e« ließ er jetzt weg. Aufmerksamen Beobachtern fiel auch auf, daß in den Zeitungsinseraten statt »Café« nur noch »Kaffee Luitpold« zu lesen war.

Wieder strömten die Besucher in das Haus der Deutschen Kunst, wo Rudolf Heß und Dr. Goebbels Ende Juli die Große Deutsche Kunstausstellung eröffnet hatten. Überlebensgroßes Glanzstück am Eingang: Ein Gemälde von Prof. Conrad Hommel, das den Führer am Westwall, umdräut von düsterem Gewölk, in Feldherrn-Pose zeigt. Und auch diesmal die Recken des Bildhauers Arno Breker und die Kämpfer des Bildhauers Josef Thorak, saalhoch, in fahlem Gips. Daneben gab es auch andere Ausstellungen. Sie hießen »Buch und Schwert« oder »Deutsche Größe«, eine »Schau von des Reiches Herrlichkeit durch die Jahrhunderte deutscher Geschichte«, in 16 Räumen des Bibliotheksbaus im Deutschen Museum.

Fahrräder gab es nur noch auf Bezugsschein (den es auch nicht gab), und die amtlich eingerichtete Schuh-Umtauschstelle meldete den Umtausch von 4200 Paar Schuhen als großen Erfolg. Weil das also recht nützlich war, wurde auch eine Tauschstelle für Säuglingswäsche eingerichtet (Tauschanweisung bei den Verteilungsstellen – ohne die Kriegsbürokratie ging auch so was nicht). Die Zeitungen widmeten dem Taubenmutterl Therese Schedlbauer, das mit 87 Jahren starb, gerührte Nachrufe und verzeichneten pflichtschuldigst, daß der Gauleiter Adolf Wagner anläßlich seines 50. Geburtstages zum Ehrenbürger der Hauptstadt der Bewegung ernannt worden war. »Unvergängliche Verdienste um die Geburtsstätte des Nationalsozialismus und die Stadt der Deutschen Kunst« wurden ihm dabei bescheinigt.

Ein Volksfest, das Ende August auf der Zirkuswiese stattfand, war zwar kein Ersatz für das Oktoberfest, aber es bot immerhin ein Riesenrad und eine Schiffschaukel, Schießbuden, Kasperltheater, Imbißhallen und eine Wurstbraterei. Es war immer gut besucht, obwohl die amtliche Bekanntmachung gewarnt hatte: »Die Festbesucher und Bezieher haben bei Fliegeralarm sofort den Festplatz zu verlassen und sich in die nahegelegenen Luftschutzräume zu begeben.« Die Engländer waren so freundlich, das bescheidene Vergnügen nicht zu stören. Wohl aber störten sie die Feiern zum 9. November empfindlich durch einen nächtlichen Luftangriff. Der Löwenbräukeller, in dem sich die »Alten Kämpfer« (anstelle des Bürgerbräukellers) versammelt hatten, wurde allerdings nicht getroffen. Es entstand »unbedeutender Sachschaden durch einige Dachstuhlbrände«. Der Führer war zu den Klängen des Badenweiler-Marsches um 18 Uhr in den Saal gezogen – er trug jetzt den »feldgrauen Rock« statt des Braunhemds – und war nach kurzer Ansprache um 19.15 Uhr schon wieder gegangen. Die Engländer hatten mit dem kleinen Störangriff vielleicht nur zeigen wollen, daß sie dieses parteiheilige Datum sehr wohl kannten – und daß sie auch nach München fliegen konnten, wenn sie nur wollten. Am 15. November aber lautete die Schlagzeile der Zeitungen: »Vergeltung für München – Großangriff gegen England«. Obwohl sie nicht getroffen worden waren, fühlten sich die Nazis doch sehr getroffen. Der kleine, aber feine Unterschied zwischen Luftangriff und Luftangriff war nunmehr nahezu täglich in den Zeitungen zu lesen: »Terrorüberfall auf Berlin – Vergeltungsschlag gegen London«.

Im Herbst 1940 erhielt München die ersten zweistöckigen Omnibusse (mit Platz für 90 Personen), und am Blumenschmuckwettbewerb der Stadt nahmen 3749 Fenster und 261 Balkone teil. Der Film »Jud Süß« lief an, und in einer großen Versammlungswelle sprachen bei 80 öffentlichen Kundgebungen die Gauredner zum Thema: »Mit unseren Fahnen ist der Sieg«.

Zu Weihnachten gab es Sonderzuteilungen: 750 g Hülsenfrüchte oder Reis, 500 g Zucker, mehr Marmelade und ein paarmal Bohnenkaffee. Zum Jahreswechsel wurde bis auf weiteres wieder Tanzerlaubnis erteilt, und in den Kinos konnte man neben dem »Jud Süß« auch die »Geierwally« mit Heidemarie Hatheyer, »Friedrich Schiller« mit Horst Caspar und Heinrich George oder »Bismarck« mit Paul Hartmann, Friedrich Kayssler und Lil Dagover sehen.

Letzte bemerkenswerte Meldung aus München: Im Tierpark Hellabrunn wurde die erste bayerische Giraffe geboren.

Jahreswechsel 1940/41: »Da die Polizeistunde nicht verlängert war, neigten sich die Silvesterfeiern in Hotels und Gaststätten rasch dem Ende zu. Man fügte sich willig in die Anordnung, hielt Würde und Disziplin, und bald nach der ersten Stunde im neuen Jahr war der frohe Klang verrauscht.« (Münchener Zeitung, 2. 1. 41)

Wehe, wer nicht daran glaubte.

48 Für die parteiüblichen Massenaufmärsche wurde der vorher rasengrüne Königsplatz mit Platten belegt (Volksmund: Plattensee) und in »Königlicher Platz« umbenannt.

Die Synagoge ist abgebrannt!

Die jüdischen Geschäfte sind ges

Die frechgewordenen Juden sind

heute abends 8 Uhr

20 Massen-Kundgebun

Zirkus Krone-Gebäude

Bürgerbräu-Keller

Hofbräuhaus-Festsaal, Platzl

Schwabinger Brauerei, Leopoldstraße

Thomasbräu, Kapuzinerplatz

Bolm-Saal, Planegg

Gasthaus zur Post, Pasing

Turnhalle Luisstraße

49/50 Waren die Juden bisher zwar vielen Pressionen ausgesetzt, so war die Reichskristallnacht 1938 der Auftakt zu einer immer schärfer werdenden Judenverfolgung, die mit Massenkundgebungen (oben) begann, 1941 zur Kennzeichnung mit dem Judenstern (links) und schließlich in die Vernichtungslager führte.

51 Mit dem Gestapo-Hauptquartier im Wittelsbacherpalais an der Brienner Straße machten auch mißliebige »arische« Volksgenossen erschreckend Bekanntschaft, ehe es 1944 durch Bomben zerstört wurde.

52/53 Die Reichskristallnacht vom 9. November 1938: Die organisierte »Volkswut« hatte das Attentat auf den Legationssekretär vom Rath in Paris zu rächen. Jüdische Geschäfte wie das Kaufhaus Uhlfelder wurden demoliert (oben), die bisher noch verschonte kleine Synagoge in der Herzog-Rudolf-Straße ging in Flammen auf (unten).

54 Das Attentat auf Hitler und seinen Führungsstab war die Tat eines Einzelgängers. Georg Elser, ein 36jähriger Tischler aus Württemberg, hatte in heimlicher Nachtarbeit in eine tragende Säule des Bürgerbräusaales eine Höllenmaschine eingebaut.

55 Fast hätte die deutsche Geschichte eine andere Wendung genommen, als – nach Ausbruch des Krieges – am 8. November 1939 im Bürgerbräukeller eine Bombe hochging. Doch Hitler hatte mit den wichtigen Partei führern den Saal bereits verlassen.

Und dann auch noch gegen Rußland

Was hatte man sich zum neuen Jahr gewünscht? Frieden, natürlich, siegreichen Frieden, wenn's geht, und die gesunde Heimkehr der vielen Väter, Ehemänner und Söhne aus den besetzten Gebieten.

»England zerkrache!« hieß jetzt die Parole. Aber England tat Hitler den Gefallen nicht, trotz Luftangriffen, U-Boot-Krieg und Handelsblockade. Stattdessen trat die Wehrmacht bald zu neuen Feldzügen an: in Nordafrika mußte das Deutsche Afrika-Korps die bedrängten Italiener entlasten, auf dem Balkan wurden im April Jugoslawien und Griechenland besetzt, deutsche Fallschirm- und Gebirgsjäger eroberten Kreta. Wieder tönten die Sondermeldungen aus den Lautsprechern, wieder wurden Schlachten gewonnen, wieder kapitulierten die feindlichen Armeen. Die Opfer, die für diese Siege gebracht werden mußten, wurden immer schwerer.

Die Münchner mußten sich wohl oder übel mit dem allmählich grauer werdenden Kriegsalltag abfinden. Die Fleischration wurde von 500 auf 400 g herabgesetzt. Es gab kaum noch etwas ohne Bezugsschein zu kaufen. »Hintenrum« konnte man allerdings, mit Verwandten auf dem Land oder dem »Vitamin B« = Beziehungen, doch immer noch einiges ergattern, um die Rationen, die Kleiderbestände oder den allgemeinen Lebensstandard etwas aufzubessern. Nur erwischen durfte man sich nicht lassen. Drakonische Strafen wurden verhängt. Hohe Zuchthausstrafen für Schwarzhandel, Todesstrafen für »Volksschädlinge«.

Die Bezeichnung »Rundfunkverbrecher« tauchte auf. Sechs Jahre ins Zuchthaus geschickt wurde ein Mann, der ausländische Sender abgehört hatte. »Die deutschen Sondergerichte sehen mit Recht im Abhören ausländischer Rundfunknachrichten eines der schwersten Verbrechen gegen die Interessen der Volksgemeinschaft. Wer sich dieses Verbrechens schuldig macht, hat mit Gnade nicht zu rechnen«, hieß es in der Urteilsbegründung.

Unter der Rubrik »Vor dem Sondergericht« konnte man Todesurteile gegen Handtaschenräuber oder Kofferdiebe am Hauptbahnhof lesen, die ihre Taten unter Ausnützung der Verdunkelung begangen hatten. Mit »Gewaltverbrechern« wurde erst recht kurzer Prozeß gemacht. Die Leute lasen es mit Schaudern, aber wohl auch mit einer gewissen Befriedigung. Wo so viele anständige Männer an den Fronten ihr Leben lassen mußten, war es doch um die Kriminellen nicht schade. Das wurde auch in jedem Urteil dieser Art besonders betont.

Das kulturelle Leben aber lief in den vorgezeichneten Bahnen der NS-Kulturpolitik relativ ungestört weiter. Immer neue Filme kamen in die Kinos (amerikanische waren damals auch noch dabei), die Theater waren ständig ausverkauft, Oper und Konzerte hatten immer ein volles Haus. Jeder suchte Ablenkung und Entspannung, wo immer er sie fand. Über 600 000 Besucher hatte das Haus der Deutschen Kunst nach sieben Monaten Ausstellungszeit. Von den gezeigten 1700 Werken der Malerei, Grafik und Plastik wurden mehr als die Hälfte verkauft. Im Aufruf zur Einsendung von Kunstwerken für die Ausstellungen 1941 war von der »Saat des Friedens mitten im Krieg« die Rede. Der ehemalige Simplizissimus-Zeichner und Kunstmaler Eduard Thöny wurde zum 75. Geburtstag, der Schauspieler Gustl Waldau zum 70. Geburtstag mit der Goethe-Medaille ausgezeichnet.

Die Rednerschule der Gaupropagandaleitung veranstaltete Abendkurse. Aus dem Aufruf: »Schwert und Wort sind die Waffen des Nationalsozialismus in Deutschland. Der Redner ist der Erzieher und tapfere Begleiter des Volkes erst recht im Krieg für die Heimat, die er zum Sieg ausrüstet ... Wer Mut und Kraft zu diesem Waffendienst in der Heimat in sich fühlt, melde sich mit Lebenslauf und Lichtbild ...«

Geredet und kundgegeben wurde immer noch eifrig. Die Partei pflegte ihre Traditionstage, auch wenn sie jetzt ohne äußerlichen Pomp begangen wurden. Zum 21. Gründungstag der NSDAP kam Hitler wieder einmal in den Hofbräuhausfestsaal. An seinem Geburtstag hieß es wie immer »Fahnen heraus!«

Wie wenig »volksverbunden« der überall großspurig auftretende Gauleiter Adolf Wagner wirklich war, wie wenig er, der in Lothringen geboren und aufgewachsen war, von der bayerischen Mentalität wußte, zeigt ein Vorgang vom April 1941. Da erließ Wagner, in seiner Eigenschaft als bayerischer Kultusminister, eine Entschließung zur Abschaffung des Schulgebets und Entfernung der Kruzifixe aus allen bayerischen Schulen, kurz Kruzifix-Erlaß genannt. Was er damit bei der Bevölkerung in Stadt und Land auslöste, grenzte an offene Auflehnung und Rebellion. Nicht nur Eltern und Kinder, nicht nur Pfarrer und Lehrer protestierten, sondern auch NS-Bürgermeister (in kleinen Orten) drohten ihren Rücktritt an, wenn der Erlaß durchgeführt werden müßte. Örtliche Demonstrationszüge zwangen an manchen Orten die Schulleiter, die bereits abgenommenen Kruzifixe in die Schulräume zurückzubringen.

Der bayerische Ministerpräsident Siebert (ohne dessen Wissen der Erlaß ergangen war), stellte dazu fest, daß die Stimmung sowohl der Land- als auch der Stadtbevölkerung »außerordentlich herabgedrückt, ja, in gewissem Sinne fast revolutionär« geworden sei. Reichsstatthalter Ritter von Epp beklagt in einem Brief an den Chef der Reichskanzlei, Lammers, der Gauleiter Wagner habe das derzeitige Gebot »Hochhaltung der Stimmung in den Zeiten des Krieges, der, wie wir heute alle annehmen können, auch in geraumer Zeit noch nicht zu Ende geführt sein wird (!), völlig mißachtet« und darüber hinweggesehen, »daß das religiöse Gefühl im Kriege besonders empfindlich ist und daß durch derartige Maßnahmen vollständig unnötig die Bildung einer sich schon abhebenden geistigen Widerstandsfront geradezu herausgefordert wird« (zitiert bei Jochen Klenner, »Verhältnis von Partei und Staat 1933–1945«, dargestellt am Beispiel Bayerns).

In einem energischen Protestbrief schrieb Kardinal Faulhaber dem Gauleiter u. a.: »Der Führer hat in seinem Aufruf vom 22. Juni 1941, als er die deutsche Wehrmacht gegen Rußland in Marsch setzte, den Herrgott als Beistand in dieser schweren Stunde angerufen, wie er auch früher schon in den großen Staatsreden das deutsche Volk zum Gebet aufforderte. Die Chronik der Zeit wird einmal darüber schwer urteilen, daß gleichzeitig in den bayerischen Schulen das Gebet abgeschafft wird, während der Führer so bestimmt das deutsche Volk zum Gebet aufruft! . . . Man gibt öffentlich dem deutschen Soldaten den Ehrentitel, er führe einen ›Kreuzzug gegen den Bolschewismus‹. Der Ehrentitel wäre nicht verdient, wenn zur gleichen Zeit dem Kreuz in der Heimat der Krieg erklärt würde.«

Aus den Monatsberichten der bayerischen Regierungspräsidenten geht übereinstimmend hervor, daß der Kruzifix-Erlaß nicht nur im Augenblick Empörung ausgelöst hatte. Viele Leute schlossen daraus – mit Recht –, daß der Kampf des Nationalsozialismus gegen die christlichen Bekenntnisse nach dem Krieg mit aller Schärfe aufgenommen werden würde. Vielfach wurde betont, daß die bereits vorhandene mißtrauische Einstellung der Bevölkerung zu Partei und

Staat seitdem erheblich gewachsen sei ... das gefährde nicht nur die Opfer- und Lieferbereitschaft der Heimat, sondern möglicherweise, da sie ja auch der Front zur Kenntnis komme, sogar die Stimmung draußen; als Gegenzug zu den ihnen und ihren Kindern genommenen Kruzifixen hatten die Bauern vielfach die Führerbilder aus ihren Stuben entfernt (Klenner).

In seinem Erinnerungsbuch »Das geliebte Haus« schildert Staatsopernintendant Rudolf Hartmann dazu eine typische Episode: »Die Abende (mit Gauleiter Wagner im Künstlerhaus) verliefen meistens gutartig, einmal jedoch begab ich mich ungeschickterweise in Gefahr. Es geschah an einer langen Tafel von Künstlern, mit Wagner als Mittelpunkt, der erzählte, daß er in seiner Eigenschaft als Kultusminister ab sofort die Anbringung von Kruzifixen in den Schulen verboten habe. Die Reaktion der Zuhörer war verschieden. Betretene, verdutzte Gesichter, gleichgültige oder uninteressierte Mienen, alles schwieg. In die Stille hinein sagte ich: ›Das finde ich unmöglich. Das kann nur jemand machen, der die Mentalität des bayrischen Volkes nicht kennt.‹ Darauf er, ziemlich gereizt: ›Schweigen Sie, das verstehen Sie nicht!‹ Ich schwieg nicht, trotz warnender und besorgter Blicke am Tisch. ›Das ist keine Sache des Verstandes, sondern eine Angelegenheit des Herzens. Man muß doch nur an die Wegkreuze denken, im Gebirg und auf dem Land ...‹

Weiter kam ich nicht. Ich wurde barsch angefahren und mit Bestrafung bedroht. Da begriff ich, daß dies eben keine Unterhaltung gewesen war, sondern die Äußerung eines fanatischen Politikers, der Bestätigung und Beifall suchte. Willy Birgel, der Filmschauspieler, rettete die Situation, indem er meinen Widerspruch entschärfte, den erzürnten Minister besänftigte und das Gespräch in andere Bahnen lenkte.

Wenn ich bedenke, daß an diesem Abend und auch bei anderen Gelegenheiten manche Künstler und Gäste anwesend waren, die nach dem Zusammenbruch sich als erbitterte Gegner des Dritten Reiches gerierten, die längst alles vorausgewußt hatten, wundere ich mich nachträglich, daß allein Birgel den Mut zum Ablenkungsmanöver fand.«

Bald trat dann der außergewöhnliche Fall ein, daß der Gauleiter am 28. August in einem Geheimerlaß anordnete (oder anordnen mußte?), daß von der weiteren Durchführung seines Kruzifix-Erlasses abzusehen sei: »Da ich von einer förmlichen Aufhebung meiner Anordnungen aus Gründen der Autorität Abstand nehmen möchte, zur Aufrechterhaltung des inneren Friedens aber eine weitere Durchführung meiner Anordnungen derzeit nicht weiter verantworten kann, bitte ich, Ihre Hoheitsträger anzuweisen, weitere Maßnahmen abzustoppen.« Hitler selbst soll Wagner gedroht haben, er werde ihn nach Dachau stecken, wenn er nochmals eine derartige Dummheit beginge.

Am 10. Mai 1941 flog der Stellvertreter des Führers, Rudolf Heß, auf eigene Faust nach England, um der »gegenseitigen Zerfleischung der germanischen Völker« ein Ende zu machen. Albert Speer schildert in seinen Erinnerungen, wie Hitler auf dieses Unternehmen reagierte: »In der Vorhalle des Berghofes warteten bleich und aufgeregt Leitgen und Pietsch, zwei Adjudanten von Heß. Sie hatten Hitler einen persönlichen Brief von Heß zu übergeben. In diesem Augenblick kam Hitler aus seinen oberen Räumen; einer der Adjudanten wurde in die Wohnhalle gerufen – Plötzlich hörte ich einen unartikulierten, fast tierischen Aufschrei. Dann brüllte Hitler: ›Sofort Bormann! Wo ist Bormann?!‹ ... Alle privaten Gäste wurden gebeten, sich in das obere Geschoß zurückzuziehen. Erst nach vielen Stunden erfuhren wir, was sich ereignet hatte ... Es dauerte auch einige Stunden, bis Hitler sich entschloß, über den Rundfunk bekanntgeben zu lassen, daß Heß wahnsinnig geworden sei ...«

Offizielle Parteiverlautbarung am 13. Mai: »... ein zurückgelassener Brief zeigt in seiner Verworrenheit leider die Spuren einer geistigen Zerrüttung, die befürchten läßt, daß Parteigenosse Heß das Opfer von Wahnvorstellungen wurde.«

In München, wo die – nach dem Heß-Flug aufgelöste – Diensstelle des »Stellvertreters des Führers« am Karolinenplatz in der Nachbarschaft des »Braunen Hauses« ihren Sitz hatte, wirkte die Nachricht ebenso schockierend wie verwirrend. Ganz allgemein aber wurde festgestellt: »Wenn i gestern gsagt hätt', der Stellvertreter des Führers is narrisch – dann waar i nach Dachau kommen. Wenn i aber heut sag, er is net narrisch – dann komm i aa nach Dachau!« Und wenig später ging der Witz um: »Der englische Heeresbericht meldet: Heute keine Einflüge von deutschen Reichsministern.«

Eine noch viel schwerere Kehrtwendung wurde der Bevölkerung zugemutet, als am 22. Juni der Angriff auf die Sowjetunion begann. Es war noch keine zwei Jahre her, daß – am 23. August 1939 – der

Nichtangriffs- und Freundschaftspakt mit den Russen geschlossen und Stalin, auch von heut auf morgen, vom bolschewistischen Bluthund zum wichtigen Bundesgenossen Hitlers geworden war. Und jetzt stürmten die deutschen Armeen gegen den Bolschewismus ...

Erzählt der Sparkassenangestellte Werner K.: »Ich hab damals grad Urlaub gehabt und war mit meiner Frau und ihrer Freundin mit dem Radl nach Deisenhofen gefahren, ins Familienbad Furth. Wir sind auf dem Rasen in der Sonne gelegen. Nicht weit von uns hat jemand einen Kofferradio laufen lassen, und da haben wir plötzlich die Sondermeldungsfanfaren gehört und sind hingegangen. Und da kamen die Meldungen vom Angriff auf die Sowjetunion. Inzwischen waren noch andere Leut dazugekommen, und alle haben ganz bestürzte Gesichter gemacht. Uns ist es allen kalt über den Rücken gelaufen trotz der Sonnenhitze. ›Jetzt gehts nei in' Grabn‹, hat einer gesagt, und niemand hat ihm widersprochen. Wir haben uns ganz schnell angezogen. Die Lust am Baden war uns vergangen. Ganz bedrückt sind wir heimgeradelt, und niemand hat mehr ein Wörterl geredet.«

Auch die ständigen Siegesmeldungen, die erfolgreichen Kesselschlachten, die klingenden Namen eroberter Städte in Rußland, die Wochenschauen mit den Bildern vom Vormarsch, von zerstörten Panzern (immer nur feindlichen) und Hunderttausenden von Gefangenen – alles das konnte die tief gesunkene Stimmung nicht heben. Die Leute standen vor den Schaukästen mit den Landkarten, auf denen die Frontlinien abgesteckt waren, sie staunten über die Schnelligkeit des Vormarschs, aber sie sahen auch die Weite des Landes, und wenn sie am Obelisk auf dem Karolinenplatz vorbeikamen, gedachten sie vielleicht auch der in Rußland gefallenen Bayern im Winterfeldzug Napoleons I., denen dieses Denkmal errichtet worden war. In diesen Wochen ist Napoleon häufiger in Gesprächen aufgetaucht als jahrelang vorher.

Am »Tag des Bekenntnisses« (5. Juli) veranstaltete die Partei einen Massenaufmarsch mit 70 000 Menschen auf dem mit Pylonen und Großfahnen geschmückten »Königlichen Platz«, Formationen und Verbände, HJ, BDM und das, was man die »Schaffende Front« nannte, mußte zur Kundgebung der Treue zum Führer antreten. – Wieder wurde eine Deutsche Kunstausstellung eröffnet: die heroischen Bilder von Kämpfern und Soldaten, rauchenden Hochöfen und erntenden Bauern dominierten. »Von München aus treiben wir die künstlerische und kulturelle Revolution weiter«, verkündete Gauleiter Wagner, der inzwischen auch Reichsverteidigungskommissar geworden war. Als ob's jetzt keine anderen Sorgen gäbe! Die Sommerzeit wurde auch auf das Winterhalbjahr ausgedehnt. Im Künstlerhaus trafen sich die Spieler von 14 »befreundeten« Ländern zu einem Europa-Schachturnier.

In den Monatsberichten des Regierungspräsidenten von Oberbayern wird ein immer größerer Mangel an Arbeitskräften »infolge der außerordentlich umfassenden Einberufungen zur Wehrmacht und zum Reichsarbeitsdienst« beklagt, »wodurch die Überbeanspruchung der Beschäftigten in Handwerk, Gewerbe, Landwirtschaft und in den öffentlichen Betrieben nochmals empfindlich verschärft wurde«. Die Rüstungsinspektionen meldeten »sehr unbefriedigende Ergebnisse der Auskämm- und Stillegungs-Aktion«. Der Selbsterhaltungstrieb zahlreicher kriegsunwichtiger Betriebe werde von den Bezirkswirtschaftsämtern, zum Teil auch lokalen Verwaltungsstellen unterstützt. »In vielen Fällen«, so berichtet die Rüstungsinspektion VII/München, »fand sich in letzter Minute irgendeine maßgebende Persönlichkeit oder Dienststelle, die ihre schützende Hand über den Betrieb hält. So durften z. B. auf Anordnung des Reichsverteidigungskommissars Wagner aus dem Münchner Damenschneiderhandwerk keine Arbeitskräfte mehr abgezogen werden, mit der Begründung, daß dieser für München typische Gewerbezweig unter allen Umständen erhalten bleiben müsse« (nach Broszat »Bayern in der NS-Zeit«).

Angesichts der nicht zu verheimlichenden hohen Menschenverluste und der Verknappung von Arbeitskräften und Lebensmitteln sahen auch die Gegner des Nazi-Regimes wieder eine Chance zum Widerstand. Plötzlich klebten über Nacht Zettel an den Wänden »Bluthund Hitler verrecke!« Die Staatspolizeileitstelle München berichtete im August: »Bisher konnten hundert derartige Klebezettel erfaßt werden. Darüber hinaus sind Zettel mit kommunistischen Schlagwörtern verbreitet worden. Unter Heranziehung der SA wurde eine auf das ganze Stadtgebiet ausgedehnte Such- und Fahndungsaktion vorgenommen und eine Anzahl verdächtige Straßenpassanten kontrolliert.« Flüsterwitz: Wird einer auf dem nächtlichen Heimweg von hinten angerufen: »Hände hoch!« Er dreht sich um. »Geld her und die Lebensmittelkarten!« Sagt der Überfallene: »Aber gern – ich hab schon gedacht, es ist die Gestapo!«

Der U-Bahnbau in der Lindwurmstraße war stillschweigend eingestellt worden. Aber immerhin konnte Ende September das Nordbad an der Schleißheimer Straße eröffnet werden, »Deutschlands modernstes Hallenschwimmbad«, wie Oberbürgermeister Fiehler bei der Festrede versicherte.

Seit Anfang September hatten auch in München alle Juden vom vollendeten 6. Lebensjahr an in der Öffentlichkeit auf der linken Brustseite ihrer Kleidung sichtbar einen handtellergroßen gelben Judenstern zu tragen (»Jede Verdeckung des Kennzeichens ist unzulässig«). Mit dieser »Kennzeichnungsverordnung« war die Überwachung aller gegen die Juden gerichteten Maßnahmen ohne jede Schwierigkeit möglich.

Den Münchner Juden war am Ende des Jahres 1941 verboten:

- das Betreten öffentlicher Anlagen wie Englischer Garten, Botanischer Garten, Nymphenburger Schloßpark, Hofgarten und Tierpark Hellabrunn
- der Besuch von Theatern, Kinos, Museen, Bibliotheken, Sportveranstaltungen, Schwimmbädern
- die Benützung öffentlicher Fernsprechstellen
- die Benützung und der Besitz von Rundfunkgeräten.

Juden mußten an ihrer Wohnungstür einen Judenstern aus Papier fest angeklebt anbringen.

Für Juden bestand Ausgehverbot in der Zeit vom 1. Oktober bis 31. März zwischen 20 und 6 Uhr, vom 1. April bis 30. September zwischen 21 und 5 Uhr. (Nach Peter Hanke, »Zur Geschichte der Juden in München zwischen 1933 und 1945«.)

Gesammelt wurde jetzt alles, was noch irgendwie verwertbar war: Für die Reichsspinnstoffsammlung sollten die letzten entbehrlichen Kleider und Wäschestücke aus den Schränken geholt werden. Eine »Flaschensammlung für die Wehrmacht« erbrachte rund 400 000 Flaschen (leere, natürlich). Für die Soldaten wurden Bücher, Schallplatten und Grammophone gesammelt.

Am härtesten aber traf die Münchner Ende Dezember die Anordnung, daß alle Skier und Skistiefel abgegeben werden sollten. Der Feldzug im Osten war zuerst im Schlamm steckengeblieben und dann im Frost erstarrt. Die Truppen waren für den russischen Winter völlig unzureichend ausgerüstet. Also mußte schleunigst die Heimat einspringen: Warme Wintersachen für die Front! Pelzmäntel, Wolljakken, Unterhosen – alles wurde gebraucht. »Unser Volk liebt seine Soldaten, die Heimat wärmt sie, seelisch und körperlich!« stand in einem Aufruf. Und wieder füllten sich die Sammelstellen, und wieder rollten Güterwagen um Güterwagen nach Osten.

Obwohl es mit dem Wintersport wegen der Reisebeschränkungen und Urlaubssperren nicht mehr weit her war, traf die Münchner die Ski-Sammlung naturgemäß härter als etwa die Bewohner von Wanne-Eickel. In sehr vielen Haushaltungen gab es ein Paar Skier, die irgendwo im Keller standen, weil Mann oder Sohn bei der Wehrmacht waren. Die Frauen wußten natürlich, wie sehr die Männer an ihren »Brettln« hingen, aber sie glaubten auch den beschwörenden Aufrufen, die das Überleben der Soldaten in Rußland eng mit der Ablieferung dieser Skier verknüpften. So trennten sie sich schweren Herzens von den Skiern, die damals aus Fichte, Esche oder Hickory gemacht waren und manchmal sogar schon Stahlkanten hatten.

Den noch im »Heimateinsatz« verbliebenen Männern blieb auch nichts anderes übrig, als auf ihre »Schwartlinge« zu verzichten. Sie hätten sie auf keinen Fall mehr benützen können. Gleichzeitig war nämlich für alle Verkehrsmittel eine Transportsperre für Skier verhängt worden! Der Staatssekretär für Fremdenverkehr, Hermann Esser, ordnete zusätzlich an, daß sämtliche Beherbergungsbetriebe einschließlich der Skihütten alle Leihskier abzuliefern hatten und ebenso sämtliche Skier, die bei ihnen zur Aufbewahrung hinterstellt waren. Die Brettl-Vorräte der Sportgeschäfte mußten natürlich ebenfalls abgeliefert werden, ebenso alle Vorräte an Ski-Wachsen (»Allein nützt es dir nichts, die Front braucht es dringend«).

So wurden denn zähneknirschend oder achselzuckend in München 43 250 Paar Skier und 6940 Paar Ski- und Bergstiefel zu den Sammelstellen getragen. »Die Hitlerjugend, die überall eifrig mithalf, warb mit Märschen, Musik und Gesang fröhlich für die Sammlung.« Jeder Stiefel-Ablieferer erhielt einen Bezugsschein für Straßen- oder Hausschuhe. Für die Skier gab es nur Spendenbescheinigungen und das Versprechen des Reichssportführers von Tschammer: »Ich weiß, daß meine Bitte an euch, euer geliebtes Gerät an die Front zu geben, mich verpflichtet, am Tag des Friedens euch so schnell wie möglich wieder in den Besitz eurer Skier zu bringen ...«

Peter L., damals Unteroffizier in einem Infanterieregiment im Mittelabschnitt der Ostfront: »Es war ja sicher gut gemeint, aber im

Grund war die ganze Ski-Aktion ein Schmarrn. Das hat auch wieder einer ausgeheckt, der keine Ahnung von der Front gehabt hat. Zuerst hat es schon ein paar Wochen gedauert, bis das Zeug gesammelt war und überhaupt zu uns herausgekommen ist. Weil Munition und Nachschub immer noch wichtiger waren. Dann hat hinten und vorn nichts zusammengepaßt, die Stöcke nicht zu den Skiern, und die Bindungen nicht zu den Schuhen. Da ist ein Dutzend Brettl ganz ohne Stöcke herumgestanden, und sicher ist dafür woanders ein Haufen Stöcke ohne Skier angekommen. Von unserem Haufen ist nicht einmal die Hälfte jemals auf Skiern gestanden. Die sind, wenn sie es probiert haben, bloß rumgepurzelt. Also – und wohin hätten denn wir im Stellungskrieg laufen sollen? Beim Rückzug, der damals »Frontbegradigung« hieß, da sind wir bis zum Bauch im Schnee gesteckt. Etliche hat man schon noch brauchen können, natürlich. Für einen Spähtrupp vielleicht oder für einen Meldegänger, für die Essenholer oder im Hinterland gegen die Partisanen. Bei uns im Abschnitt jedenfalls wurde aus den meisten Brettln, die sich die Leut daheim vom Herzen gerissen haben, Kleinholz für den Bunkerofen gemacht. Da ist allerhand Idealismus verheizt worden.«

Diese Schilderung widerspricht natürlich den offiziellen Berichten, die damals verbreitet worden sind über die lebensrettende Skisammlung und die Begeisterung unserer Landser über die Spende aus der Heimat. Da wurde in der Wochenschau gezeigt, wie die Skiladungen ankamen, verteilt wurden, wie Anfänger die ersten Gleitversuche machten, grad lustig war das, und schließlich, wie die Spähtrupps in den weißen Tarnhemden (aus Omas letztem Bettuch) lautlos in tiefverschneiten Wäldern verschwanden. Daß auch Schallplatten und Grammophone nur bedingt »ankamen«, liegt in der Natur der Sache. Sie blieben meistens bei den »rückwärtigen Diensten« hängen, kamen in Erholungsheime hinter der Front, in Feldlazarette und zu den Stäben. Aber da waren ja schließlich auch überall Soldaten in fremdem Land, die eine bescheidene Freude dran haben konnten.

Die gesammelten Wintersachen wurden zum Teil in der Heimat noch um- bzw. eingearbeitet in feldgraue Tuchmäntel. Der Gauleiter besichtigte die »Näh- und Arbeitsstuben der Frauenschaft«, in denen eifrig genadelt wurde. Auch von diesen Spenden kamen viele zu spät oder nicht weit genug nach vorn. Mancher Zahlmeister war in einen prächtigen Nerzmantel verpackt, während die Posten im Graben abwechselnd in denselben Schafsfellmantel schlüpfen mußten. Zu Hause aber, in München, traute sich keine Frau mehr im Pelz auf die Straße. Es wäre als Provokation empfunden worden.

Auch zum Thema Bücherspenden weiß Peter K. einen kleinen Schmunzel-Kommentar: »Die Bücher haben wir schon gekriegt. Dicke Schwarten und auch Heftl. Die waren uns am liebsten. Wenn s' jeder gelesen gehabt hat, waren die für ›besondere Zwecke‹ am allerbrauchbarsten.«

In seinem Rechenschaftsbericht und Rückblick auf das Jahr 1941 gab Oberbürgermeister Fiehler bekannt, daß in diesem Jahr 72 Millionen Lebensmittelkarten an die Bevölkerung ausgegeben worden waren und daß die Straßenbahnen 250 Millionen Fahrgäste befördert hatten. Von der »drangvoll fürchterlichen Enge« dieser Beförderung sprach er nicht. Die wurde in einer Serie von Versen deutlich, die regelmäßig in den Zeitungen erschienen. Einer davon: »Im Sommer war nicht viel dahinter, / doch schwierig wird es jetzt im Winter. / Die Tausende, die fahren wollen, / entsprechend hin und her zu rollen, / gewiß, es ist jetzt kein Genuß / drum fahre keiner, der nicht muß. / Auf jeden von euch kommt es an. / Durchhalten helft der Straßenbahn.«

»Die Zivilbevölkerung hatte Verluste«

»Mit sofortiger Wirkung wird für München der Termin der Verdunkelung auf eine Stunden nach Sonnenuntergang und das Ende der Verdunkelung auf eine halbe Stunde vor Sonnenaufgang festgesetzt. Es ist daher in Zukunft zur Ermittlung des Beginns der Verdunkelungszeit der in der Presse veröffentlichten Zeit des Sonnenuntergangs eine Stunde hinzuzurechnen und zur Ermittlung der Beendigung der Verdunkelung von der veröffentlichten Sonnenaufgangszeit eine halbe Stunde abzuziehen.« So hieß es in einer Polizeiverordnung vom 28. 1. 42.

Daneben geisterte auch der »Kohlenklau« durch die Zeitungen, der Verstöße gegen Heizordnungen, Verschwendung von Heizmaterial usw. anprangerte. Ende Januar 1942 wurde die Raucherkarte eingeführt. Mit der Kontrollkarte konnten Männer über 18 Jahre die jeweils aufgerufenen Tabakmengen bei ihrem Stammhändler kaufen. Frauen über 25 bekamen auf ihre Raucherkarte die Hälfte der für Männer aufgerufenen Menge. Ein halbes Jahr später, bei der zweiten Raucherkarte, erhielten Frauen über 55 keine Zuteilung mehr, wenn sich nicht nachweislich der Ehemann oder mindestens ein unverheirateter Sohn bei der Wehrmacht befanden. Der Kriegsbürokratie (und dem Schwarzhandel) öffnete sich wieder ein weites Feld.

Dafür wurde – wegen des Arbeitskräftemangels – die Verwaltungstätigkeit eingeschränkt. Die Stadt verfügte: »Die Behörden sind weiterhin für die Bevölkerung da, aber nur in kriegswichtigen Angelegenheiten. Bevorzugt behandelt werden Angehörige von zur Wehrmacht Einberufenen und Hinterbliebene der auf dem Feld der Ehre Gefallenen. Dagegen können Gesuche, die lediglich die Verfolgung eigennütziger persönlicher Interessen zum Ziele haben, die also den Eigennutz vor den Gemeinnutz stellen, nicht behandelt werden. Derartige Gesuche werden ohne Sachbehandlung zurückgegeben. Soweit Querulanten auch in der Kriegszeit fortfahren, die Behörden mit Gesuchen und Anträgen zu belästigen, wird dafür gesorgt werden, daß die Staatspolizei sich ihrer in gehöriger Weise annimmt.«

Zum Jahrestag der Parteigründung sandte Hitler diesmal nur eine Botschaft an seine im Festsaal des Hofbräuhauses versammelten »ältesten Kampfgefährten«. Zum Tag der Machtergreifung in Bayern am 9. März aber sprach der daran besonders aktiv beteiligt gewesene Staatssekretär Hermann Esser zwei Stunden lang im Löwenbräukeller. Als Garantien für den Endsieg bezeichnete er »die Ausschaltung aller die Volksgemeinschaft bedrohenden Elemente, die Vernichtung jeglicher Weltanschauung, welche die einheitliche Organisation unserer Verteidigung und den Willen zur alles besiegenden Arbeit zu untergraben geeignet ist, und nicht zuletzt unsere einheitliche Führung durch Adolf Hitler, der sich nicht nur als der größte politische, sondern auch als der größte militärische Taktiker dieses Jahrhunderts erwiesen hat.«

Dieser Jahrhunderttaktiker Hitler verkündete Ende April 1942 in einer Reichstagsrede: »Wir haben eine gewaltige Winterschlacht hinter uns. Es wird die Stunde kommen, da sich die Fronten wieder aus ihrer Erstarrung lösen werden, und dann soll die Geschichte entscheiden, wer in diesem Winter gesiegt hat – der Angreifer, der seine Menschenmassen idiotisch hinopferte, oder der Verteidiger, der einfach seine Stellung hielt.« (So »einfach« war das also. Front und Heimat hörten es mit Verwunderung.) Und weiter: »Der bolschewistische Koloß wird von uns so lange geschlagen werden, bis er zertrümmert ist.« Und »England werde ich von jetzt an wieder Schlag um Schlag vergelten, bis dieser Verbrecher (Churchill) fällt und sein Werk zerbricht!« Am Ende dieses Jahres standen dann die Belagerung von Stalingrad und verheerende Luftangriffe auf deutsche Städte.

Aber noch war es nicht soweit. »Zwei Tage lang waren die Laienlehrfrauen der Abteilung Volkswirtschaft und Hauswirtschaft des deutschen Frauenwerks im Herzogpark gewandert und hatten gesammelt, was die Natur jetzt unseren Küchen beschert: Scharbockskraut, Schafgarbe, Geißfuß, Brennessel, Löwenzahn, Sauerampfer, Spitz- und Breitwegerich, Nelkenwurz, Bibernell und Pastinak. In der Lehrküche wurde daraus zubereitet: ein Brotaufstrich aus Schafgarbe, Sauerampfer, Petersilie, Schnittlauch, etwas Essig und Salz. Dieser äußerst herzhafte Aufstrich kann, mit Milch verdünnt, auch als Soße verwendet werden. Spinat aus Brennessel, Geißfuß und Breitwegerich sowie zweierlei Kräutersuppen wurden ebenfalls vorgestellt.« So machte die Münchener Zeitung am 15. 4. 42 weitere Einschränkungen schmackhaft. In der Folge wurden die Kohlenbezugskarte und der Kartoffelbezugsnachweis eingeführt. Der Freiverkauf von Kartoffeln war vom 11. Mai an verboten. Für den Bezug von Spirituosen hatten sich die »Versorgungsberechtigten« bei den Geschäften eintragen zu lassen. Zugeteilt wurde 1/8 Liter pro Kopf und »Versorgungsperiode«. Der Blumenschmuckwettbewerb der Stadt wurde »mit Rücksicht auf die Notwendigkeit der Steigerung der Gemüse-Erzeugung« abgesagt. Auf den Balkonen und Fensterbrettern zog man jetzt lieber Schnittlauch, Zwiebeln, Salat oder Tabak. Zur Altkleider- und Spinnstoffsammlung hieß es: »Öffnet Schränke und Truhen – jetzt hilft jedes Kleidungsstück und jeder Faden Spinnstoff mit zum Endsieg«.

Die Bäcker hatten nach einer Anordnung ihres Reichsinnungsverbandes dafür zu sorgen, »daß die Kundschaft kein frisches, wenig bekömmliches und rasch verbrauchtes Brot erhält, sondern mit abgelagertem, gesundem und ausgiebigem Brot beliefert wird. Sie haben die Kunden immer wieder darauf hinzuweisen, daß älteres Brot besser ist und ein leichteres Auskommen mit der Brotkarte gewährleistet«. Angesichts der Verknappung anderer Genußmittel blieb die Herstellung von Speise-Eis, wenn auch in beschränktem Rahmen, weiterhin zugelassen. In einer Glosse beklagte die »Münchener Zeitung«, daß der gemütliche Münchner Ausdruck »um a Zehnerl a Gfrorns« durch das kalte »Eis« verdrängt werde. Aber was war schon noch gemütlich in München?

»In jedem Dultbesucher leben in irgendeinem Seelenwinkel romantische Vorstellungen und optimistische Anwandlungen. Hausfrauen (und auch Männer in Amt und Würden) glauben, sie könnten auf dem Geschirrmarkt ohne weiteres ihren Bedarf an irdenen Gefäßen für Tag und Nacht decken – was sich in Kriegszeiten zumeist als Irrtum herausstellt. Größer hingegen ist das Angebot an gipsernen Affen, Aschenbechern, Frauenschönheiten, Elefanten und Engeln sowie an Gläsern, Vasen und Bechern . . .« Dieser Dultbericht der »Münchener Zeitung« vom 28. April 1942 konnte die Münchner kaum trösten.

Rund hundert Hitlerjungen, Schüler höherer Lehranstalten, wurden als Hilfsschaffner auf der Straßenbahn eingesetzt. In öffentlichen Lokalen und Hotels durften zum Frühstück weder Wurst noch Fleischwaren, weder Eier noch Eierspeisen serviert werden. Auch nicht gegen Marken. Sogar Mitgebrachtes durfte nicht verzehrt werden. »Dies ist geeignet, Anstoß zu erregen, und wahrscheinlich gehamstert oder sonst unrechtmäßig erworben.« Neue Schulhefte gab es nur noch gegen die Ablieferung von alten Heften, und Flaschenbier durfte nur bei Rückgabe leerer Flaschen abgegeben werden. – »Neben Sanddornbeeren und Hagebutten ist auch die Vogelbeere einer der wertvollsten Vitaminträger. Die Fruchtbeeren der Eberesche sind deshalb umgehend zu sammeln und bei den BayWa-Lagerhäusern abzuliefern. Damit wird ein nicht unwesentlicher Beitrag zur Ernährung unseres Volkes geleistet, der vor allem den Verwundeten und Kranken und der kämpfenden Truppe zugute kommt.«

Ende Juni 1942 wurde bekanntgegeben, daß der Gauleiter Adolf Wagner erkrankt war. »Da seine Wiederherstellung voraussichtlich längere Zeit in Anspruch nehmen wird, hat der Führer den Gauleiter des Gaues Westfalen-Süd, Paul Giesler, mit der vertretungsweisen Führung der Geschäfte beauftragt.« Wagner hatte einen Schlaganfall erlitten. Er kehrte nie mehr auf seinen Posten zurück. Nach einem zweiten Schlaganfall starb er im April 1944 in Bad Reichenhall. Sein Stellvertreter und späterer Nachfolger Paul Giesler, Jahrgang 1895, war der Bruder des als Generalbaurat für die »Hauptstadt der Bewegung« tätigen Architekten Hermann Giesler. So wenig beliebt Wagner bei der Bevölkerung gewesen war – seine Trunkenheitsexzesse und Weibergeschichten lieferten ständig (heimlichen) Klatschstoff –, gegen den fanatischen, redesüchtigen und bösartigen Paul Giesler war er eine fast joviale Figur. Wieder einmal bestätigte sich der Münchner Spruch: »Es kommt nix Bessers nach!«

In der großen Deutschen Kunstausstellung wurden von 8000 eingesandten Werken 1250 ausgestellt. 680 Künstler waren vertreten, darunter 180 aus München. Nach zwei Monaten wurden bereits 100 000 Besucher registriert, 300 Werke waren für zwei Millionen Mark verkauft. Das Rennen um das »Braune Band« in Riem fand zum neuntenmal statt, und dabei wurde verzeichnet, daß die Pferde des Stalles Christian Weber im vergangenen Jahr Preise in Höhe von 769 000 Mark gewonnen hatten. Der dicke Rennvereinspräsident scherte sich den Teufel um den Krieg.

Der erste große deutsche Farbtonfilm »Frauen sind doch bessere Diplomaten« lief in München an, und im Tierpark Hellabrunn erhielten zwei neugeborene Nilpferde die Namen Max und Moritz. Im Staatsschauspiel ging »Macbeth« mit Alexander Golling und Anne Kersten über die Bühne, in den Kammerspielen wurde »Der Kreidekreis« mit Carl Wery und Maria Nicklisch aufgeführt. Die Strauss-

Oper »Capriccio« erlebte im Nationaltheater ihre Uraufführung.

Zwar lasen die Münchner jetzt täglich in den dünner gewordenen Zeitungen die Meldungen über »Terrorangriffe« gegen Städte in Nord- und Westdeutschland und auf die Reichshauptstadt Berlin, aber die »Hauptstadt der Bewegung« war bisher verschont geblieben. Allerdings häuften sich in den Zeitungen Hinweise wie »Löschsand ist kein Streusand!« – »Alle verfügbaren Behälter müssen ständig mit Wasser gefüllt sein!« – »Pflegt Eure Volksgasmaske!«. Das richtige Verhalten bei Fliegeralarm wurde den Volksgenossen immer wieder im Fettdruck eingehämmert. Die Sirenen hatten auch schon oft genug geheult, aber passiert war so gut wie gar nichts.

Deshalb nahmen es die Leute auch nicht sonderlich ernst, als gegen Mitternacht vom Freitag, 28., zum Samstag, 29. August 1942 die Sirenen sie aus dem Schlaf rissen. Diesmal aber hörte man das dumpfe Brummen der Kampfflugzeuge, das Dröhnen und Krachen der Bomben, die hellen, harten Salven der Flugabwehrgeschütze. Diesmal fielen Spreng- und Brandbomben, Gebäude krachten zusammen, Dachstühle brannten. Vor allem über Sendling hatten die Engländer ihre mörderische Fracht abgeladen. 144 Menschen fanden den Tod, über 500 Verletzte mußten in die Krankenhäuser und Lazarette gebracht werden, an die 6000 Menschen hatten ihre Wohnungen verloren – aber nicht eine Zeile erschien über diesen Angriff in den Münchner Zeitungen! Die Gaupropagandaleitung hatte es – aus welchen Gründen auch immer – verboten.

Der Bericht des Oberkommandos der Wehrmacht vom 29. August gab kurz bekannt: »In der vergangenen Nacht führten Verbände der britischen Luftwaffe Störangriffe auf süd- und südwestdeutsches Gebiet durch. Die Zivilbevölkerung hatte Verluste. In den Wohnvierteln einiger Städte entstanden Sach- und Gebäudeschäden. Nachtjäger und Flakbatterien schossen nach bisherigen Meldungen 32 der angreifenden Bomber ab.« In den Zeitungen konnten aufmerksame Leser allenfalls Hinweise entdecken, etwa den, daß die Straßenbahnlinien 8 und 18 »wegen Gleisausbesserungsarbeiten« nicht nach Sendling fuhren, sondern am Stachus umkehrten. Auch die Aufforderung »Splitter von der Fahrbahn!« und Ratschläge für Fliegergeschädigte ließen durchblicken, daß »etwas passiert« war.

Groß herausgestellt wurde ein Gerichtsurteil, mit dem ein Mann – in einer anderen Stadt – zum Tode verurteilt worden war, weil er

56 Verzicht auf weitere territoriale Ansprüche versprach Hitler nach der Annexion der sudetendeutschen Gebiete. So war es in dem mit (von links) Chamberlain, Daladier und Mussolini am 29. September 1938 getroffenen Münchner Abkommen beschlossen worden. Ganz rechts: Graf Ciano.

57 Nach dem Frankreichfeldzug gab es einen »großen Bahnhof« für den italienischen Staatschef Benito Mussolini. Der Duce hatte sich auf die Seite des »größten Feldherrn aller Zeiten« geschlagen.

58 Zügige Propaganda hielt das Volk auf Trab. Aufrufe zu Kundgebungen und Meldungen nahmen die Litfaßsäulen ein, doch war 1940 im Zeichen der Siege auch noch Raum für harmlose Volksbelustigungen.

59 Für das Volk, durch das Winterhilfswerk geschult, begann das große Opfern. Die an der Feldherrnhalle aufgebaute Metallspende im April 1940, die Gauleiter Wagner wohlgefällig besichtigt, war vergleichsweise noch zahm.

60 Wo steht die Front? So durfte das Volk – wie hier vor dem Gebäude der Münchner Neuesten Nachrichten – wieder fragen, nachdem Hitler am 22. Juni 1941, den Nichtangriffspakt brechend, den Feldzug gegen die Sowjetunion begann.

61 Schon im Dezember 1941 war der Feldzug im Osten in Schlamm und Schnee steckengeblieben. Mit der »Spende« von Wintersachen und Skiern sollte das Volk der Front zu Hilfe kommen. Wie sich herausstellte, eine völlig sinnlose Maßnahme.

62 Von Westfalen-Süd kam Gauleiter Paul Giesler, um im Sommer 1942 Gauleiter Wagner zu ersetzen, der nach einem Schlaganfall von der politischen Bühne abtreten mußte.

63 Unerschrockener Gegner des NS-Regimes und seiner Repräsentanten war der Münchner Erzbischof Michael Kardinal Faulhaber. In seinen berühmt gewordenen Predigten nahm der Kirchenfürst kein Blatt vor den Mund.

nach einem Luftangriff geplündert hatte (30 Pfund Mehl aus einem Lebensmittelladen). »Die Hinrichtung ist bereits erfolgt. Jeder Deutsche darf sich darauf verlassen, daß seine Habe bei Luftangriffen mit eiserner Entschlossenheit und unnachsichtiger Härte vor dem Zugriff von Verbrechern geschützt wird.«

Der Versuch, den ersten großen Luftangriff auf München totzuschweigen, war natürlich gescheitert. Jeder Münchner wußte, was geschehen war, und die Gerüchte machten den Schaden und die Verluste eher noch größer, als sie wirklich waren. Vier Wochen später gab die Gaupropagandaleitung ihre Verschleierungstaktik auf: Über den Angriff in der Nacht zum 20. September wurde ausführlich berichtet. Rührende Beispiele von Tapferkeit und Hilfsbereitschaft wurden erzählt, die Leistungen von Feuerwehren und Rettungsmannschaften gerühmt, die gute Organisation der NSV (Volkswohlfahrt) herausgestrichen, die mit Feldküchen voll Verpflegung und Kanistern voll Getränken zu den Schadenstellen kam. Nicht vergessen wurde natürlich, daß »der Führer der Münchner Bevölkerung seine Anerkennung für ihre gute Haltung zum Ausdruck bringen ließ«.

In riesigen Todesanzeigen, unterschrieben von Gauleiter Giesler und Oberbürgermeister Fiehler, wurden die Namen der Opfer bekanntgegeben. Bei einer Feierstunde im Nordfriedhof waren die langen Reihen der 108 Särge mit Fahnen geschmückt, loderten Flammen in den Schalen der Pylonen, ertönten dumpfe Trommelwirbel. Giesler legte einen Kranz des Führers nieder, und Fiehler sagte: »Unser Dank an die Toten sei das Gelöbnis, uns noch leidenschaftlicher zu bekennen zur großen Schicksalsgemeinschaft unseres Volkes, der wir ewig verbunden sind, für die wir zusammenstehen im eisernen Ringen dieser Zeit.«

Dieses pathetische Zeremoniell, diese schwülstigen, schier unerträglichen Phrasen sollten sich noch viele, viele Male wiederholen. München war einbezogen in die allmähliche Vernichtung der deutschen Städte, die »Hauptstadt der Bewegung« war »Frontstadt« des Luftkrieges geworden.

Zwei Tage später in der »Münchener Zeitung«: »Es gibt immer noch Volksgenossen, die ihre Freizeit dazu benützen, an den Schadensstellen neugierig herumzustehen. Alle diese Personen werden nunmehr darauf aufmerksam gemacht, daß sie von den verantwortlichen Männern an den Schadensstellen zu Aufräumungsarbeiten herangezogen werden. Es kann angesichts der Opfer der betroffenen Volksgenossen nicht geduldet werden, daß einzelne sich von einer tatkräftigen Mithilfe bei Notfällen ausschließen und nur ihrer Neugierde frönen.«

Gauleiter und Oberbürgermeister besuchten die Verletzten in den Krankenhäusern. Der Berichterstatter der »Münchener Zeitung« notiert dazu: »So gaben Gauleiter Giesler und Oberbürgermeister Fiehler den Verletzten des Terrorangriffs eines Feindes, der sich vom Haß treiben läßt, Trost, Kraft und auch einen stillen Anflug von Freude. Die Stunde des Besuchs war voll tiefen Ernstes. Unvergeßlich aber wird besonders die Haltung unserer verletzten Volksgenossen bleiben, für die Worte zu schwach sind, um sie schildern zu können . . .«

Man rückt zusammen, man arrangiert sich mit den Verhältnissen, man hat keine andere Wahl. In der Zuteilungsperiode vom Oktober wird die Brotration auf 2250 g, die Fleischration auf 350 g pro Woche erhöht. Die achtzehnjährigen Hitlerjungen des Jahrgangs 1924 werden im Festsaal des Hofbräuhauses feierlich in die Partei aufgenommen. Urlauber von der Ostfront bringen die ersten »Führerpakete« mit nach Hause, sie sind 7½ Kilo schwer, mit Hartwurst, Butter, Mehl – eine willkommene Zusatzverpflegung für die Familie während der Urlaubstage.

Mit einer Großkundgebung der Kulturschaffenden wird im Festsaal des Deutschen Museums die Münchner Kulturwoche eröffnet. Giesler: »München bekennt sich in dieser Kulturwoche zu seiner großen Mission, Stadt der Deutschen Kunst zu sein.« Und Goebbels bei einer Kundgebung vor der Feldherrnhalle zur Eröffnung des Winterhilfswerks 42/43: »Es ist einige Jahre her, daß ich das letztemal vor der Bürgerschaft dieser schönen Stadt gesprochen habe . . . München soll als Hauptstadt der Bewegung allen anderen deutschen Städten ein leuchtendes Beispiel geben an nationaler Opferbereitschaft, hoher patriotischer Gesinnung, an Zuverlässigkeit, Stärke und Ausdauer der Herzen . . .«

Wie es in der Bevölkerung tatsächlich aussah, darüber gibt der Bericht eines Landrats Auskunft: »Der Eindruck, den ich bei der Musterung des Jahrgangs 1925 gewonnen habe, war noch schlechter als bei der Musterung des Jahrgangs 1924 heuer im Februar. Von einer Kriegsbegeisterung ist keine Spur zu entdecken. Die Freiwilligen-Meldungen waren nur gering und wurden meist wieder zurückgezogen, wenn zur Dauer der Verpflichtung Stellung genommen werden sollte ... Ganz niederschmetternd waren die Ergebnisse der Prüfung über Kenntnisse im Rechnen, Geographie, Geschichte usw. Es scheint doch so zu sein, daß unmittelbar nach der Nationalen Erhebung die Schulkinder vor lauter Schulfeiern, Staatsjugendtagen, freien Ganztagen und Halbtagen, beschränkter Stundenzahlen, sportlicher Veranstaltungen, Beurlaubungen, Durchführung von Sammlungen usw. gar nicht mehr dazu gekommen sind, in erster Linie einmal richtig Schreiben und Rechnen zu lernen ...« (Bericht vom 30. 9. 42 aus Broszat »Bayern in der NS-Zeit«.)

Der biedere Ministerpräsident Ludwig Siebert starb, 68jährig, am 1. November nach einem Schlaganfall. Er erhielt ein Staatsbegräbnis. Sein Amt wurde auf Anordnung Hitlers von Gauleiter Giesler übernommen, der auch die Geschäfte des Finanz- und Wirtschaftsministers führte und Chef der Staatskanzlei wurde. Hitler kam am 8. November zum vierten Mal in diesem Krieg zu den »Kampfgenossen der alten Garde« in den Löwenbräukeller: »Der Sinn des 9. November besteht während des Krieges in unermüdlicher Arbeit für den Sieg.«

Während sich die Münchner noch über die zur Verbesserung der Stimmung ausgegebenen Weihnachtssonderzuteilungen freuten (500 g Weizenmehl, 200 g Fleisch, 125 g Butter, 62,5 g Käse, 250 g Zucker, 125 g Hülsenfrüchte, 125 g Zuckerwaren, 50 g Bohnenkaffee und ½ Flasche Trinkbranntwein), ging der nächste Luftangriff auf die Stadt nieder. In der Nacht zum 21. Dezember wurden wieder Gebäude zerstört und, nach offiziellen Angaben, 17 Menschen getötet. »Der Angriff beweist erneut die rücksichtslose Brutalität des Feindes, die sich gegen die Widerstandskraft der Heimat richtet, die aber stärker ist als alle Bombendrohungen ...«

Weihnachtsstimmung kommt nirgends mehr auf. Bei Stalingrad ist die 6. Armee eingeschlossen. Als einmalige »Elterngabe« werden – ohne Rücksicht auf das Einkommen – 300 Mark für jeden im Krieg gefallenen Sohn ausbezahlt .

Die »Weiße Rose«

Freudloses Weihnachten, düstere Aussichten für das neue Jahr 1943. In seiner »Neujahrsbotschaft an das deutsche Volk« aus dem Führerhauptquartier hatte Hitler gesagt: »Wir sind, nachdem der Krieg nicht vermeidbar war, entschlossen, ihn mit dem ganzen Fanatismus zu führen, dessen wir Nationalsozialisten fähig sind. Wir sind vor allem gewillt, ihn bis zur endgültigen klaren Entscheidung zu führen ...«

»Wir Nationalsozialisten« – das war eine recht fragwürdige Verallgemeinerung. In den Berichten des Sicherheitsdienstes ebenso wie in denen der bayerischen Regierungspräsidenten wird übereinstimmend der rasche Ansehensverlust der Partei – wobei Hitler selbst ausdrücklich ausgenommen wird – betont. Da werden Episoden festgehalten wie die, daß ein Besuch aus dem Rheinland, als er in München einen Bekannten mit »Heil Hitler« ansprach, als Antwort eine Ohrfeige bekommen habe. Es sei nicht mehr ratsam, das Parteiabzeichen offen am Revers zu tragen; wer in brauner Uniform herumlaufe, stoße auf eisige Ablehnung. Die anhaltenden verheerenden Luftangriffe auf Städte in Nord- und Westdeutschland – auch München konnte jeden Tag wieder betroffen werden –, der drohende Zusammenbruch der Front in Nordafrika, die pausenlosen Angriffe der Russen an allen Abschnitten der Ostfront und insbesondere der sich anbahnende Untergang der 6. Armee in Stalingrad ließen nur noch ganz Unentwegte auf einen halbwegs glücklichen Ausgang des Krieges hoffen.

Aus dieser Stimmung heraus ist ein Vorfall zu erklären, der sich bei der 470-Jahr-Feier der Münchner Universität ereignete und der einmalig in ganz Deutschland war: Am 13. Januar 1943 kam es im Kongreßsaal des Deutschen Museums bei einer Rede des Gauleiters Giesler zu stürmischen Protesten und Tumulten.

Im Saal saßen die »Frontstudenten«, zum Studium beurlaubte junge Soldaten, meist in Uniform und mit Auszeichnungen. Auf der Galerie hatten die »freien« Studenten und vor allem die Studentinnen Platz genommen. Zuerst rechnete Giesler den Studenten vor, daß sie dankbar sein müßten, hier in München, beschützt von den an der Front kämpfenden Kameraden, bezahlt von den Steuergeldern der deutschen Arbeiter, in Ruhe und Sicherheit studieren zu können. Eisiges Schweigen antwortete ihm.

Dann ging er mit bösartiger Ironie auf die Studentinnen los. Sie sollten doch lieber, statt sich an der Universität herumzudrücken, dem Führer ein Kind schenken, er sehe nicht ein, warum sie nicht in jedem Universitätsjahr ein Zeugnis in Gestalt eines Sohnes vorweisen sollten. Jetzt entstand Unruhe im Saal. Die Studenten scharrten und murrten hörbar. Das stachelte den Gauleiter noch weiter an. »Wenn einige Mädels nicht hübsch genug sind, einen Freund zu finden, werde ich gerne jeder einen meiner Adjutanten zuweisen – und ich kann ihr ein erfreuliches Erlebnis versprechen!«

Frau Gertraud H., jetzt Oberstudiendirektorin i.R. in München, saß damals als Studentin auf der Galerie. Sie erinnert sich sehr gut, was dann geschah: »Die Studenten unten im Saal protestierten laut, und von den Mädchen auf der Galerie standen viele auf und gingen polternd hinaus. Im Gang draußen trommelten wir mit den Absätzen gegen die Garderobenschränke. Es war ein Höllenlärm. Da erschienen aber auch schon SS-Leute und trieben uns in den Saal zurück. Der Gauleiter redete weiter. Aber bei seinen pathetischen Phrasen kam oft Gelächter auf, es wurde gezischt und gebuht.

Als Giesler seine Rede beendet hatte, drängten die Studenten aus dem Saal. Wir Mädchen wollten auch hinausgehen, aber die SS-Posten hielten uns zurück. Der Studentenführer drängte sich durch das aufgeregte Gewühl und verlangte, daß alle Studentinnen sich melden sollten, die protestiert hatten. Tatsächlich meldeten sich vielleicht zwei Dutzend Mädchen, denen noch die Empörung über das Gauleiter-Geschwätz im Gesicht stand. Sie wurden vorläufig festgenommen und ihre Personalien notiert. Unterdessen hörten wir von draußen die Sprechchöre unserer männlichen Kommilitonen: »Wir wollen unsere Mädchen wieder haben!« Schließlich gaben die SS-Leute den Weg frei. Wir wurden von den Studenten stürmisch begrüßt. Arm in Arm und singend zogen wir ab. Inzwischen war auch das Überfallkommando eingetroffen. Aber die Polizisten schoben uns nur so schnell wie möglich von der Straße. Soviel ich weiß, ist auch den festgenommenen Mädchen nichts weiter passiert.«

Die offizielle Berichterstattung in der Presse erwähnte natürlich von diesen Vorfällen nichts. In dem von der Gaupressestelle herausgegebenen, in den Zeitungen abgedruckten Text war nur die Rede davon, der Gauleiter habe mit »erfrischendem Kampfgeist« gesprochen, mit »herzhafter Konsequenz« einzelne Kriegserscheinungen des Hochschullebens aufgezeigt und studentische Drückeberger mit »satirischer Schärfe« angeprangert. »Mit sarkastischen Vergleichen fertigte der Gauleiter alle Voreingenommenheiten und Randerscheinungen eines verbildeten Intellekts und einer falschen Klugheit ab. Echtes Leben vermittle uns einzig und allein Adolf Hitler mit seiner hellen, freudigen, das Leben bejahenden Lehre«, hieß es da. Kein Wort von Protest, Tumult, Überfallkommando. Trotzdem wußte ganz München bald von dem blamablen Auftritt Gieslers und der spontanen Reaktion der Studenten.

Die Unruhe an der Universität hielt weiter an. In einer zweiten Versammlung drohte der Gauleiter, er werde die Universität schließen lassen, die Studenten zum Fronteinsatz und die Studentinnen in die Rüstungsindustrie abkommandieren. Zugleich aber entschuldigte er sich für seine Entgleisungen vom 13. Januar.

Am Morgen des 4. Februar aber standen in schwarzer Farbe und großen Buchstaben an den Mauern der Universität, an Anschlagsäulen und Hauswänden in der Amalienstraße die Worte: »Nieder mit Hitler!« – »Freiheit!« Daneben waren Hakenkreuze gemalt und mit roter Farbe durchgestrichen.

In einer vertraulichen Mitteilung vom 5. Februar berichtete die Oberstaatsanwaltschaft München I dem Reichsjustizminister in Berlin unter dem Betreff »Staatsfeindliche Umtriebe in München« diesen Sachverhalt. In Ziffer II des Schreibens wird gemeldet: »In den letzten Tagen wurden etwa 1300 Flugblätter anti-nationalsozialistischen Inhalts mit demokratisch-föderalistischer Tendenz auf den Straßen der Stadt gefunden. Die Täter sind unbekannt.«

Sie blieben es nicht mehr lange. Am 18. Februar flatterten bündelweise Flugblätter vom obersten Stockwerk der Universität durch den Lichthof herunter. Vor den Türen der Seminarräume und Hörsäle lagen sie ebenfalls in Stößen. Der Hausdiener Jakob Schmied sah ganz oben einen jungen Mann und ein Mädchen, die sich über das Geländer beugten. Er rannte die Treppe hinauf und schrie: »Halt – Sie sind verhaftet!« Widerstandslos ließen sich die beiden jungen Leute zum Rektor führen. Sie hatten noch den Koffer bei sich, mit dem sie die Flugblätter in die Universität gebracht hatten. Ihre Namen waren schnell festgestellt: Hans und Sophie Scholl. Wenig später war die Gestapo im Haus, sperrte die Eingänge ab, durchsuchte alle Studenten und sammelte die Flugblätter ein.

Beim ersten Verhör leugneten die Geschwister, und die Gestapobeamten waren wohl zunächst unsicher, ob die Richtigen festgehalten worden waren. Die Geschwister hatten sich nicht gewehrt, hatten nicht zu fliehen versucht, schienen vollkommen ruhig. Dann aber fand man bei Hans Scholl den Entwurf eines anderen Flugblattes, der von seinem Freund Probst stammte. Dieser wurde wenig später ebenfalls festgenommen. In Hans Scholls Wohnung entdeckte die Gestapo weiteres belastendes Material. Da bekannten sich Hans und Sophie zu ihrem Widerstand, der unter dem Namen, mit dem die Flugblätter unterzeichnet waren, erst nach dem Krieg in aller Welt bekannt wurde: Die weiße Rose.

Das letzte Flugblatt der »Weißen Rose« (Auszug)

Kommilitonen! Kommilitoninnen!
Erschüttert steht unser Volk vor dem Untergang der Männer von Stalingrad. 330 000 deutsche Männer hat die geniale Strategie des Weltkriegsgefreiten sinn- und verantwortungslos in Tod und Verderben gehetzt. Führer, wir danken Dir!
Es gärt im deutschen Volk: Wollen wir weiter einem Dilettanten das Schicksal unserer Armeen anvertrauen? Wollen wir den niederen Machtinstinkten einer Parteiclique den Rest der deutschen Jugend opfern? Nimmermehr! Der Tag der Abrechnung ist gekommen, der Abrechnung der deutschen Jugend mit der verabscheuungswürdigsten Tyrannis, die unser Volk je erduldet hat. Im Namen der deutschen Jugend fordern wir vom Staat Adolf Hitlers die persönliche Freiheit, das kostbarste Gut des Deutschen zurück, um das er uns in der erbärmlichsten Weise betrogen.
In einem Staat rücksichtsloser Knebelung jeder freien Meinungsäußerung sind wir aufgewachsen. HJ, SA, SS haben uns in den fruchtbarsten Bildungsjahren unseres Lebens zu uniformieren, zu revolutionieren, zu narkotisieren versucht. ›Weltanschauliche Schulung‹ hieß die verächtliche Methode, das aufkeimende Selbstdenken in

einem Nebel leerer Phrasen zu ersticken. Eine Führerauslese, wie sie teuflischer und bornierter zugleich nicht gedacht werden kann, zieht ihre künftigen Parteibonzen auf Ordensburgen zu gottlosen, schamlosen und gewissenlosen Ausbeutern und Mordbuben heran, zur blinden, stupiden Führergefolgschaft. Wir ›Arbeiter des Geistes‹ wären gerade recht, dieser neuen Herrenschicht den Knüppel zu machen! – – – Es gibt für uns nur eine Parole: Kampf gegen die Partei! Heraus aus den Parteigliederungen, in denen man uns weiter politisch mundtot halten will. – – –

Freiheit und Ehre! Zehn lange Jahre haben Hitler und seine Genossen die beiden herrlichen deutschen Worte bis zum Ekel ausgequetscht, abgedroschen, verdreht, wie es nur Dilettanten vermögen, die die höchsten Werte einer Nation vor die Säue werfen. Was ihnen Freiheit und Ehre gilt, haben sie in zehn Jahren der Zerstörung aller materiellen und geistigen Freiheit, aller sittlichen Substanzen im deutschen Volk genugsam gezeigt. Auch dem dümmsten Deutschen hat das furchtbare Blutbad die Augen geöffnet, das sie im Namen von Freiheit und Ehre der deutschen Nation in ganz Europa angerichtet haben und täglich neu anrichten. Der deutsche Name bleibt für immer geschändet, wenn nicht die deutsche Jugend endlich aufsteht, rächt und sühnt zugleich, ihre Peiniger zerschmettert und ein neues geistiges Europa aufrichtet.

Studentinnen, Studenten! Auf uns sieht das deutsche Volk! Von uns erwartet es, wie 1813 die Brechung des napoleonischen, so 1943 die Brechung des nationalsozialistischen Terrors aus der Macht des Geistes. Beresina und Stalingrad flammen im Osten auf, die Toten von Stalingrad beschwören uns! ›Frisch auf, mein Volk, die Flammenzeichen rauchen!‹

Unser Volk steht im Aufbruch gegen die Verknechtung Europas durch den Nationalsozialismus, im neuen gläubigen Durchbruch von Freiheit und Ehre!

Schon vier Tage nach der Verhaftung fand vor dem Volksgerichtshof, als dessen Vorsitzender der berüchtigte Roland Freisler aus Berlin gekommen war, die Verhandlung gegen die Geschwister Scholl und Christoph Probst statt. Sie endete mit drei Todesurteilen, die noch am gleichen Tag vollstreckt wurden. In den Münchner Zeitungen erschien am 23. 2. 43 eine offizielle Notiz: »Der Volksgerichtshof verurteilte am 22. Februar 1943 im Schwurgerichtssaal des Justizpalastes den 24 Jahre alten Hans Scholl, die 21 Jahre alte Sophia Scholl, beide aus München, und den 23 Jahre alten Christoph Probst aus Aldrans bei Innsbruck wegen Vorbereitung zum Hochverrat und wegen Feindbegünstigung zum Tode und zum Verlust der bürgerlichen Ehrenrechte. Das Urteil wurde am gleichen Tag vollzogen. Die Verurteilten hatten sich als charakteristische Einzelgänger durch das Beschmieren von Häusern mit staatsfeindlichen Aufforderungen und durch die Verbreitung hochverräterischer Flugschriften an der Wehrkraft und dem Widerstandsgeist des deutschen Volkes in schamloser Weise vergangen. Angesichts des heroischen Kampfes des deutschen Volkes verdienen derartige verworfene Subjekte nichts anderes als den raschen und ehrlosen Tod.«

Erst nach dem Krieg sind alle Einzelheiten über die Flugblätter der »Weißen Rose« und den Widerstandskreis der Münchner Studenten, zu denen noch Alexander Schmorell und Willi Graf sowie als Freund, Mentor und Mitverfasser einiger Flugblätter auch der Philosophieprofessor Kurt Huber gehörten, bekanntgeworden. In einer Reihe von Büchern (z. B. Inge Scholl »Die weiße Rose«, Christian Petry »Studenten aufs Schafott« u. a.), in Dokumentationen, Doktorarbeiten, Erinnerungsaufsätzen und Gedenkreden sind Taten, Motive, Wirken und Scheitern der »Weißen Rose« ausführlich dargestellt worden. Auf diese Veröffentlichungen stützt sich auch die nachstehende zusammenfassende Schilderung.

Der Freundeskreis der »Weißen Rose« hatte sich im Sommer 1942 an der Münchner Universität zusammengefunden. Die jungen Leute studierten Medizin und waren einer Studentenkompanie zugeteilt. Halb Soldat und halb Student, verbrachten sie ihre Zeit in Hörsälen, Kliniken und Kasernen. Die meisten wohnten privat, hatten »Ausgang bis zum Wecken« und mußten nur gelegentlich zu Appellen antreten.

Zuerst traf man sich zu literarischen Abenden, ging in Konzerte, diskutierte über Kunst und Musik. Die Gespräche endeten meist mit politischen Debatten über den Nationalsozialismus, die würgenden Einschränkungen aller geistigen Freiheit, die immer kritischer werdende Kriegslage. Nach der Rückkehr von einem Fronteinsatz im Osten, zu dem die Mediziner-Kompanie abkommandiert worden war, waren sich die Gesinnungsfreunde einig, daß etwas geschehen müsse, um den Untergang – in jedem Sinne – aufzuhalten. In Professor Kurt Huber, der sich besonders als Volksliedforscher einen Namen gemacht hatte, fanden die Studenten einen gleichgesinnten, klugen Freund.

So entstanden die ersten Flugblätter der »Weißen Rose«. Auf einer Schreibmaschine getippt, mit einem Vervielfältigungsapparat abgezogen, wurden sie in München und anderen Städten verschickt. An Freunde, Bekannte und auch an geeignet scheinende aus dem Telefonbuch gewählte Adressen. Papier und Porto bezahlten die Studenten selbst, Schreibmaschine und Repro-Apparat waren von Freunden geliehen.

Die Tonart der Flugblätter unterschied sich erheblich von den gelegentlich auftauchenden Kampfschriften kleiner kommunistischer Widerstandsgruppen. Sie wendeten sich an Menschen, denen sich die Autoren geistig zugehörig fühlten. Es war darin von der »Diktatur des Bösen«, von »Ausgeburten der Hölle«, »Boten der rächenden Nemesis«, »unersättlichen Dämonen« und anderem die Rede. Franz Joseph Schöningh, Nachkriegsherausgeber der Zeitschrift »Hochland«, schrieb dazu 1946: »Wer heute einige Flugblätter der ›Weißen Rose‹ mit dem Blick des politisch Erfahrenen liest, ist geradezu erschüttert von deren religiöser und ethischer Glut und zugleich niedergeschlagen von der politischen Kindlichkeit, die sich hier offenbart. Es wurden Goethe und Schiller, Aristoteles und Laotse mit sehr treffenden Worten zitiert, zu einer Zeit, da sich Himmler zum absoluten Polizeityrannen über alle Deutschen entwickelte . . .«

Im Sommertrimester 1942 schrieben Hans Scholl und Alexander Schmorell die ersten vier Flugblätter. Das fünfte Flugblatt entstand im Januar, das sechste und letzte im Februar 1943. An der Abfassung des fünften Flugblatts mit dem Titel »An alle Deutschen« war Professor Huber beteiligt, das letzte, dessen Verteilung den Geschwistern Scholl zum Verhängnis wurde, schrieb er allein (Petry). Es war sehr viel eindringlicher und schärfer als die Vorausgegangenen und enthielt kaum noch schöngeistige Zitate (siehe Seiten 171 und 172). Nach der Festnahme von Hans und Sophie Scholl wurden im Februar und März auch Alexander Schmorell, Willi Graf, Kurt Huber und eine Anzahl ihrer Freunde verhaftet. Am 19. April standen sie vor dem Volksgerichtshof, dessen Vorsitz wieder Freisler übernommen hatte. Nach vierzehnstündiger Verhandlung wurden Schmorell, Graf und Huber zum Tode verurteilt, die anderen kamen mit Freiheitsstrafen zwischen zehn und einem Jahr davon. Die Urteile gegen Schmorell und Huber wurden am 13. Juli vollstreckt, Willi Graf wurde am 12. Oktober hingerichtet. Man hatte ihn so lange im Gefängnis behalten, um seine Aussagen gegen andere Verdächtige zu erzwingen. Graf verriet niemand.

Alle Verurteilten der »Weißen Rose«, das wird übereinstimmend berichtet, sind tapfer und aufrecht in den Tod gegangen. Sie standen zu ihrem Tun aus Idealismus und tiefinnerster Überzeugung. Sie nahmen den Tod unter dem Fallbeil an als letzte Station ihres Widerstandes gegen ein mörderisches Regime, das mit brutaler Gewalt zurückschlug, als es sich von der moralischen Kraft dieser jungen Menschen und ihrem leidenschaftlichen Bekenntnis zur Freiheit bedroht sah. Der Publizist W. E. Süskind schrieb: »Dieses förmlich verklärte In-den-Tod-Rennen junger Menschen ist gleichsam das Langemarck einer anderen Generation von Kriegsfreiwilligen, in seiner sozusagen blinden Gültigkeit von keiner Verstandeserwägung anzufechten.«

Die »Weiße Rose« war unter den SS-Stiefeln zertreten. »Zu ihrer Zeit haben Hans und Sophie Scholl, Probst, Schmorell, Huber und Graf ein äußerstes Zeichen persönlicher und moralischer Integrität gesetzt, dessen politische Wirkungslosigkeit eben wegen des Ranges dieser Moral um so schmerzlicher ist. Als moralische Tat ist die ›Weiße Rose‹ aus unserer Geschichte nicht mehr auszulöschen« (Petry).

Der Hausdiener der Universität, Jakob Schmied, der die Geschwister Scholl bei ihrer Flugblattaktion gestellt hatte, wurde 1946 von einer Münchner Spruchkammer als Hauptbelasteter eingestuft und zu fünf Jahren Arbeitslager verurteilt. Der damals Einundsechzigjährige wurde als »kleiner Beamter der Partei« gewertet, der »seine große Chance gekommen sah und sie nicht ungewahrt vorübergehen lassen wollte«.

Der Mann, der 1943 im Gefängnis Stadelheim als Henker amtierte, hieß Johann Reichardt. Er hat in den zwölf Jahren des »Dritten Reiches« 3005 Menschen hingerichtet, von denen ein erheblicher Teil Anti-Nationalsozialisten, Widerstandskämpfer oder auch nur »Schwarzhörer« oder »Meckerer« waren. Reichardt wurde im November 1945 vom damaligen bayerischen Justizministerium erneut in sein Amt verpflichtet (das er übrigens seit 1924 ausgeübt hatte) und in das amerikanische Kriegsverbrechergefängnis Landsberg beordert. Dort brachte er bis März 1947 wieder zahlreiche Menschen vom Leben zum Tode. Es machte für ihn wohl wenig Unterschied, daß er diesmal hängte statt köpfte, und zwar Nationalsozialisten. Reichardt starb vor einigen Jahren als »Ruheständler«.

Die Bevölkerung zum Stillschweigen erzogen: Mahnung an Hauswänden und in leeren Schaufenstern.

Der totale Krieg

Am gleichen Tag, als die Flugblätter der »Weißen Rose« durch den Lichthof der Universität flatterten und die Geschwister Scholl festgenommen wurden, am 18. Februar 1943, stellte Goebbels in seiner berühmt-berüchtigten Sportpalast-Rede die Frage: »Wollt ihr den totalen Krieg?« und erhielt die vieltausendstimmige Antwort: »Ja!«

Und so sah dieser totale Krieg in München aus – nicht anders als in allen anderen Städten und Orten des »Großdeutschen Reiches«: Alle Bars, Luxusgaststätten und Vergnügungslokale wurden geschlossen. Darunter waren in München die Bars im Hotel Vier Jahreszeiten, im Regina, im Bayerischen Hof und im Künstlerhaus, die Restaurants Hans Gruß (Deutsches Theater), Waltherspiel (Vier Jahreszeiten) und die Frühstücksstube Böttner, die Kleinkunstbühnen Malkasten, Odeon-Casino, Serenissimus und Ritterspelunke. Für viele Münchner mag es eine Überraschung gewesen sein, daß Bars und Luxusgaststätten überhaupt noch existierten. Leisten konnten sich den Besuch dieser Lokale, in denen es immer noch etwa französischen Cognac oder markenfreies Wiener Schnitzel gab, sowieso nur »gewisse Kreise«, insbesondere ausländische Gäste und ihre meist braun uniformierten Gastgeber.

Offiziell hieß das so: »Die Schließungen entsprechen dem gesunden Empfinden jener ungezählten Männer und Frauen, die kein Verständnis mehr dafür aufbringen, daß angesichts der schweren Eingriffe in das persönliche Leben jedes einzelnen noch Lokale und Vergnügungsstätten geöffnet sein sollen, die doch nur einem bestimmten Kreis von Menschen, die über genügend Zeit und Geld verfügen, zugänglich waren.«

Einzelhandelsgeschäfte, die nicht als kriegs- und lebenswichtig angesehen wurden, mußten ebenfalls schließen: Läden für Süßwaren, Parfümerien, Juwelen, Briefmarken, Teppiche, Sportartikel, Pelzwaren, Klavier- und Musikinstrumente mußten die Rolläden herunterlassen. »In stärkerem Maße als bisher werden in Auswirkung der Kriegswirtschaft Einzelhandelsgeschäfte geschlossen, sei es nun, daß die Inhaber und Angestellten eingezogen, dienstverpflichtet oder für andere kriegswichtige Aufgaben eingesetzt werden oder daß die geringer werdenden Warenmengen die Offenhaltung der Geschäfte nicht mehr notwendig machen. Die Kunden dieser Läden müssen sich nach anderen Einkaufsquellen umsehen . . .« – In die leeren Schaufenster wurden Propaganda-Tafeln gestellt wie der schwarze Schattenmann mit dem »Psst – Feind hört mit!« oder Schilder zur wirtschaftspolitischen Aufklärung (»Kampf dem Verderb«).

Beim Friseur konnten Männer nur noch Haarschneiden, Kopfwaschen und Rasieren, Damen nur Kopfwaschen, Frisieren und Ondulieren verlangen. Untersagt wurden alle Arten von Schönheitspflege, Kopf- und Gesichtsmassagen, Maniküre, Pediküre, Färben und Bleichen der Haare sowie Dauerwellen. »Durch das Wegfallen dieser Arbeiten wird eine überraschend hohe Zahl weiblicher Arbeitskräfte eingespart und kann sinnvolleren Arbeiten zugeführt werden.« Auch »Knipsen« ist natürlich nicht mehr kriegswichtig: Filme, Platten und Fotopapier dürfen für nichtberufliche Zwecke nicht mehr abgegeben werden. Das gewerbsmäßige Entwickeln und Kopieren für nichtberufliche Zwecke ist verboten. Lichter und Kerzen bei Festveranstaltungen sind ebenfalls verboten. »Im totalen Krieg ist keine Stimmung und Zeit für Feuerzauber!« (Wörtliches Zitat)

Für »Feuerzauber« im bösesten Sinn sorgten dann wieder die britischen Bombengeschwader. In der Nacht vom 9. auf 10. März luden sie ihre tödliche Fracht besonders über den nördlichen und westlichen Stadtvierteln ab. 208 Menschen starben in den Trümmern ihrer Häuser, 435 wurden verletzt. Wieder wurden zahlreiche öffentliche Gebäude getroffen. Über der Ludwigstraße lagen dichte Qualmwolken – die Staatsbibliothek brannte, in Dach und Mauern des Zentralministeriums in derselben Straße klafften Löcher, ein Flügel der Residenz war beschädigt, das Nationalmuseum in der Prinzregentenstraße hart getroffen, die Badenburg im Nymphenburger Schloßpark schwer angeschlagen.

»Eine Stadt hält stand« war der Leitartikel der Münchner Neuesten Nachrichten am 11. März überschrieben, und ein Reporter schildert die Zerstörungen in der Staatsbibliothek: »Wir sind heute trauernden Herzens durch das stolze Haus gegangen, wo die vertrauten Arbeitssäle rußgeschwärzte Wasserlachen aufweisen und in schützenden Ecken Bücherhaufen gestapelt liegen. Die stille Arbeit des Friedens ist hier plötzlich einer anderen zupackenden Tätigkeit gewichen: Männer mit Stahlhelmen trotzen mit verbissener Härte dem Vernichtungswerk des Feindes schrittweise seine Opfer ab.

Zwar blickt man aus dem Innenhof die geschwärzten Wände hinauf durch die leeren oberen Fensterrahmen und das abgebrannte Dach ins Leere, aber das verheerende Feuer ist gebändigt. Es steht der stattliche Bau und trägt stolz seine frischen Narben ... Wenn auch der durch den Terrorangriff entstandene Schaden keineswegs verringert werden soll, so ist doch vor leichtfertig übertreibenden Gerüchten dringend zu warnen. Es ist gelungen, einen sehr großen Teil des Bücherschatzes zu retten ... Bekanntlich sind die wertvollsten Schätze der Staatsbibliothek schon zu Beginn des Krieges in Sicherheit gebracht worden.«

Tatsächlich sind bei diesem und einem weiteren Angriff im Oktober 1943 eine halbe Million Bücher verbrannt und vernichtet worden, tatsächlich waren aber auch an 35 verschiedenen Orten die wertvollsten Bestände ausgelagert und konnten den Krieg überdauern. Allein im Heeressanitätsdepot Planegg lagerte über eine Million Bände.

Bei der Trauerfeier für die Luftkriegsopfer im Nordfriedhof sagte Oberbürgermeister Fiehler: »Es wäre unsinnig, den harten Schlag verschleiern zu wollen, der uns diesmal getroffen hat. Aber es wäre ebenso töricht zu meinen, daß dieser Schlag die Münchner niedergeschmettert hätte ...« Es gebe so viele erhebende Beweise aufrechter Haltung, daß er stolz sei, Oberbürgermeister dieser Stadt zu sein. Wohl zur »Stärkung der Widerstandskraft« gab es für die Münchner eine Sonderzuteilung: 50 g Röstkaffee, 125 g Süßwaren für alle Jugendlichen unter 18 Jahren und 500 g Schwarzbrot für alle.

Mancher Münchner aber mochte sich fragen, warum die Ratsherren der Stadt den großen Sprücheklopfer, Reichsmarschall Hermann Göring, zum Ehrenbürger der Hauptstadt der Bewegung gemacht hatten. Anläßlich seines 50. Geburtstags, gewiß. Aber doch wohl nicht mehr in der Erwartung, daß er diese Stadt vor den tödlichen Schlägen der gegnerischen Luftwaffe würde schützen können.

Auch die Münchner hatten sich allmählich daran gewöhnen müssen, daß fast jeden Tag die Sirenen heulten. Das bedeutete jedoch glücklicherweise nicht jedesmal einen Angriff. Die »öffentliche Luftwarnung« – dreimalige Wiederholung eines hohen Dauertones von 15 Sekunden – besagte nur, daß sich zwar einzelne feindliche Flugzeuge im süddeutschen Luftraum befanden, daß aber mit einem Angriff auf München nicht gerechnet wurde. Verkehr und Wirtschaftsleben gingen weiter. Aber das Gefühl der drohenden Gefahr saß ständig im

Nacken, und man wartete bei immer eingeschaltetem Radio auf den »Kuckuck«, dem die monotone Stimme folgte: »Hier spricht die Befehlsstelle des Gauleiters. Feindliche Flugzeuge befinden sich im Anflug auf München . . .«. Dieser Kuckucksruf erlangte eine viel traurigere Berühmtheit als es der Kuckuck des Gerichtsvollziehers je erreichte.

Täglich standen jetzt in den Zeitungen die Aufrufe, wann und wo sich Männer und Frauen nach den Anfangsbuchstaben ihrer Namen für die »Aufgaben der Reichsverteidigung« bei den Erfassungsstellen zu melden hatten. Er oder sie mußten eine kriegswichtige Beschäftigung nachweisen – andernfalls wurden sie »zum Einsatz gebracht«. Zeitungskommentar: »Alle Weichheit muß aus unserem Leben verschwinden – die Durchführung der Verordnung ist keine bürgerliche Angelegenheit, sondern eine kämpferische Aufgabe« und »Vielleicht mag es unter den Aufgerufenen den einen oder anderen geben, der glaubt, sich dem Ruf zum Arbeitseinsatz entziehen zu können. Es wird ihm nicht gelingen! Es sind alle Maßnahmen getroffen, um auch allenfalls vorhandenen Drückebergern ihre Pflicht nachdrücklich klarzumachen. Das fordern die kämpfende Front und die hart schaffende Heimatfront!«

Das einzige, woran noch immer kein Mangel herrschte, waren die großen Worte. So z. B. tönte der Gauleiter: »Der heilige Glaube an die Überwindung der uns bedrohenden schweren Gefahr, die Erkenntnis der unerbittlichen Entscheidung über Leben oder Tod des gesamten Volkes und der Fanatismus zur Erfüllung der unserer Generation gestellten Aufgabe werden uns helfen, die Notwendigkeit der totalen Kriegsführung zu erkennen und das Gute, das in allem Harten tief verborgen liegt, zu finden.«

Während einerseits im winzig gewordenen Sportteil der Zeitungen zu lesen war: »Bergsteigen ist unter den Leibesübungen besonders wichtig für den Krieg: Einmal werden Freude und Kraft, Entspannung, Erholung und Gesundheit, zum anderen Mut, Willen zur Einsatzbereitschaft, Härte und Kraft, Kameradschaft und Treue gefördert«, verlautbarte die städtische Straßenbahn schon für Spaziergänger, daß beim Ausflugsverkehr Verzögerungen in der Beförderung bis zur Unmöglichkeit der Rückbeförderung eintreten können. »Es muß damit gerechnet werden, daß der Rückweg zu Fuß angetreten werden muß.«

4 Trümmer und rauchgeschwärzte Fassaden – so sah der Ostteil des Marienplatzes mit den kläglichen Resten des Alten Rathauses aus (1944).

65 Der »totale Krieg« hat begonnen. Trauerfeiern für die Opfer von Luftangriffen sollten die Bevölkerung zum Durchhalten ermahnen nach der Parole: Alle Weichheit muß aus unserem Leben verschwinden.

66 Hitlerjungen und Schulkinder wurden zunehmend während der Fliegerangriffe als Melder oder zu Löschzügen eingesetzt. München gehörte nun zu den Städten, die »an der ersten Front des Luftkrieges« standen, so Giesler.

67 Der Hauptbahnhof und seine Gleisanlagen waren bevorzugtes Ziel der Bombenangriffe. Dabei wurden auch nahezu alle Gebäude in der Umgebung zerstört.

68 Schwer angeschlagen: Das Siegestor. Die Bronze-Löwen der Quadriga liegen auf einem Trümmerhaufen. Im Hintergrund noch aufrecht: die Türme der Ludwigskirche.

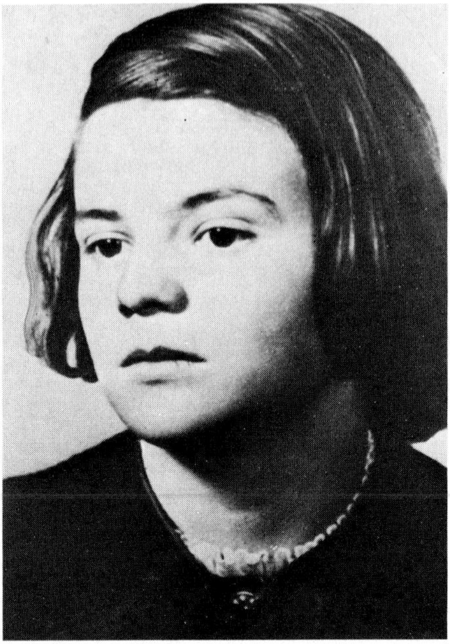
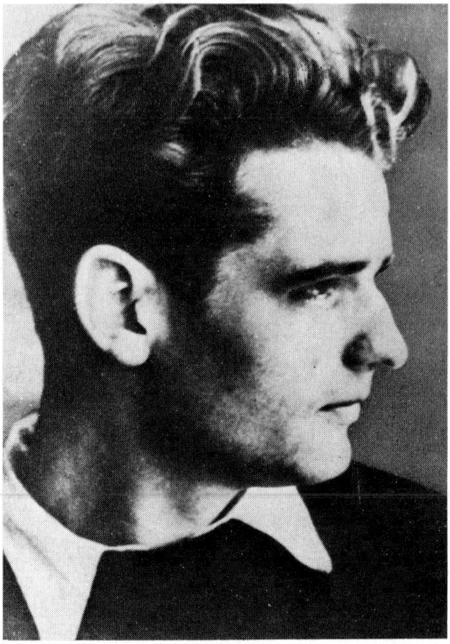

69–72 Mit »Weiße Rose« waren die Flugblätter unterzeichnet, die im Februar 1943 in den Lichthof der Universität flatterten. Die Verfasser gehörten zu einem studentischen Widerstandskreis. Sie wurden von der Gestapo verhaftet und vom Volksgerichtshof unter Vorsitz des berüchtigten Roland Freisler zum Tode verurteilt. Hingerichtet wurden noch am gleichen Tag: Sophie und Hans Scholl (oben), Christoph Probst und im April der Mentor der Gruppe, der Philosophieprofessor Kurt Huber (unten).

Am 31. März 1943 mußte die »Münchener Zeitung« ihr Erscheinen einstellen, »um Menschen und Material für andere kriegswichtige Zwecke freizumachen«, wie es in der Mitteilung an die Leser hieß. »Wie unsere ganze Arbeit im Zeichen des Dienstes an Deutschland steht, so leisten wir auch mit dieser Entscheidung unseren Beitrag zum totalen Krieg und damit zum Endsieg.« Diesen Beitrag leistete auch das städtische Leihamt. Seine Tätigkeit war nicht mehr kriegswichtig, »und außerdem ist die Zahl der Pfänder und damit die ausgegebene Darlehenssumme so zurückgegangen, daß eine Aufrechterhaltung nicht mehr unbedingt geboten erscheint«.

So schlossen das Warenhaus Hertie am Bahnhof, das Kaufhaus Epa im Rosental und das Kaufhaus Woolworth in der Kaufingerstraße ganz, andere Kaufhäuser teilweise. Die Auer Dult und auch die kleinen Münchner Volksfeste auf der Zirkuswiese wurden eingestellt. »Es gibt keine Rücksicht mehr auf Stand und Beruf. Arm und reich, hoch und niedrig müssen an der Erfüllung der Pflicht der Nation gegenüber mithelfen. Je härter der Kampf an der Front, desto totaler unser Einsatz in der Heimat – so verkürzen wir den Krieg und erzwingen unseren Waffen den Sieg!«

Es gab jetzt nichts mehr in der Stadt, was noch das für München so charakteristische und wichtige Beiwort »gemütlich« gerechtfertigt hätte. Die Stadt war ohne Glanz, sie »leuchtete« nicht mehr (wie der verfemte Thomas Mann einst geschrieben hatte). Nicht bei Tage, wenn die abgearbeiteten Menschen mit verdrossenen Gesichtern an den leeren Schaufenstern vorbeihasteten, nicht bei Nacht, wenn nur die blauen Geisterschimmer der wenigen Autoscheinwerfer oder Trambahnfenster zu sehen waren. »Das Hellste in der Stadt war das Blitzen der Oberleitung, wenn die Stangerltrambahn vorbeifuhr«, erinnert sich eine Münchnerin.

In der 50. Zuteilungsperiode (niemand nahm von der »Jubiläumszahl« Notiz) erhielten Normalverbraucher über 18 Jahre wöchentlich 250 g Fleisch, Jugendliche 300 g, Kinder bis zu sechs Jahren 100 g und die Hausfrauen den aufgedruckten Rat, das Fleisch als »hauptsächlich geschmackbildende, eiweißhaltige Beigabe auf die Woche zu verteilen«. In den Gaststätten rückten 50 g-Fleischgerichte in den Vordergrund.

Die Partei und ihre Repräsentanten aber bemühten sich, die Fassade der siegreichen Nazi-Welt noch aufrecht zu erhalten. Am Vorabend von Hitlers Geburtstag wurden mit feierlichem »Gelöbnis vor der Feldherrnhalle« Jungen und Mädel, »die sich in HJ und BDM charakterlich bewährt haben«, in die NSDAP aufgenommen, mit Handschlag und Überreichung des Parteiabzeichens, das schon niemand mehr gern sichtbar tragen wollte. Es gab zu viele andere Auszeichnungen auf feldgrauen und luftwaffenblauen Uniformen, zu viele Männer mit Verbänden, geschienten Armen, Krücken und in Rollstühlen. Aber am 20. April, dem Führergeburtstag, wurde befehlsgemäß wieder geflaggt.

»Der Heldenkampf in Afrika hat sein ehrenvolles Ende gefunden« (13. Mai), aber Goebbels eröffnete im Juni die 7. Große Deutsche Kunstausstellung, die Rösser des Christian Weber rannten um das »Braune Band« und bei einer vormittäglichen Kundgebung an der Feldherrnhalle sagte der Gauleiter Paul Giesler: »Die Zeit schafft die gewaltigste nationale Solidarität, die es je gegeben hat . . . Deutschland hat die besten Soldaten, die besten Waffen der Welt, wir haben Freunde und Mitkämpfer, das zähe Italien, das tapfere Japan, und wir haben vor allem einen Adolf Hitler!« Zwei Monate später war das »zähe Italien« zum Feind geworden, zeterte der Propagandaminister von Verrat und Treubruch.

Im Ufa-Palast lief der prächtige Farbfilm »Münchhausen« mit Hans Albers an (das Drehbuch hatte, unter Pseudonym, der verbotene Erich Kästner geschrieben). In den wenigen noch geöffneten Schuhgeschäften standen Plakate: »Jetzt ist die Zeit für die Holzschuhe – der Lederschuh bleibt für den Winter!« Sommerfeste für Verwundete, Bunte Abende für Soldatenmütter und -frauen versuchten von den Schlagzeilen abzulenken, die nur noch von der »Abnützungsschlacht« im Osten sprachen.

»Abnützungserscheinungen« zeigten jetzt Wäsche und Gewänder, die ja nicht mehr ersetzt werden konnten. So stand denn im Februar 1943 folgender Rat in der Zeitung: »Auch das Oberhemd macht Überstunden: Wir wechseln es weniger oft, und schon haben wir eine Menge Waschmittel gespart und das Hemd geschont, das vom vielen Waschen auch nicht besser wird! Aber es darf auch nicht schmutziger werden, sonst braucht es wieder mehr Seife. Also: Tagsüber alte Kittel darüberziehen, abends ein dunkelfarbiges Hemd tragen. Die Stiefel vor dem Hemdanziehen putzen! Beim Händewaschen Ärmel aufkrempeln! Dein Oberhemd wird es dir danken.«

Der Zuzug nach München war gesperrt, die Stadt zum »Brennpunkt des Wohnungsbedarfs« erklärt worden. Noch vorhandene unterbelegte Wohnungen wurden registriert. Mitte August wurde die Verlegung der Volksschulen in den Landkreis angeordnet, die Verschickung der Kinder »in gut vorbereitete Unterkünfte, in denen beste Ernährung und Betreuung gewährleistet ist«, wurde verstärkt, die Evakuierung alter und gebrechlicher Personen »in den Gau« planmäßig organisiert.

Man lebte in ständiger Erwartung des nächsten Luftangriffs. Längst waren alle Lattenverschläge aus den Speichern entfernt, die Brandbomben reichliche Nahrung gegeben hätten. Mauerdurchbrüche in den Kellern und Fluchtwege mit Durchbrüchen von Hof- und Gartenmauern wurden »für den Fall von Flächenbränden« geschaffen. In den dünn gewordenen Zeitungen erschienen Aufsätze über das richtige Verhalten bei Verschüttung, über die Bergung von Eingeschlossenen, über das Wichtigste im Luftschutzgepäck, zu dem unbedingt auch Eßgeschirr gehörte. »Nur Mut rettet dein Eigentum« hieß es in einem Hinweis zur Bekämpfung von Brandbomben. Diese Ratschläge mußten die Münchner leider bald erproben: In der Nacht vom 6. auf 7. September 1943 fielen wieder Bomben auf Wohnviertel, zerstörten neben vielen Häusern auch Teile der Technischen Hochschule und trafen Kirchen, Krankenhäuser und Schulen. 204 Menschen verloren ihr Leben, fast 800 wurden verwundet.

Am Abend des 2. Oktober, es war ein Samstag, stand im Nationaltheater die Oper »Tiefland« auf dem Programm, es dirigierte Meinhard von Zallinger, umjubelter Gesangsstar war Julius Pölzer. Um 18 Uhr hatte die Vorstellung angefangen, um 20.30 Uhr war sie zu Ende. Die Besucher hatten das Opernhaus verlassen, hatten noch die Straßenbahn erwischt oder im Gefunzel der schwachen Taschenlampen den Heimweg zu Fuß angetreten. Da gellten kurz nach Mitternacht die Sirenen, man hörte das drohende Dröhnen der anfliegenden Bomberverbände, das Gebelfer der Flakartillerie setzte ein, und alles verkroch sich in die Luftschutzkeller.

In dieser Nacht vom 2. auf 3. Oktober 1943 aber gab es außer zerschmetterten Wohnhäusern und ausgebrannten Straßenzügen noch einen besonders schweren Verlust: Das Nationaltheater wurde vernichtend getroffen. Die Mauern barsten, das Dach und die Galerie stürzten ein. Die Giebelwand blieb stehen und verbarg den rauchenden Trümmerberg vor den Blicken. Die Säulenreihe vor dem Portal ragte bizarr in die Luft – sie hatte nichts mehr zu tragen. Ein Haus mit einer großen Tradition, mit glanzvollen Inszenierungen und weltberühmten Festspielen, war nur noch ein Trümmerhaufen, nur noch Erinnerung.

Offiziell aber wurde erklärt: »München hat jetzt seinen Platz in der Reihe jener Städte, die in der ersten Front des Luftkrieges stehen.« Darauf sollten die Münchner wohl gar noch stolz sein? »München hat durchgehalten«, lobte Gauleiter Giesler, der während der Angriffe in seinem sicheren Bunker saß. Was hätte es denn anderes tun können? Vielleicht mag es für manchen Münchner eine kleine Genugtuung gewesen sein, daß bei diesem Angriff auch das »Braune Haus« am Karolinenplatz schwer getroffen worden war.

»Ich habe im ganzen Rußlandfeldzug kein einzigesmal soviel Angst gehabt wie damals, als ich daheim im Urlaub im Luftschutzkeller hockte, als Soldat zwischen Frauen und Kindern und alten Leuten. Es war dieses quälende Gefühl – eigentlich müßte man doch etwas unternehmen, das kann man doch nicht einfach über sich ergehen lassen. Draußen hat man sich halt in Deckung geworfen und auf den Tiefflieger geschossen, der da über die Stellung hinwegfegte. Das war auch völlig sinnlos – aber man hat wenigstens etwas getan, und vor lauter Schießen blieb gar keine Zeit zum Angsthaben. Aber hier konnte man nur warten. Warten, ob die Einschläge näher kommen oder sich entfernen, ob das Haus getroffen wird oder nicht. Und warten auf die Entwarnung. Das ist einem vorgekommen wie eine Ewigkeit, auch wenn es ›nur‹ zwei Stunden waren. Wir waren so froh, daß wir noch am Leben waren, daß meine Frau die letzte Flasche Wein aufgemacht hat, die sie für meinen Urlaub gespart hatte. Es hätte leicht wirklich unsere letzte sein können« – so erinnert sich der damalige Feldwebel Benno K. an diesen Angriff auf München.

Auch die »Münchner Neuesten Nachrichten« vom 4. Oktober brachten einen Bericht: »Im höllischen Heulen und Pfeifen der Bomben, im knatternden Zerbersten der Sprengminen, im Regen der heimtückischen Brandbomben hat die Münchner Bevölkerung in den Nachtstunden zum Sonntag echtes Soldatentum bewiesen . . . Die Scharen der Leidgeprüften, die in einer kurzen Stunde verloren haben, was sie in vielen Jahren mit ihrer Hände Fleiß erarbeitet und in gemeinsamer Liebe für das bergende Heim sich abgespart haben, die

Mutter, die als Teuerstes in ihren Armen ein in Decken gehülltes Kind birgt, die Gattin eines Frontsoldaten, die mit zwei Händen trägt, was sie von ihrer und ihres Mannes Habe retten konnte, die alten Eltern, die am Ende eines reichen und arbeitsamen Lebens ihre Wohnung in Schutt und Asche zurücklassen müssen ... diese erschütternde Tragik als Ergebnis eines berechneten Terrorüberfalls mußte München in der Nacht zum 3. Oktober wieder in ihrer ganzen unmenschlichen Bitterkeit erleben ...«

Bezeichnend aber auch ein mahnender Gerichtsbericht aus diesen Tagen: »Eine Frau aus München hatte nach einem Fliegerangriff mehr oder weniger übertriebene Schilderungen über Vorkommnisse und Schäden in einzelnen Stadtteilen gehört. Ohne die Richtigkeit nachzuprüfen, schrieb sie das in grellen Farben an einen Frontsoldaten. Auf Umwegen kam der Brief an die Dienststelle des Soldaten. Die Frau wurde vom Sondergericht zu drei Monaten Gefängnis verurteilt. Der Fall mag für diejenigen eine Warnung sein, die aus Wichtigtuerei oder gar aus verwerflichen Gründen über Terrorangriffe an auswärtige Bekannte berichten zu müssen glauben. Ganz besonders soll sich jeder überlegen, ob es nötig ist, solche Briefe ins Feld zu schicken.«

Die Angst der Soldaten um ihre Angehörigen in den »Frontstädten des Luftkriegs« und die Angst der Angehörigen um ihre Soldaten an allen Fronten des Krieges hielten sich die Waage. Angst war überall.

Zum zwanzigsten Mal jährte sich nun der Tag des fehlgeschlagenen Hitlerputsches vom November 1923. Diesmal wurde dazu verlautbart: »Der 9. November, den das deutsche Volk bisher als den Gedenktag für die Gefallenen des Marsches zur Feldherrnhalle feierte, gilt heute in weitestem Sinne als allgemeiner Totengedenktag. In sämtlichen Ortsgruppen der NSDAP werden am Sonntag, 7. November, Heldenehrungen veranstaltet.« Zum Jahrestag selbst kam Hitler am 8. November zur traditionellen Gedenkstunde mit seiner »Alten Garde« in den Löwenbräukeller. Wieder begann seine Rede bei 1914 und schloß mit den Worten: »Darauf kann man sich verlassen – derjenige, der die Waffen als allerletzter niederlegt, das wird Deutschland sein – und zwar fünf Minuten nach zwölf!«

Dazu der Bericht einer SD-Außenstelle: »Die Rede des Führers wurde von der Gesamtbevölkerung mit größter Spannung erwartet und abgehört. Der allgemeine Eindruck ist der, daß der Führer mit einer Frische und Zuversicht gesprochen hat, wie man ihn lange nicht mehr gehört hat. Wenn auch die gegenwärtige schwierige Lage, in der wir uns befinden, nicht verkannt wird, so hat diese Rede doch zu einer wesentlichen Beruhigung der Gesamtbevölkerung beigetragen . . .«. Auffällig war vor allem das vom Führer betonte Bekenntnis zur Religiosität. Eine Sekretärin äußerte dazu folgendes: ›Gestern hat er wieder gesprochen, wie es einem ums Herz war. Das war wieder einmal so eine richtige Rede, wie er sie früher gehalten hat. Nicht so lahm wie das letztemal. Er hat zwar arg mit dem lieben Gott poussiert, er hat es dauernd mit der Vorsehung. Aber jedenfalls scheint er von einem unbändigen Glauben beseelt zu sein. Er hat das ganze Volk wieder aufgeputscht, so daß sie sicher von heute ab alle wieder das Parteiabzeichen tragen . . .« (aus Broszat: »Bayern in der NS-Zeit«.)

Er hatte es, wenn auch nur vorübergehend, wieder einmal geschafft, der Führer. An ihn glaubten die Volksgenossen noch immer, auch wenn sie den Funktionären seiner Partei mit immer größerem Mißtrauen gegenüberstanden (»Nach einem Luftangriff wirkt die Uniform eines Politischen Leiters wie ein rotes Tuch auf die Bevölkerung«, steht in einem SD-Bericht).

Am Ende des Jahres 1943 hatte München 24 Luftalarme und fünf schwere Angriffe hinter sich. Mehr als 600 Menschen waren in diesem Jahr dem Luftkrieg zum Opfer gefallen. Klaffende Wunden in den Straßenzügen der Wohnviertel, schwerste Schäden an den Kulturbauten der Stadt: Zerstört oder schwer beschädigt wurden 1943 das Nationaltheater und das Nationalmuseum, die Staatsbibliothek, das Staatsarchiv, die Staatsgalerie, das Zentralministerium, der Alte Hof, das Leuchtenberg-Palais, das Deutsche Theater und das »Braune Haus«. Als erstes Münchner Großkino war auch der Atlantik-Palast am Isartor den Bomben zum Opfer gefallen.

In Schutt und Asche

Bisher waren die britischen Bomberverbände immer nachts eingeflogen, und viele Münchner hatten sich ausgerechnet: »Vor neune (21 Uhr) kommen s' net, und wenn s' um zwei Uhr früh noch net da waren, könn' ma uns beruhigt ins Bett legen.« – »Wenn s' hell wird, müssen s' ja wieder dahoam sei, sonst kommt koana mehr hoam«, meinten die Leute. Das zeigte immer noch eine Portion Vertrauen in Luftabwehr und Jagdflieger.

Aber diese Rechnung erwies sich leider auch als Illusion: Am 18. März 1944 heulten die Alarmsirenen zum erstenmal auch in den Mittagsstunden: Amerikaner im Anflug! Die Bomben fielen am hellichten Tag ebenso wahllos wie in den Nächten. Das Residenztheater, die Residenz selbst, die Allerheiligen-Hofkirche, die Marstallgebäude, die Maxburg, die Alte Akademie und vieles mehr wurden zerstört. 172 Menschen verloren ihr Leben. Da war es nur ein schwacher Trost, daß der wundervolle Rokoko-Schmuck, die feingeschnitzten Girlanden und Ranken des Cuvilliés-Theaters schon zu Beginn des Bombenkrieges abgenommen, sorgfältig numeriert und zur einen Hälfte im Pfarrhaus von Obing, zur anderen Hälfte in den Kellern der Befreiungshalle bei Kehlheim ausgelagert worden waren (und dort den Krieg auch fast unbeschädigt überstanden).

Nur wenige hatten noch Lust, zum Führergeburtstag die Hakenkreuzfahnen zu hissen, obwohl die Gaupropagandaleitung betonte: »Fahnen gerade an den Fenstern bombengeschädigter Häuser sind ein Bekenntnis in Liebe und Treue zu Adolf Hitler!« Der Führer hatte wenige Tage vorher, am 17. April, an den Trauerfeiern für seinen alten »Kampfgenossen«, den Gauleiter von München-Oberbayern, Adolf Wagner, teilgenommen. Wagner war – wie schon erwähnt – nach einem Schlaganfall seit zwei Jahren nicht mehr im Amt. An einem zweiten Schlaganfall war er jetzt in Bad Reichenhall gestorben. Seine Ämter übernahm Paul Giesler nun auch offiziell. Er war damit Gauleiter, Reichsverteidigungskommissar, bayerischer Ministerpräsident und Staatsminister für das Innere, für Unterricht und Kultus, Finanzen und Wirtschaft. Im Festsaal des Deutschen Museums sprach Reichspropagandaminister Dr. Goebbels den Nachruf für Wagner, und das Orchester der Staatsoper, dirigiert von Clemens

Krauss, spielte den Trauermarsch aus der »Götterdämmerung«... Adolf Wagner wurde übrigens mitten in der Stadt beigesetzt, in dem Rasenviereck vor den Eingangstreppen des Ehrentempels am Königlichen Platz. Nach dem Krieg wurde er umgebettet.

Die »Atempause« für die aus ungezählten Wunden blutende Stadt und ihre leidgeprüften Bewohner dauerte knapp fünf Wochen. Dann ging in der Nacht vom 24. auf den 25. April 1944 ein Bombenhagel auf München nieder, der von manchen Chronisten als der schwerste Nachtangriff des Zweiten Weltkrieges bezeichnet wird. Es wurden zwar keine Luftminen registriert und auch »nur« 85 Sprengbomben gezählt – aber die Feuerwehr- und Polizeistatistik verzeichnete 25 249 Phosphorbomben und 550 000 Stabbrandbomben! Die Innenstadt und einige Außenviertel waren ein einziges Flammenmeer. Feuerstürme fegten durch die Altstadt, durch die Au und Giesing. 350 bis 400 Feindflugzeuge luden ihre höllische Fracht ab. 136 Tote wurden gezählt und 4185 Verletzte – die höchste Zahl von Verwundeten bei einem Angriff, zurückzuführen auf die riesigen Brände und die unermüdlichen Versuche, sie zu löschen.

Ganz oder teilweise wurden zerstört: die Alte Pinakothek, die Michaelskirche, die Residenz, die Akademie der Bildenden Künste, die Peterskirche (Alter Peter), das Stadtmuseum, das Alte und das Neue Rathaus, das Maximilianeum, das Völkerkundemuseum, das Odeon, die Tonhalle und das Wittelsbacher Palais, der Hauptsitz der Gestapo. Auch die Staatsbibliothek wurde erneut getroffen, das Hotel Bayerischer Hof in eine Ruine verwandelt. Die Bomben wühlten die Schutthaufen um und um und setzten das Gebälk längst zusammengestürzter Häuser erneut in Brand.

In seinem Buch »Die Abenteuer der vielgeliebten Stadt München« beschreibt Otto Zierer diesen Angriff: »Irgendwo am Stadtrand fahren grelle Lichtbahnen in die schwarzblaue Sternennacht empor, gespenstische Scheinwerferarme tasten das Dunkel ab. Von Südosten her steigt ein dumpfes Brummen und Summen auf, als kreise dort weit entfernt ein riesiger Hornissenschwarm. Die Sirenen haben aufgehört zu heulen, die Stadt liegt in schweigender Erwartung, gespannt, lautlos, furchtsam zusammengeduckt im schwachen Schutz der Verdunkelung. Dann öffnet sich jählings ein Schlund, aus dem berstendes Krachen hervorbricht, die schweren Flakbatterien im Raum Laim – Pasing – Großhadern beginnen zu feuern ... Noch sieht man kein Flugzeug, aber in den Atempausen des Geschützdonners schwillt das Brummen stärker an.

Wie eine silberschimmernde Mücke kurvt und kreist ein viermotoriges Flugzeug in der weißen Bahn des Scheinwerfers. Schon vereinigen sich zwei, drei andere Strahlen auf seinem Rumpf und nun krepieren mit blitzendem Funkeln ringsum die Flakgranaten. Der Bomber macht verzweifelte Anstrengungen zu entkommen, doch die Scheinwerfer lassen ihn nicht mehr los. Aber während die Flak einen Viermotorer festhält und niederkämpft, strömen im silbergrauen Dunkel rechts und links der Lichtbahnen ungesehen die Kolonnen der Silbermücken auf die Stadt zu . . .

Der Himmel über München ist erfüllt vom Dröhnen und Surren, als pflügten tausend Motore hoch oben die Luftströme. Die Flak schießt aus allen Rohren, und am Horizont zieht der Feuerschweif einer abstürzenden Maschine zu Boden. Doch dann kommt ein anderer, kaum hörbarer und um so unheimlicherer Ton in die Höllensymphonie. Es ist, als presse sich die Luft des Himmels über den Dächern Münchens zusammen: die Bomben fallen. Es regnet vor allem Brand- und Phosphorbomben, sie fallen wie Hagel und flammen grell mit milchigem Schein empor. Dazu detonieren schmetternd die Sprengbomben. Trümmer fahren wirbelnd, von roten und goldenen Funken umweht, in die Nacht empor, Dächer brechen auf, und Feuerschein breitet sich aus. Goldbrauner Rauch kriecht aus den Straßen herauf. Der Angriff scheint hauptsächlich dem Kern Münchens, dem Raum von Schwabing bis zur Isar und dem Zentrum zu gelten . . . Da stehen die Türme wie glühende Zeigefinger vor einer wogenden, rot durchflammten Wolkenwand, die sich träge über die Dächer wälzt. Aus der Schicht von Rauch und Nebel, die sich immer dichter auf das Stadtzentrum legen, fahren nur hier und da wie aus aufbrechenden Vulkanen zersplittertes Gebälk und sprühende Fontänen von Flammen hervor. Die Erde rollt, das Gemäuer bebt. Unablässig wogen Donner, Bersten und Prasseln in die düstere Unterwelt der Luftschutzkeller. Die Luft ist ein Orkan von Donnern, Sausen, Motorengebrumm und Heulen – die Welt geht unter, und München sinkt in ein Grab von Feuer und Qualm.«

Der Leitartikel der »Münchner Neuesten Nachrichten« trug den Titel »Münchens entschlossenes Dennoch!«.

In derselben Zeitung waren zahlreiche Warnungen abgedruckt:

»Geräumte Häuser nicht betreten!« – »Vorsicht bei herabhängenden Simsen und Mauerteilen!« – »Blindgänger melden!« – »Glassplitter von den Straßen fegen!« – »Nur voll angezogen in den Luftschutzkeller!« – »Fernsprechapparate aus zerstörten Räumen zurückgeben!« – »Gasverbrauch einschränken!«

Es war wie ein Wunder, daß es sogar in den getroffenen Stadtvierteln wenigstens zeitweise noch Wasser, Gas, Strom, Telefon gab. Daß die Straßenbahnen, wenn auch auf immer neuen Wegen, überhaupt noch fuhren, daß die Lebensmittelversorgung immer noch funktionierte. Es gab sogar eine Sonderzuteilung für das geschundene München: 150 g Fleisch, 90 g Butter, 950 g Brot, eine Dose Kondensmilch, 50 g Bohnenkaffee und Tabakwaren. Ausdrücklich war vermerkt: »Juden und Ausländer sind von sämtlichen Zuteilungen ausgeschlossen.«

Tagelang war die Luft über der Stadt durch Rauch, Staub und Phosphorgestank verpestet. »In dieser satanischen Wirklichkeit gehört uns München noch inniger als je zuvor«, war in den MNN zu lesen und auch der höchst doppelsinnige Satz: »Nie können sie uns beugen, nie der Gewißheit berauben, daß auch unsere Stunde schlagen wird!«

Aus den »Nachrufen« auf die zerstörten Kulturbauten: »Wir erleben in diesen Tagen das erschütternde Schauspiel, wie langsam, aber unerbittlich der Baukomplex der Münchner Residenz in Schutt und Asche sinkt. Damit verliert München nicht nur sein räumlich größtes Baudenkmal, sondern darüber hinaus eine Kulturstätte von europäischer Geltung.« »›Licht hätten wir jetzt genug herin‹, sagte Generaldirektor Buchner, als er, den Stahlhelm auf dem Kopf und eine Axt in der Faust, über die Schutthügel der Pinakothek schreitend, in den leeren Himmel über dem Rottmann-Saal schaute. Es war mehr als bittere Ironie ...« – »Voll tiefer Trauer, aber auch voll glühenden Zorns stehen wir vor den Trümmern unserer beiden schönsten Konzertsäle, des Odeons und der Tonhalle ...«

An drei Tagen, dem 29. und 30. April und am 1. Mai, fanden wieder die Gemeinschafts-Totenfeiern für die Angriffsopfer im Nordfriedhof statt (»Der Feind will unseren Durchhalte-Willen schwächen, das Gegenteil erreicht er!«). Vom 2. Mai an gastierte Bernhard Ette wieder im »Luitpold«. Die Staatsoper wich mit Opernkonzerten in den Kongreßsaal des Deutschen Museums und ins

Prinzregententheater aus, das Staatsschauspiel zog in den Goethesaal, das Deutsche Theater ins Kolosseum, die Philharmoniker konzertierten im Löwenbräukeller und in der großen Aula der Universität. Kammerspiele und Volkstheater, Gärtnerplatztheater und Marionettenbühne waren noch intakt und spielten weiter. 53 Kinos inserierten – wegen der Papierknappheit mit Kleinanzeigen – in den Zeitungen. Auch die Hofgartenspiele Annast, das Platzl und der Circus Krone gehörten noch zu den zugelassenen Vergnügungs- oder Entspannungsstätten.

Zusammenrücken, Verkriechen, Überleben – nur darum ging es noch. Auch die offiziellen Sprüche von Kameradschaft und Füreinander-Einstehen hatten einen wahren Kern – nie war die Bereitschaft, mit Nachbarn und Freunden das Letzte zu teilen (aber es auch gegen jeden Zugriff von außen zu verteidigen), so groß wie in dieser Zeit. Man half sich gegenseitig aus dem Ärgsten heraus und feierte jeden überstandenen Angriff wie eine Wiedergeburt. Ein Überleben wäre ohne dieses Zusammenhalten nicht möglich gewesen.

Am 6. Juni begann die Invasion der Alliierten im Westen. In den Vormittagsstunden des 9. und des 13. Juni starben wieder 147 und 302 Münchner im Bombenhagel. Dazu die MNN: »Die Spuren eines Krieges, der in seiner grausamen Entartung sich auf das Leben der Zivilbevölkerung gestürzt hat, auf Frauen und Kinder und die Menschen, die nicht mehr mit der Waffe in der Hand vor dem Feind stehen können, haben München tief gezeichnet und ihm Wunden geschlagen, die an dieser Heimstätte der Kunst und der Schönheit doppelt schmerzlich empfunden werden. Für dieses Vernichtungswerk haben die Nordamerikaner, wie sie zur Kennzeichnung ihres Kulturstandes mitteilen ließen, ihren Terrorgeschwadern auch Negerstaffeln zugeteilt, schwarze Piloten, deren Urhaß gegen die weiße Rasse und ihre Schöpfungen sich über den Zentren der abendländischen Kultur ungezügelt austoben kann. Diese Mitteilung, die ausdrücklich Bezug nimmt auf den Einsatz der Negerstaffeln gegen München, bezeugt einen Grad sittlicher Verkommenheit, der in jedem selbstbewußten Europäer ein Gefühl tiefsten Abscheus und in uns, die wir unmittelbar bedroht sind, einen ingrimmigen, kalten Haß erzeugen muß . . .«

In den nächsten vier Wochen gab es zwar häufige Luftwarnungen und Fliegeralarme, aber keinen wirklichen Angriff. Notizen aus dieser »Ruhepause«: »267 Arbeitsmaiden werden als Schaffnerinnen auf der Straßenbahn eingesetzt. Ihre offizielle Dienstbezeichnung: ›Überbrückungsmaiden‹«. – »Auch Blutwurst darf nicht mehr ohne Marken abgegeben werden.« – »Wer mehr als 25 Tabakpflanzen für den eigenen Bedarf angebaut hat, muß die Zahl dieser Pflanzen mündlich oder schriftlich dem dafür zuständigen Zollamt melden. Die zu entrichtende Tabaksteuer beträgt für 26 bis 100 Pflanzen 4 RM. Wer mehr als 200 Pflanzen anbaut, macht sich strafbar.« – »Kraftfahrzeuge sollen auf Straßen, Parkplätzen und in Höfen nach Möglichkeit in einem Abstand von 20 Metern voneinander entfernt geparkt werden, um bei feindlichen Fliegerangriffen den Schaden auf ein Mindestmaß zu beschränken.« – »Nach dem Sommersemester werden die Studenten wieder durch den Werk-Ehrendienst – Arbeitsplatzablösung – in den Fabriken zum Einsatz gebracht.« – »Erweiterung der Arbeitsmeldepflicht: Totale Erfassung aller Männer vom 16. bis 65. Lebensjahr und aller Frauen von 17 bis 45 Jahren.« – »Altbuchaktion: eine großzügige Mobilisierung der Bücher aus Privatbesitz zugunsten von Bombengeschädigten und Büchereien.«

Zwischen dem 11. und dem 21. Juli gingen sechs verheerende Angriffe auf die Stadt nieder. Die nüchterne Statistik sagt darüber mehr als alle Worte:

11. Juli: 6310 Sprengbomben, 22 800 Phosphor- und 320 000 Stabbrandbomben.

12. Juli: 9411 Sprengbomben, 17 000 Phosphor- und 400 000 Stabbrandbomben.

13. Juli: 2090 Sprengbomben, 17 000 Phosphor- und 250 000 Stabbrandbomben.

16. Juli: 3760 Sprengbomben, 11 250 Phosphor- und 125 000 Stabbrandbomben.

19. Juli: 2500 Sprengbomben, 157 000 Stabbrandbomben.

21. Juli: 900 Sprengbomben, 800 Phosphor- und 35 000 Stabbrandbomben.

Mehr als 3000 Tote, rund 200 000 Obdachlose.

Die Trümmerfelder der Stadt wurden umgepflügt, stehengebliebene Fassaden stürzten ein. Was längst getroffen war, wurde zum zweiten- und drittenmal zerschmettert. Aus der Liste der in diesen zehn Tagen schwer beschädigten oder völlig vernichteten Bauten: Gärtnertheater und Volkstheater, Kammerspiele und Kongreßsaal,

Goethesaal und Künstlerhaus, Theatinerkirche, Lenbach- und Staatsgalerie, Glyptothek, Propyläen, Siegestor, Armeemuseum, Hofgartenarkaden, Hofbräuhaus-Festsaal. Der Hauptbahnhof mit allen Gleissträngen wurde zerschmettert und im Tierpark Hellabrunn Gebäude, Gehege und wertvolle Tiere vernichtet. Gauleiter Giesler aber versicherte »als Sprecher der schwer kämpfenden Hauptstadt der Bewegung und ihrer tapferen Einwohner die tiefempfundene Dankbarkeit für die Rettung des Führers« beim Attentat vom 20. Juli.

Die Stadt war gelähmt. Tagelang fielen Strom- und Gasversorgung aus. In langen Reihen standen die Menschen mit Kübeln, Kannen und Eimern an den Straßenhydranten, um die Badewannen wieder mit Wasser zu füllen und ein paar Liter zum Waschen und Kochen in Reserve zu haben. Die Hilfszüge der NSV übernahmen zeitweise die Verpflegung. Aus den dampfenden Feldküchenkesseln wurde zwischen den Hausruinen Eintopfessen in die mitgebrachten Geschirre gefüllt, aus Erbsen, Teigwaren, Reis und Büchsenfleisch zusammengekocht. Dazu gab es dünnen Glühwein oder »deutschen Tee« mit Rum und eine Scheibe Wurst und einen Kanten Brot für den Abend.

Aus dem Monatsbericht des Regierungspräsidenten von Oberbayern vom 7. 8. 44: »Industrie, Handel und Gewerbe standen im Monat Juni nicht nur in der Hauptstadt der Bewegung, sondern auch darüber hinaus unter den Nachwirkungen der schweren Luftangriffe, die der Feind vom 11. 7. 44 an in rascher Folge und mit starken Kräften gegen München und Umgebung gerichtet hat. Viele industrielle Anlagen und Werke in und bei München wurden schwer getroffen. Die Erzeugung war zeitweise stillgelegt, zumal zu den angerichteten Schäden noch der Ausfall von Strom und Wasser trat. Dazu kamen schwere Schäden an öffentlichen Verkehrsanlagen, die vorübergehende Verkehrsunterbrechungen und Verkehrsbeschränkungen zur Folge hatten.

In der Hauptstadt der Bewegung wurden zahlreiche Betriebe des Einzelhandels, des Handwerks, des Großhandels und des Gastwirtschafts- und Beherbergungsgewerbes, die der Versorgung der Bevölkerung mit dem lebensnotwendigen Bedarf dienten, vollständig zerstört, andere mehr oder weniger stark beschädigt ... Bei den Angriffen am 11., 12., 13. und 16. 7. 44 wurden insgesamt 1709 Einzelhandelsbetriebe der verschiedenen Sparten betroffen; davon wurden 368 total vernichtet und 102 schwer beschädigt. Wenn auch mit dem

Ausfall so vieler wichtiger Betriebe die Versorgung der Münchner Bevölkerung mit dem Notwendigsten in Frage gestellt schien, so konnten doch alle Schwierigkeiten dank des Zusammengreifens der beteiligten Stellen und des großzügigen Einsatzes öffentlicher Hilfsmaßnahmen binnen kürzester Zeit gemeistert werden.« (Aus Broszat, »Bayern in der NS-Zeit«.)

»Die Stadt verkarstete. Sie hatte nicht nur ihr Gesicht verloren, sondern auch, was mir noch schlimmer scheinen wollte, ihren Geruch. Der Westwind brachte keinen Duft von Heu mehr wie früher so oft an Sommerabenden ... Im Herbststurm witterte man nicht mehr den kommenden Schnee und im Föhn nicht den nahen Frühling. Es roch, wo immer man ging, nach schwelenden Balken, nach stickigem Schutt, nach feuchten Kellern, in die immer neues Regenwasser durch die Trümmer nachsickerte und die Fäulnis weitertrieb, nach nassem Kalk, vermoderndem Papier und verrostendem Metall. Der beißende Brandgeruch, ekelerregend widerlich, war aus den Kleidern nicht mehr herauszubringen, man schleppte ihn unablässig mit sich herum ...« schreibt Karl Ude in dem Buch »Denk ich an München ...«

Die Meldepflicht für Frauen wurde auf das Alter von 50 Jahren hinaufgesetzt. Die Studenten und Studentinnen mußten »ihre in schöner Zeit festgegründete Liebe und Treue zu unserer Münchner Universität« durch die Tat beweisen: Jeder Studierende hatte in den ersten Augusttagen einen eintägigen Arbeitseinsatz im Rahmen der Wiederinstandsetzung der Universität zu leisten. »Die Einsatzbestätigung ist Voraussetzung für Immatrikulation und Wiedereinschreibung im Wintersemester.« Anfang August wurde im bisher unter seinen Tarnnetzen unbeschädigt gebliebenen Haus der Deutschen Kunst die »Große Deutsche Kunstausstellung 1944« eröffnet, und noch immer wurden in Riem die Rennen um das »Braune Band« ausgetragen. Eine Sonderbriefmarke war dieses »Ereignis« immer noch wert.

In den schwer getroffenen Stadtteilen war – so meldeten die Zeitungen – eine neugeschaffene Kleinbahn eingerichtet worden, mit 2500 Metern Gleisanlagen und sechs Dampfloks mit einer Reihe von Anhängern. Sie transportierten den Trümmerschutt zu den Ablagerungsstellen und bei den Leerfahrten auch die Passanten. Später diente sie fast nur noch der Personenbeförderung. Die Münchner nannten die qualmende Bockerlbahn »Trümmer-Expreß« oder »rasender Gauleiter«.

Tiefgreifende Maßnahmen zur Totalisierung des Krieges wurden befohlen: Alle fremdländischen Haus- und Wirtschaftsgehilfen wurden in die Rüstungsindustrie abkommandiert, aus der eine ganze Reihe von bisher Uk-gestellten Jahrgängen zur Wehrmacht geholt wurde. »Der gesamte Nachwuchs für Film und Theater wird geschlossen in die Rüstung übergeführt.« – »Alle öffentlichen Veranstaltungen nicht kriegswichtigen Charakters (Empfänge, Amtseinführungen usw.) haben zu unterbleiben.« – »Der Bedeutung des Rohstoffs Knochen entsprechend wird eine Knochensammlung durchgeführt.« Für 5 kg Knochen gab es als Anreiz eine Seifenprämie – ein Stück Kernseife. Für 5 kg Altpapier konnte man eine Briefpapiermappe eintauschen.

In den Zeitungen wurden Notbehelfe aller Art empfohlen. Zum Waschen und Kaffeekochen etwa folgende Rezepte: »30 Gramm gewaschene Efeublätter auf einen Liter Wasser werden fünf Minuten gekocht und abgegossen. Dunkle Wollsachen und Kleidungsstücke, Strümpfe, Handschuhe usw. werden in diesem handwarmen Aufguß gewaschen und lauwarm nachgespült. Die Gegenstände werden tadellos sauber, auch wenn nicht ein Gramm Seife verwendet wird.«

»Leider muß festgestellt werden, daß bisher bei der Verarbeitung des Kaffee-Ersatzes zu verschwenderisch umgegangen wird. Kochversuche haben ergeben, daß eine Menge von 8 g Kaffee-Ersatz je Liter eine hundertprozentige Ausnützung ergibt, wenn 5 Minuten voll aufgekocht wird.«

Am 1. September 1944 wurden sämtliche Theater, Varietés, Kabaretts und Schauspielschulen geschlossen, die Truppenbetreuung durch KdF eingestellt, die 60-Stunden-Arbeitszeit in Büros und Verwaltung eingeführt, eine allgemeine Urlaubssperre verhängt. Orchester, Musikschulen und Konservatorien (»bis auf einige führende Klangkörper, die auch der Rundfunk braucht«) wurden aufgelöst. Das gesamte schöngeistige Unterhaltungs- und verwandtes Schrifttum wurde stillgelegt, die Tagespresse weiter eingeschränkt. Tageszeitungen erschienen mit nur vier Seiten.

Todesanzeigen konnten nicht mehr einzeln aufgegeben werden, sondern erschienen nur noch mit Namensangabe unter den Sammelüberschriften: »Für Führer, Volk und Reich starben den Heldentod:«,

»Dem Terror fielen zum Opfer:« und schlicht: »Gestorben sind:«. »Dichter gehen in die Rüstung« war eine – auf das ganze Reichsgebiet bezogene – Meldung überschrieben, in der berichtet wurde: »Von 4000 hauptberuflichen Schriftstellern stehen rund 1000 bereits im Wehrdienst. Die Uk-Stellung von 25 Dichtern wird jetzt aufgehoben. 20 Dichter werden aus Altersgründen nicht mehr zum Arbeitseinsatz oder Wehrdienst erfaßt. Alle anderen werden durch die Arbeitsämter in die Rüstungsindustrie vermittelt. Das Erlebnis der Arbeitskameradschaft wird den Dichtern einen neuen Erlebniskreis erschließen.«

Dabei hatten schon jetzt alle Menschen in der Heimat und an den Fronten mehr erlebt, Grausameres erfahren, Unerträglicheres ertragen müssen, als sich dichterische Phantasie je hätte vorstellen können. Die feindlichen Bomber kamen nahezu ungehindert, wann immer sie wollten, bei Tag und bei Nacht. Einige hundert schwere Kampfflugzeuge radierten in den Mittagsstunden des 22. September den Hauptbahnhof und den Holzkirchner Bahnhof vollends aus. Am 4. Oktober, am 29. Oktober (um nur einige Angriffstage zu nennen) hieß es wieder ». . . trafen überwiegend Wohngebiete. Die Bevölkerung hatte Verluste«.

Bei den nach wie vor – wenn auch oft mit einiger zeitlicher Verzögerung – stattfindenden Trauerfeiern im Nordfriedhof sagte der Gauleiter: »Wir wollen keine Lebensschwäche zeigen, wir wollen stark und mit kräftigem Pulsschlag leben, wollen Vertrauen, und zwar unauslöschliches Vertrauen zum Leben haben, denn dann wird auch der schwankende Boden unter unseren zuversichtlichen Schritten fest.«

Aber der Boden bebte weiter unter den Detonationen der Sprengbomben. Im November kam erneut ein Inferno über die Stadt. Am 3. November wurde nochmals das Bahnhofsgelände, wurden Neuhausen, Nymphenburg und das Westend heimgesucht, am 4. November um die Mittagszeit kamen die Bomber von Süden und von Westen, am Nachmittag des 16. November zog ein Bomberstrom in sieben Wellen über die Stadt, am 22., 25., 27., 30. November gingen die Zerstörungen weiter. Die Frauenkirche erhielt einen Volltreffer in die Apsis, die Michaelskirche wurde erneut getroffen, das Prinzregententheater schwer beschädigt, die Brudermühlbrücke zerschlagen. Mehr als 350 Menschen fielen bei diesen Angriffen.

73 Die Türme der Frauenkirche, haubenlos und schwer beschädigt, ragten über zertrümmerte Häuser und ausgeglühte Mauerreste.

74 Beim Fliegerangriff in der Nacht vom 2. auf den 3. Oktober 1943 wurde das Nationaltheater vernichtend getroffen.

75 Ein auf dem Turm der Frauenkirche postierter Polizeibeobachter konnte trotz strengem Verbot am 13. Juli 1944 diese Aufnahme von Bombeneinschlägen in der Maximilianstraße machen. Die Fassade des Nationaltheaters ist deutlich zu erkennen.

76 Das allerletzte Aufgebot: Kinder und Greise. Aber gerade diesem nicht schießfreudigen Volkssturm verdankte mancher Volksgenosse in den Wirren des Kriegsendes noch sein Leben.

77 Trotz totalem Krieg ein Staatsbegräbnis erhielt Gauleiter Wagner, der am 17. April 1944 nach einem wiederholten Schlaganfall verstorben war. NS-Amtsleiter trugen den Sarg vom Maximilianeum herunter. Auch Hitler nahm an den Trauerfeierlichkeiten teil.

78 Am 28. April 1945 versuchte die »Freiheitsaktion Bayern« unter Hauptmann Rupprecht Gerngroß sich in den Besitz der wichtigsten Befehlsstellen und Sender zu setzen, um weiteres Blutvergießen beim Anrücken der Sieger zu vermeiden. Es gelang nur vorübergehend in Freimann. Einige Widerstandskämpfer mußten es mit dem Leben bezahlen, andere, auch Gerngroß, kamen davon.

79 Bei Kriegsende bot sich vom Turm des Neuen Rathauses am Marienplatz in Richtung Rindermarkt ein erschütternder Blick über eine trostlose Ruinenlandschaft.

»In Schutt und Asche« wurde jetzt die am häufigsten verwendete Formulierung. Noch hohler – wenn das möglich war – wurden die Phrasen: »Die Stunde ist beherrscht durch die höchste Bewährung der Widerstandskraft des deutschen Soldaten. Der Heimat erwächst die tiefe Pflicht, sich mit der gleichen glühenden Leidenschaft für die Erfüllung aller kriegswichtigen Aufgaben einzusetzen.« Und bei einer Kundgebung im Circus Krone orakelte der Staatssekretär im Reichspropagandaministerium, Dr. Naumann: »Unsere Lage ist heute nicht schlechter als zu Beginn des Krieges 1939. Sie ist aber besser, als wir vor drei Monaten befürchten mußten, daß sie heute sein könnte!« Die Münchner hatten es sich längst abgewöhnt, in solchem Geschmarre noch einen Sinn zu finden.

Im Dezember 1944 wurden 22 Alarme und 21 Luftwarnungen gezählt. Kein Tag ohne Sirenengeheul, dem zum Glück nicht immer wirklich ein Angriff folgte. Manchmal flogen die Geschwader nur bis Augsburg, manchmal weiter nach Nürnberg. Man atmete auf, auch wenn man wußte, daß es andere traf. Bei einem besonders schweren Nachtangriff am 17. Dezember, dem »Goldenen Sonntag«, stürzte u. a. der noch stehengebliebene Hochaltar des »Alten Peter« ein, wurden das Standesamt am Petersbergl vernichtet, die Ruhmeshalle auf der Theresienhöhe stark angeschlagen, der Löwenbräukeller zur Ruine, Häuser am Rindermarkt, in der Rosenstraße, am Marienplatz, das Angerkloster und die Mariahilfkirche in der Au zerstört. In einem Bericht »Kann man in München noch was schenken?« kam der Reporter zu dem Schluß: »Ein netter Gürtel, ein kleines Kettchen ist bestimmt noch irgendwo aufzutreiben.«

Wie ein Hohn las sich da die Schlagzeile des »Völkischen Beobachter«: »Düstere Weihnachtsstimmung in England«. Für die deutsche Weihnacht 1944 aber gab Dr. Goebbels die Parole aus: »Ein Fest der starken Herzen«.

Das letzte Aufgebot

Das Jahr 1945 hatte mit einem Neujahrsaufruf des Führers an das deutsche Volk begonnen, in dem es hieß: »Dieses Volk und dieser Staat und seine führenden Männer sind unerschütterlich in ihrem Willen und unbeirrbar in ihrer fanatischen Entschlossenheit, den Krieg unter allen Umständen erfolgreich durchzukämpfen. Die Welt muß wissen, daß dieser Staat niemals kapitulieren wird!« Zugleich aber versprach der Führer: »Unsere Städte werden in ihrem äußeren Bild gewaltiger und schöner sein als je zuvor. An die Stelle vernichteter Wohnkasernen werden gesündere Heime für den deutschen Menschen treten.«

In München war weit mehr vernichtet worden als nur »Wohnkasernen«. Unersetzliche Kulturbauten waren zerstört. Auch wenn dies im Augenblick für die Bewohner vielleicht weniger ins Gewicht fiel als die eigenen vier Wände und die Decke über dem Kopf, als der Pappdeckel für das zersplitterte Fenster, ein paar Kohlen für den Ofen, das Stück Brot für den ärgsten Hunger, der Kerzenstummel für das notwendigste Licht – der Verlust traf jeden, der auf dem Weg zur Arbeit an den Trümmerhaufen einst bewunderter und geliebter Gebäude vorbeiging. »Vielleicht haben wir unsere Stadt nie mehr geliebt als jetzt, da sie leidet«, stand in den »Münchner Neuesten Nachrichten«. Das stimmte sogar.

Am 6. Januar wurde ein Aufruf zum »Volksopfer« erlassen. »Helft neue Divisionen ausrüsten!« Für neue Volksgrenadierdivisionen und Volkssturmbataillone wurden »dringend Bekleidung und Ausrüstungsstücke benötigt«. Im »Völkischen Beobachter« wurde erläutert: »Nicht das Entbehrliche und Überflüssige wird jetzt erwartet, sondern ein Eingriff in die Substanz, der bewußt so einschneidend ist, daß er eigene Einschränkungen zur Folge hat.« Vom Feldbecher bis zum Regenmantel, vom Schuhwerk bis zum Trachtenhut wurde alles gebraucht für dieses »letzte Aufgebot«. Bormann ordnete zusätzlich an, daß alle Parteiuniformen mit Ausnahme einer Gebrauchsgarnitur abzugeben seien. Obwohl ein Volkssturmmann im Frack nur schwer vorstellbar war, wurde gefordert: »Auch Fracks gehören in die Sammlung. Wir werden auch ohne Frack nach dem Krieg unsere Feste feiern und uns dabei wohler fühlen als in den steifen Kleidungsstücken. Auch der Bratenrock ist ein völlig überholtes Kleidungsstück.«

In der Nacht zum 8. Januar rollten zwei schwere Angriffe über das ganze Stadtgebiet. Zum erstenmal waren die Bomberverbände von hundert Jagdflugzeugen begleitet. 80 Luftminen, über tausend Sprengbomben, mehr als 400 000 Stabbrandbomben verwandelten die Innenstadt in ein Flammenmeer. 505 Tote lagen unter den Trümmern. Diesmal war die Theatinerkirche schwer getroffen, die Ruine des »Alten Peter« brannte völlig aus. Auch das Verlagshaus der »Münchener Zeitung« an der Bayerstraße wurde in dieser Nacht schwer beschädigt.

Kein Stein wäre in dieser Stadt mehr auf dem anderen, hätten die Bombenteppiche nicht immer wieder dieselben ausgebrannten Straßenzüge und Ruinenflächen getroffen. In einem nach einer Zwangspause von zwei Tagen erschienenen Bericht »Frontstadt München« stand sogar im »Völkischen Beobachter« eine recht düstere Schilderung: »Mit Handwagen und Schlitten schieben und ziehen sie ihre letzte Habe wieder durch die Straßen, die Armen, die Ausgebombten. Mit allem, was sie an Kleidung noch gerettet haben, sind sie behangen. Alle suchen sie wieder ein Dach und Ordnung und Wärme. Denn in den Straßen zwischen den Trümmern umgibt sie nichts als staubbedeckter, altgewordener Schnee und Frost. Da und dort schlagen die Flammen noch aus den rauchgeschwärzten Fensterhöhlen, da und dort lodern die Wachfeuer der Mannschaften, die Motorspritzen und Schläuche zu bedienen haben, lodern an Stellen, wo früher einmal der Bürgersteig verlief. Sonst aber ist alles eisiger Dunst und Rauch, und die Macht der Dämmerung ist vom Morgengrauen bis der frühe Abend beginnt nicht zu brechen. Diese unterweltliche Atmosphäre ist jedoch wiederum von einem Lebenswillen durchpulst, der keine Verzagtheit aufkommen läßt ... Wir sind an unsere Arbeitsplätze zurückgekehrt, aber jeder Blick geht auf durchgeblasene Häuser, auf Trümmerberge, auf wirre Haufen von Balken und Eisenträgern, auf Gefangenentrupps, die zum Arbeitseinsatz marschieren – ein von immer neuer Gefahr durchgelltes Inferno ...« (Die »Gefangenentrupps« in den gestreiften Drillichanzügen, die von SS-Posten bewachten Männer mit den grauen Gesichtern und den ausgemergelten Körpern waren Häftlinge aus dem Konzentrationslager Dachau.)

Aber niemand konnte mit den Schuttmassen noch fertig werden.

Deshalb forderte man die Volksgenossen auf, »zu einem bescheidenen Teil zur Räumung beizutragen, indem sie auf ihrem Weg kleine Gesteinsbrocken, Bretter usw. auf die Seite schieben«. Am 17. Januar wurde bekanntgegeben: »Alle Gashähne zu! Die städtischen Gaswerke sind von heute an bis auf weiteres nicht mehr in der Lage, Gas abzugeben.« Dafür wurde eine Sonderzuteilung von Kohlen angekündigt. Der Strom wurde bezirks- und stundenweise abgeschaltet. Am 3. Februar war in den Zeitungen zu lesen: »Die militärischen Operationen in den landwirtschaftlichen Überschußgebieten des deutschen Ostens und die starke Anspannung auf allen Gebieten des Transportwesens verlangen eine Anpassung der Ernährungswirtschaft. Bis zurFestsetzung neuer Rationen werden die Lebensmittelkarten der 72. und 73. Periode um eine Woche verlängert. Die Verbraucher müssen mit den Rationen der beiden Perioden eine Woche länger auskommen.«

Immerhin tröstlich, daß laut amtsärztlicher Feststellung »mit den derzeitigen Rationen noch lange nicht die unterste Grenze erreicht ist. Nötig zur Erhaltung der Gesundheit ist nur, daß jeder Verbraucher die ihm zugeteilte Magermilch- und Käseration regelmäßig verzehrt.« Der erwachsene Normalverbraucher erhielt zu dieser Zeit auf Marken täglich 1600 Kalorien. Einige davon lieferten die zugeteilten 35,7 g Fleisch und 28 g Fett.

Anläßlich des 25. Jahrestages der Verkündigung des Parteiprogramms versammelte sich die »Alte Garde« wieder im Hofbräuhaus. Hitler ließ eine Ansprache verlesen, in der es hieß: »Vor 25 Jahren verkündete ich den Sieg der Bewegung, heute prophezeie ich den Sieg des Deutschen Reiches!.« Der Kundgebungsredner fügte hinzu: »Damals, am 24. Februar 1920, wurden die Voraussetzungen geschaffen für die heutige heldenhafte Haltung des deutschen Volkes. Wo ständen wir heute, wären wir nicht gerüstet mit unserer nationalsozialistischen Weltanschauung?«

Die Antwort darauf konnte sich jeder selber geben. Am Tag danach, in den Mittagsstunden des 25. Februar, fielen nochmals 6000 Spreng- und 250 000 Brandbomben auf München. »Die Bevölkerung hatte Verluste« – es waren 259 Menschen. »Die Amtszeiten des Bestattungsamtes werden bei Bedarf verlängert«, meldete lakonisch der VB. Der Dom, der Alte Peter und das Rathaus samt Fischbrunnen erhielten erneut Volltreffer.

Im Monat März waren Fliegeralarme und Luftwarnungen etwas seltener, erst im letzten Monatsdrittel wurden bei einem »kleinen« Angriff rund 400 Sprengbomben abgeworfen. Auch mit Flugblättern der Alliierten wurden jetzt Straßen und Ruinen überschüttet. Man durfte sie natürlich weder aufheben noch lesen oder weitergeben. Gelesen wurden sie trotzdem. Neben der hoffnungslos gewordenen Frontlage, die sich auf so einem Flugblatt ganz anders ausnahm als im Wehrmachtsbericht, war da z. B. auch vermerkt: »Drei Tonnen Sprengstoff wurden auf einem Flugplatz zurückgelassen, um diese Flugblätter abzuwerfen. Ein Flugzeug hat den langen Weg hierher mit keiner anderen Last als Flugblättern zurückgelegt. Sie sollen nicht Leben vernichten, sondern Leben retten.« Diese »edle« Absicht stand leider auch nur auf dem Papier.

Den 50. Luftangriff seit Kriegsbeginn registrierte die Feuerwehr am 5. April, er dauerte von 10.55 Uhr bis 11.34 Uhr. Dann aber, vom 12. April an, jagten die Sirenen die Münchner Bevölkerung fast pausenlos in die Bunker und Luftschutzkeller. Am 25. April wurde bereits der 70. Angriff in die Vernichtungsstatistik eingetragen. An Arbeit war nicht mehr zu denken. Viele Leute verbrachten Tage und Nächte gleich in den Schutzräumen, in denen sie sich einigermaßen »häuslich« eingerichtet hatten.

Inzwischen war auch das zusätzliche Signal »Feindalarm« eingeführt worden: ein hoher, fünf Minuten dauernder Heulton bei Landung feindlicher Luftlandetruppen oder der Annäherung von Feindpanzern. »Die Bevölkerung, die mit der Feindbekämpfung nichts zu tun hat, verläßt die Straßen, vermeidet Ansammlungen und sucht im Falle gleichzeitiger Luftangriffe die Schutzräume auf«, wurde dazu angeordnet. Das neue Signal, das nun eigentlich jeden Tag ertönen konnte, war zugleich ein Signal für die Hoffnungslosigkeit der Lage.

Die Panzerspitzen der französischen 1. Armee unter General Lattre de Tassigny stießen bereits auf Landsberg und den Ammersee zu, in breiter Front hatten die Amerikaner mit ihrer 7. Armee unter General Patch die Donau überschritten und drangen gegen Augsburg, das Glonntal und Landshut vor. Weiter östlich rollten amerikanische Panzer der 3. Armee unter General Patton auf Passau zu. Was sich ihnen noch entgegenstellte, waren zusammengewürfelte Verbände, mit SS-Einheiten als »Rückgrat«, waren Reste von Volksgrenadierdivisionen, Volkssturmbataillonen und Bodenpersonal der Luftwaffe.

Gerüchte jagten sich in der Stadt. Man munkelte davon, daß München als »Hauptstadt der Bewegung« zur Festung erklärt und bis zum äußersten verteidigt werden sollte. Auf Befehl Hitlers und Himmlers sollten Heeresverbände, Waffen-SS, Flakeinheiten und Volkssturmmänner im Raum München zusammengezogen werden, um die Stadt »bis zum letzten Mann« zu halten. Gauleiter Giesler erhielt ein Telegramm von Martin Bormann: »Lieber Kamerad Giesler! Große außenpolitische Erfolge stehen vor ihrem Abschluß. Verteidigen Sie Ihren Gau mit Rücksichtslosigkeit und Schärfe!«

In den alliierten Flugblättern aber hieß es: »Männer und Frauen von München! Im Zuge der Besetzung Süddeutschlands durch alliierte Streitkräfte sind mächtige Verbände im Anmarsch auf München ... Denkt an Nürnberg und Heilbronn. In diesen Städten haben die Parteifanatiker und verantwortungslose Befehlshaber der Wehrmacht sinnlosen Widerstand geleistet ... Vernunft oder Wahnsinn werden auch über das Schicksal eurer Stadt entscheiden ... Deshalb: Windet den Fanatikern das Heft aus der Hand! Mut gefaßt und gehandelt!«

Das war leichter hingeschrieben als getan. Noch funktionierte der Apparat der Gestapo, noch waren die NS-Henker am Werk. Gauleiter Giesler hatte – wie alle anderen Gauleiter – ein Standgericht eingerichtet. Dort konnte »wegen jeder Straftat Anklage erhoben werden, durch die deutsche Kampfkraft oder Kampfentschlossenheit gefährdet wird. Wer nicht für sein Volk zu kämpfen bereit ist, sondern ihm in ernster Stunde in den Rücken fällt, ist nicht wert, weiterzuleben und muß dem Henker verfallen!«

Giesler hatte bereits die Sprengung aller Isarbrücken befohlen. Am Nachmittag des 25. April machte der Kommandeur des Pionier-Ersatzbataillons 7 mit einigen Herren der Stadtverwaltung und einem Vertreter der Eisenbahndirektion einen letzten Versuch, den Gauleiter umzustimmen. Dieser lehnte zunächst wütend jede Unterhaltung über das Thema ab. Er brüllte: »Meine Herren, wir haben kein Oktoberfest, sondern Krieg!« Die Abordnung ließ sich jedoch nicht einschüchtern. Die Männer hielten dem Gauleiter vor, daß über die fünf zur Sprengung vorbereiteten Stadtbrücken die Wasserversorgung der Stadt sowie sämtliche Hoch- und Niederspannungskabel laufen, daß über die Eisenbahnbrücke bei Großhesselohe die ganze Milchversorgung für die Stadt komme und daß Tausende von Säuglingen auf lange Zeit ohne Milch wären. Aber der Gauleiter blieb stur.

Erst das letzte Argument machte Eindruck: »Wenn die Wasserversorgung Münchens unterbrochen wird, dann müssen 400 000 Münchner die Stadt verlassen. Sie werden sämtliche Ausfallstraßen verstopfen und jede Truppenbewegung unmöglich machen.« Jetzt erst versprach Giesler, sich die Sache nochmals zu überlegen.

Da endgültige Befehle immer noch nicht gegeben waren, unternahm der damalige Vizepräsident der Reichsbahndirektion München, Dipl.Ing. Friedrich Drechsler, am Samstag, 28. April, nochmals einen Versuch, die Münchner Brücken zu retten. Es ging dabei um die sogenannte Braunauer Brücke (Strecke Rosenheim), die Großhesseloher Brücke (Strecke Holzkirchen) und die Oberföhringer Brücke (Strecke Nordring). Drechsler telefonierte zunächst mit dem »Kampfkommandanten« General Hübner und schlug ihm vor, die Brücken nicht zu sprengen, sondern nur zu »lähmen« (durch Herausnahme von Schienen und Umstürzen von Waggons). Hübner verwies den Reichsbahnmann an den Reichsverteidigungskommissar, Gauleiter Giesler, als die höchste zuständige Instanz.

In der allgemeinen Aufregung, die durch die ungeklärte Frontlage und insbesondere durch die inzwischen angelaufene »Freiheitsaktion Bayern« ausgelöst worden war, versuchte Drechsler, persönlich zum Gauleiter vorzudringen. Er berichtet: »Es gelang mir nur mühsam, mittels Reichsbahnausweisen und wohl auch zufolge der blauen Beamtenuniform, durch wiederholte Kontrollen bis zum Erdgeschoß des Zentralministeriums in der Ludwigstraße zu kommen. Der Gauleiter hielt sich dort in seinem Befehlsbunker auf. Aber der wachhabende Volkssturmführer ließ mich nicht durch. Hartnäckig bestand ich auf einem Gespräch mit dem Reichsverteidigungskommissar und durfte schließlich wenigstens mit dem Befehlsbunker telefonieren. Es meldete sich ein Adjutant, den ich eindringlich auf den drohenden Zusammenbruch der Versorgung der Münchner Bevölkerung bei einer Brückensprengung hinwies und ihn bat, meinen Vorschlag der Brücken-Lähmung an den Gauleiter weiterzugeben. Das tat er auch – ich hörte es am Telefon mit. Meine Mitteilung, daß ich über Eisenbahntelefonleitung erfahren habe, die Amerikaner seien sowohl bei Landshut als auch bei Wolfratshausen bereits über die Isar gegangen, gab schließlich den Ausschlag. Giesler gab seine Zustimmung und über mich Anweisung an General Hübner, die Brücken nicht zu sprengen, sondern sich mit der Lähmung zu begnügen.«

Stichwort »Fasanenjagd«

In München geschah jedoch noch mehr, geschah etwas, was in keiner anderen Stadt Deutschlands vorher oder nachher geschah: Es fanden sich beherzte Männer, die sich den fanatischen Parteiführern entgegenstellten. In der Nacht zum 28. April schlug auf das doppelsinnige Stichwort »Fasanenjagd« die Widerstandsgruppe der »Freiheitsaktion Bayern« los (die Hoheitsträger der Partei hießen im Volksmund »Goldfasane«). Die Dolmetscherkompanie im Wehrkreis VII unter Hauptmann Dr. Rupprecht Gerngroß, im Zivilberuf Rechtsanwalt, Teile der Grenadier-Ersatzbataillone 19 und 61, die Arbeiter der Firma Steinheil und zahlreiche Münchner Bürger versuchten, sich in den Besitz der Befehlsstellen der Partei und der Wehrmacht, der Sender und anderer wichtiger Schlüsselpositionen zu setzen.

Erfolg und Scheitern der »Freiheitsaktion Bayern« (FAB) ist inzwischen in vielen Dokumentationen, Erinnerungsbüchern und Tatsachenberichten dargestellt und analysiert worden. Hier sollen nur die wichtigsten Ereignisse dieses Aufstands in letzter Minute dargestellt werden. Soviel darf vorweg gesagt werden: Auch wenn die FAB ihr Ziel nicht erreicht hat und viele Teilnehmer, Soldaten ebenso wie Zivilisten, ihr Leben dabei verloren – sie hat verhindert, daß in München sinnlose Straßenkämpfe stattfanden, sie hat der Stadt eine Reihe weiterer Bombardements erspart, sie hat durch ihre Aufrufe zahlreiche Einheiten bewogen, den hoffnungslos gewordenen Kampf abzubrechen, und sie hat den Alliierten nochmals deutlich gezeigt, daß es auch ein »anderes Deutschland« gegeben hat.

Um Hauptmann Dr. Rupprecht Gerngroß hatte sich schon lange eine Widerstandsgruppe zusammengefunden, der ebenso Offiziere wie Zivilisten angehörten. Gerngroß hatte gute Verbindungen zu gleichgesinnten Offizieren in höheren Wehrmachtsstäben und konnte die wirkliche Lage illusionslos beurteilen. Die in der Umgebung Münchens zusammengezogenen, schwer bewaffneten SS-Einheiten machten es jedoch notwendig, das Unternehmen so lange hinauszuzögern, bis die Amerikaner sozusagen in Reichweite waren.

Die ungeordnet zurückflutenden Truppen, der allgemeine Befehlswirrwarr und die völlige Lähmung des öffentlichen Lebens durch die ständigen Luftalarme gaben den schwachen, nur unzureichend bewaffneten Kräften der FAB eine Chance zum Erfolg. Die Organisation mußte mit größter Vorsicht betrieben, nur ein möglichst kleiner Kreis durfte in die Pläne eingeweiht werden. Zwei über die – kaum noch vorhandenen – Linien geschmuggelte Parlamentäre und heimlich abgesetzte Funksprüche sollten das Alliierte Oberkommando von dem geplanten Unternehmen in Kenntnis setzen.

Die eigentliche Aktion lief in den Mitternachtsstunden vom 27. zum 28. April an. Stichzeit war zwei Uhr nachts. Vorgesehen waren Stoßtrupps, die den »Völkischen Beobachter«, die »Münchner Neuesten Nachrichten« und das Rathaus besetzen sollten. Ein Propagandatrupp sollte den Sender Freimann nehmen und in Betrieb setzen; Arbeiter der Firma Steinheil und anderer Betriebe standen bereit, Straßensperren zu errichten. Ein Sturmzug des Grenadierregiments 61 wurde in Pullach auf den Bunker des Oberbefehlshabers für Süddeutschland, General Westphal, angesetzt, ein Sturmzug der 19er auf die Befehlsstelle des Gauleiters. Ebenso sollten Trupps der FAB den Großsender Erding in ihre Gewalt bringen. Gerngroß selbst wollte es unternehmen, den Reichsstatthalter General Ritter von Epp für die Freiheitsaktion zu gewinnen. Nach Augenzeugenberichten schildern Franz Obermaier und Josef Mauerer in dem Buch »Aus Trümmern wächst das neue Leben« die Schwerpunkte der Aktion. Wir folgen im wesentlichen dieser Darstellung.

Im Privatwagen eines eingeweihten Schwabinger Bäckermeisters waren Hauptmann Gerngroß, Oberleutnant Leiling und ein aus dem Gefangenenlager Moosburg geholter amerikanischer Offizier, der später als Verbindungsmann fungieren sollte, kurz nach Mitternacht nach Starnberg gefahren, wo General von Epp auf dem Schornerhof sein Stabsquartier eingerichtet hatte.

In einem großen Raum des Herrenhauses sitzt General Epp mit seinem Adjutanten Major Caracciola und etlichen anderen Offizieren am Tisch. Die Herren fahren überrascht auf. Hauptmann Gerngroß grüßt mit der Hand an der Mütze, stellt sich vor und erklärt sachlich den Zweck seines Kommens. Er berichtet, daß zur Stunde der Apparat der »Freiheitsaktion Bayern« anzulaufen beginne. »Herr General, die Lage in München ist grauenhaft. Bitte helfen Sie, das Chaos zu beenden! Kapitulieren Sie!« Der General ist verwirrt; unruhig geht er hin und her. Auch Caracciola ist überrascht. Er kannte zwar Gerngroß und seine Widerstandspläne. Vom Anlaufen der Aktion wußte er noch nichts. Epp macht Einwände, kann sich nicht entschließen: »Ich habe viele Freunde in der Partei. Ich kann sie nicht im Stich lassen.« Leiling versucht zu vermitteln: »Wir haben unsere Hoffnung auf Sie gesetzt, Herr General, weil wir meinen, daß Sie etwas gutzumachen haben!« Bleierne Stille lastet im Raum. Epp wendet sich zum Fenster und preßt hervor: »Das habe ich auch, das habe ich auch.« Aber er entscheidet sich nicht.

Schließlich macht Leiling den Vorschlag, zum Kommandeur der Panzerjäger-Ersatzabteilung 7, Major Braun, nach Freising zu fahren. Epp willigt ein. Als er das Haus verläßt, stehen die Wachsoldaten um den Fahrer von Gerngroß und den Amerikaner. Die beiden haben ihnen von der Freiheitsaktion erzählt und volle Zustimmung gefunden. »Endlich ist Schluß mit dem Schwindel!« Epp schüttelt den Kopf, als er seine Wache sieht. Zwei Wagen verlassen den Schornerhof, fahren quer durch München in Richtung Freising.

Während Gerngroß zum Sender Freimann abbiegt, der inzwischen kampflos in die Hände der Freiheitsaktion gefallen war, fährt Leiling mit Epp weiter zum Stab der Panzerjägerabteilung Braun im Haidberghof bei Freising. Der Abteilungskommandeur hatte seine Offiziere zu einer Lagebesprechung zusammengerufen, um ihnen reinen Wein einzuschenken. Braun schilderte die Aussichtslosigkeit des Kampfes und verkündete, daß er den sinnlos gewordenen Widerstand nicht fortzusetzen gedenke. Wer anders darüber denke, sei hiermit von seinen Verpflichtungen als Offizier seiner Abteilung entbunden. Niemand meldete sich. Alle wollten mitmachen. Während der Besprechung trifft Leiling mit dem General von Epp ein. »Meine Herren – was erwarten Sie von mir?« fragt Epp. Major Braun erläutert es ihm nochmals: »Herr General, unter den gegebenen Verhältnissen muß jeder Offizier weiteres Blutvergießen vermeiden. Wir haben uns entschlossen, dieser sinnlosen Vernichtung ein Ende zu machen. Wir sind unbekannte Männer. Geben Sie unserer Aktion Ihren Namen! Übernehmen Sie die Führung der Resttruppen im unbesetzten Bayern und kapitulieren Sie!« Epp schweigt. Umständlich läßt er sich den neuesten Stellungsverlauf auf der Generalstabskarte erklären und zieht sich schließlich mit seiner Begleitung zu einer langen Besprechung zurück. Es geht bereits gegen sechs Uhr. Epp kommt zurück. Einer der Offiziere hat im Zimmer des Kommandeurs den Lautsprecher eingeschaltet – gerade wiederholt ein Sprecher die Proklamation der Freiheitsaktion Bayern. Von Störungen unterbrochen, manchmal nur schwer verständlich. Zehn Punkte umfaßt die Proklamation. Hieraus – gekürzt – die wichtigsten: 1. Ausrottung der Blutherrschaft des nationalsozialistischen Regimes . . . 2. Die Beseitigung des Militarismus, der in seiner heutigen Form endloses Elend über die Deutschen gebracht hat. Dem bayerischen Volkscharakter ist der Militarismus wesensfremd . . . 3. Das deutsche Volk soll wieder ein gleichberechtigtes Mitglied der zivilisierten Menschheit werden . . . Die übrigen Punkte befaßten sich mit der Sicherstellung der Ernährung, der Wiederherstellung geordneter wirtschaftlicher Verhältnisse, des Rechtsstaats, einer sozialen Ordnung und anderem.

General von Epp scheint beeindruckt. Aber er kann sich nicht entschließen. Als Braun ihn drängt, sagt er wieder: »Es ist mir unmöglich, meinen Freunden in der Partei in den Rücken zu fallen.« Es war wohl der Punkt 2 des FAB-Programms, der Epps Haltung beeinflußte – die Kampfansage gegen den Militarismus. Dazu konnte und wollte sich der in ganz anderen Traditionen aufgewachsene Ritter von Epp (er war der letzte Kommandeur des königl.-bayerischen Infanterie-Leibregiments) nicht bekennen. Nach einigem erregten Hin und Her ließ Major Braun den General gegen sein Ehrenwort, nichts zu verraten, nach Starnberg zurückfahren.

Es ist später in Kreisen der FAB viel darüber diskutiert worden, ob die Freilassung Epps eine Dummheit oder eine noble Geste war – auf den Ablauf der Ereignisse hatte sie wahrscheinlich keinen wesentlichen Einfluß mehr. Zu diesem Zeitpunkt, gegen 6.30 Uhr am 28. April, war nur ein Teil der Angriffsaktionen mit einigem Erfolg durchgeführt, andere waren völlig gescheitert.

Der Handstreich auf die Sendeanlage in Erding war geglückt. Die zur Abteilung des Major Braun gehörende Kompanie unter Führung von Leutnant Reiter hatte vom Gut Zengermoos aus den Sender erreicht, die Wachen überrumpelt und entwaffnet. Das technische Personal machte mit. Der Aufruf der FAB wurde gesendet. Verwundert mag sich an jenem Morgen mancher Frühaufsteher den Schlaf aus den Augen gerieben haben. Es war nicht der Londoner Sender, der da zur Beendigung der NS-Blutherrschaft aufrief – es war der Reichssender München!

Verwirrung und Unsicherheit überall. Auch die Besetzung des Senders Freimann war ohne Blutvergießen geglückt. Als Hauptmann

Gerngroß nach der Panne mit Epp aus Freising nach Freimann kam, war die Lage immer noch unklar. Die Verbindungen waren abgerissen, man hing in der Luft. Deshalb befahl Gerngroß den Abmarsch nach Erding. Er wollte die schwachen Kräfte dort konzentrieren.

Das »Unternehmen Gauleiter« jedoch war ebenso gescheitert, wie der Versuch, General Westphal festzusetzen. Das Rathaus am Marienplatz war zwar besetzt worden, aber nur einige Leute vom Nachtdienst hatte man dort angetroffen – außer dem »Präsidenten« Christian Weber, der seit der Zerstörung seiner »Diensträume« in der Residenz im Rathaus wohnte. Der Rathausbedienstete Hans Scharrer führte die FAB-Leute zu Weber. Der feiste Ratsherr wurde festgenommen und mußte, als der Stoßtrupp sich aus dem Rathaus zurückzog, den Marsch nach Erding mitmachen. Er hat sich dafür wenig später blutig gerächt.

Inzwischen aber hörten auch die Münchner, die versuchten, sich aus den spärlichen Nachrichten im Rundfunk ein Bild zu machen, daß die Nationalsozialisten nochmals Oberwasser bekommen hatten. Um 10 Uhr sprachen der Oberbürgermeister Fiehler, 45 Minuten später der Gauleiter Giesler über den von der FAB wieder aufgegebenen Sender Freimann. Giesler teilte seinen »lieben Volksgenossen« mit: »Heute nacht gegen 2 Uhr versuchte eine Abteilung von Drükkebergern, die sich leider noch Soldaten nennen . . . mich als Gauleiter festzunehmen und auszuschalten . . . Ein Hauptmann Gernegroß – ausgerechnet Gernegroß! – hat Lügenmeldungen verbreitet, um euch zu verwirren . . . Der Aufstand ist niedergeschlagen, seine Urheber sind vernichtet!«

Auch im Erdinger Sender, der noch von der FAB gehalten wurde, hörte man diese Rede. Und man war sich darüber klar, daß die Aktion gescheitert war. Die Sendungen wurden eingestellt, die Gefangenen freigelassen. In kleinen Gruppen verschwanden die Aufständischen, versuchten sich durchzuschlagen und unterzutauchen. Nicht allen ist das geglückt. Eine Reihe von Männern fiel der anrükkenden SS in die Hände und wurde gnadenlos aufgehängt.

Noch einmal ballte sich das Geschehen im Bunker des Gauleiters im Zentralministerium an der Ludwigstraße zusammen. Was sich dort abspielte, war in seiner grotesken Sinnlosigkeit grausig. Die Kaltschnäuzigkeit befehlsgewohnter Militärs verfilzte sich mit der Angst hilfloser Volkssturmmänner vor Exekutions- und Himmelfahrtskommandos; eben noch prahlerische Wundergläubigkeit an Geheimwaffen, unmittelbar darauf wieder weinerliche Suffstimmung. Standgerichtsverhandlungen lösen sich ab mit grauenhaften Hinrichtungsszenen. Die Todesnot Verurteilter verwandelt sich plötzlich durch einen rührseligen Begnadigungsakt zu neuer Lebenshoffnung.

Das Zentralministerium gleicht einer Festung. Zwei leichte Feldhaubitzen und zwei Maschinengewehre sind davor aufgebaut. Doppelposten patrouillieren. Im Gebäude selbst liegt ein zuverlässiges Wachbataillon des Volkssturms unter Hauptmann Salisco, verstärkt mit HJ-Gruppen und einem Dutzend SS-Männer. Aber die Verbindung mit den Kommandostellen des Heeres ist noch immer nicht hergestellt. Der Volkssturm hatte dem Gauleiter-Aufruf nur spärlich Folge geleistet, dafür hingen weiße Fahnen an vielen Häusern. Befehle werden ausgegeben, von denen niemand weiß, ob sie auch befolgt werden: Flak sollte »rebellische« Stadtviertel beschießen, wer eine weiße Armbinde trägt, soll umgelegt werden.

Der Revieroberwachtmeister i. R. Christian W. war dreieinhalb Jahre lang als Turmbeobachter auf dem Nordturm der Frauenkirche eingeteilt. Alle Luftangriffe hat er dort miterlebt. Er mußte die mit dem Peilgerät ermittelten Abwurfstellen der Spreng- und Brandbomben weitermelden. Er erzählt über die Nacht zum 28. April: »Da war's ganz ruhig bei uns auf'm Turm. Bis um viere hab i zum Fenster nausgschaugt, dann hab i mi a bißl niederglegt. Wie ich in der Früh dann wieder nausschau, hängt da auf'm Südturm drüben a Mordstrumm weiße Fahna, so groß wia drei Bettücher. I geh an Apparat und meld des in' Gauleiterbunker. ›Sofort runter damit!‹ schreit mich einer durchs Telefon an. Also gut – i steig nunter von meim Turm und drübn wieder nauf, ziag d'Fahna ei, steig nomal runter und radl mit dem Bettuch unterm Arm zum Gauleiterbunker. Koa Mensch hat's ham wolln.«

Karl N., damals Unteroffizier einer Flak-Großbatterie bei Unterbiberg, erinnert sich: »Wir entdeckten plötzlich, daß am südlichen Frauenturm eine weiße Fahne hing. Unser Oberleutnant G., ein junger Offizier, der gerade aus dem Raum Berlin gekommen war und die Batterie übernommen hatte, war entsetzt. ›Wir werden den Fetzen herunterschießen! Er ist Verrat an unseren Soldaten!‹ Dann rief er in den Bunker: ›Die Werte für die Frauentürme – aber schnell!‹ Leutnant H., Chef der B-Stelle, ein Salzburger, widersprach ihm heftig. Es wäre eine Verantwortungslosigkeit sondergleichen, eine Schande, dieses Kulturgut noch mehr zu beschädigen, als es schon durch Bomben und Brände geschehen war. Man war sich in der Batterie darüber klar, daß der Beschuß mit 16 Flakgeschützen von gewaltiger Vernichtungskraft gewesen wäre. Leutnant H. sprach eindringlich und scharf auf den jungen Batteriechef ein – und blieb Sieger. München verdankt ihm viel; die Frauentürme wurden nicht beschossen.«

Am Vormittag des 28. April war General Hübner bei Giesler eingetroffen. Er hatte angeblich Vollmachten vom Führerhauptquartier, mit allen Mitteln durchzugreifen. Er warf sich zum Kampfkommandanten von München auf und zum höchsten Gerichtsherrn. »Hier wird nicht eher Ruhe sein, bis nicht in der Ludwigstraße an jeder Laterne einer hängt«, erklärte er. Sein erstes Opfer wird der Rathausinspektor Hans Scharrer. Der wutschäumende Christian Weber hatte ihn angezeigt und verlangte ein Todesurteil. Man sperrte Scharrer in eine Telefonzelle. Nicht lange, dann führte ihn der Kommandeur des Wachbataillons in den Hof. Am Eingang zu den unterirdischen Garagen krachten drei Schüsse . . .

Das nächste Opfer ist Major Caracciola. Man hat ihn zusammen mit Epp in den Gauleiterbunker geholt. Obwohl der Major ahnte, was ihm bevorstand, hatte er sich nicht überreden lassen, seinen »Alten«, wie er General Epp nannte, zu verlassen. Nachdem Epp von Hübner und Giesler vernommen worden war – wobei er wohl, um seinen Kopf zu retten, Caracciola belastet hatte –, wurde diesem von Hübner eröffnet, daß er verhaftet sei. Koppel und Waffe wurden ihm abgenommen.

Kurz nach Mittag ließ Giesler den Kommandeur seines Wachbataillons, Hauptmann Salisco, rufen und teilte ihm mit, der Major Caracciola sei von einem Standgericht zum Tode verurteilt worden. Salisco habe ihm das Urteil mündlich vorzutragen und dann die Exekution vorzunehmen.

Nach der eigenen Aussage Saliscos in seinem Prozeß 1947 hat sich dann folgendes abgespielt: Er, Salisco, sei – nachdem er lange gezögert habe, den Gauleiterbefehl auszuführen – von Giesler unter Androhung des Erschießens aufgefordert worden, nun endlich seine Pflicht zu tun. Daraufhin habe er Caracciola das Todesurteil mitgeteilt und ihm gesagt, er werde versuchen, ihm zur Flucht zu verhelfen.

Aber Caracciola habe geantwortet: »Herr Kamerad, Sie sind selbst Vater von zwei Kindern. Ich fliehe nicht!« – Um 17 Uhr wurde der Major dann aus der Zelle geholt und von einem Volkssturmkommando erschossen. Salisco gab ihm mit der Pistole den Gnadenschuß und meldete dann dem Gauleiter »Vollzug«.

Das nächste Opfer ist ein Feldwebel der Dolmetscherkompanie. Er fällt an derselben Stelle wie Scharrer und Caracciola. Andere fährt man hinaus in den Perlacher Forst. »Gebt es ihnen, den Dreckschweinen«, brüllt der Kommandeur dem abfahrenden Exekutionskommando nach.

Am Vormittag des 29. April werden Familienangehörige des Hauptmanns Gerngroß eingeliefert. »Umlegen!« wird auch für sie befohlen. Aber die Volkssturmmänner zögern, erheben Einwände. Der Gauleiter berät mit seinem Adjutanten. Dazwischen erfährt er am Telefon, daß der amerikanische Vormarsch auf München unaufhaltsam weitergeht. Da beendet Giesler schnell die Beratung: »Geben Sie Befehl, die Leute freizulassen.«

Seit Stunden steht eine Gruppe Männer aus Obermenzing scharf bewacht an einer Wand. Sie hatten weiße Armbinden getragen oder weiße Fahnen ausgehängt. »Ihr Verräterschweine werdet umgelegt«, hatte sie ein Offizier angeschrieen. Jetzt kommt derselbe Offizier mit dem Gauleiter auf die Gruppe zu: »Kameraden, ich gebe euch nochmal eine Chance – wollt ihr zu einem Sonderkommando eingeteilt werden?« Und ob sie wollten! Man gab ihnen einen Teller Suppe und dann Gewehre. Aber als der Offizier, der sie befehligen sollte, nochmals zum Gauleiter gerufen wurde, verschwanden die Männer. Einige sogar im Wagen des Gauleiters, der abfahrbereit im Hof stand. Ein Adjutant raste ihnen mit dem Motorrad nach – er konnte sie nicht mehr einholen. Außer wichtigen Papieren waren auch drei Schweizer Lebensmittelpakete im Gauleiterwagen. Wenig später rollte ein anderer Wagen aus dem Hof des Zentralministeriums. Diesmal saß Giesler drin. Er hat sich wenige Tage später in der Ramsau bei Berchtesgaden selbst erschossen.

Außer den Mordopfern in München wurden von sturen Wehrmachteinheiten und dem »Werwolf« unter Führung des NS-Schriftstellers Zöberlein (»Glaube an Deutschland«) noch eine Reihe von Menschen umgebracht, die dem Aufruf der FAB vertraut oder selbst zu Widerstand und Kapitulation aufgerufen hatten. In Altötting verloren fünf Männer, in Penzberg 14 Männer und zwei Frauen ihr Leben.

Hauptmann Gerngroß und ein Begleiter retteten sich zu den Amerikanern, Leiling versteckte sich in München, andere Aktivisten der FAB fanden in Heuschobern und Kellern Unterschlupf und warteten auf den Einmarsch der Amerikaner.

In München war am Montag, 30. April, noch eine Ausgabe des »Völkischen Beobachters« erschienen, aber nicht mehr zur Verteilung gekommen. Die Schlagzeile lautete: »Großschlacht um Bayern«. Und die Unterzeilen: »Überall heldenhafter Widerstand – Stoß auf München vereitelt – Zornige Ablehnung des Liliput-Putsches«. In einem Aufruf forderte Giesler alle Beamten, Angestellten und Arbeiter des öffentlichen Dienstes auf, ihre Arbeit ungeachtet aller Schwierigkeiten in vollem Ausmaß fortzuführen. »Wer seinen Arbeitsplatz verläßt, stellt sich außerhalb des Kreises der anständig empfindenden Volksgenossen. Er wird unnachsichtig zur Verantwortung gezogen.«

Aber schon am Samstag, 28. April, waren nur noch wenige Beamte und Angestellte in ihren Dienststellen erschienen. Der öffentliche Betrieb war völlig zum Erliegen gekommen. Am Sonntag, 29. April, war München trotz strahlenden Frühlingswetters wie ausgestorben. Die Amerikaner standen auf Artillerieschußweite vor der Stadt. Um 16 Uhr brach der »Reichssender München« seine Sendungen ab. Das Personal der wenigen noch fahrenden Straßenbahnen stieg aus und ging nach Hause. Die Wagen blieben einfach irgendwo auf der Strecke stehen. In den Gärten wurden Lebensmittel, Spirituosen und Wertsachen vergraben. Hitlerbilder und -büsten verschwanden. Die Stadt lag in Agonie.

80 Bahnhof in den letzten Zügen: Es dauerte Monate, bis die Gleisanlagen repariert waren und der Bahnverkehr wenigstens behelfsmäßig wieder aufgenommen werden konnte.

L.MOLL
MÜNCHEN

81 (links oben) Beim Herannahen der US-Truppen plünderte die Bevölkerung eilig eine Reihe von Lagern. Lebensmittel vor allem, aber auch Kleidungsstücke waren begehrt. Auch Soldaten holten sich ihr Teil.

82 (links unten) Zur Trümmerbeseitigung waren schon während des Krieges Feldbahngeleise durch die halbverhütteten Straßen gelegt worden (hier: Amalienstraße). Die »Bockerlbahn« beförderte den Schutt an den Straßenrand, konnte aber mit der Zerstörung nicht annähernd Schritt halten.

83 (rechts oben) Am notdürftig gesäuberten Marienplatz parken die gut bereiften und betankten Fahrzeuge der Besatzung neben der kahlen Mariensäule. Der Figurenschmuck war noch ausgelagert.

84 Ins beschädigte neue Rathaus zog die US-Militärregierung unter Major Eugene Keller ein. Aber auch der frühere Oberbürgermeister Dr. Karl Scharnagl wurde am 4. Mai 1945 kommissarisch wieder eingesetzt.

85 Der bayerische Löwe ist noch einmal davongekommen. Das Gestapo-Hauptquartier im Wittelsbacher Palais, dessen Eingang er bewachte, wurde von den Bomben in Trümmer gelegt.

Sechs dramatische Tage

Aufruf der »Freiheitsaktion Bayern«, 28. 4. 45: »Die Partei ist zerbrochen. Wir wollen Frieden ohne Blutvergießen« – Aufruf des Gauleiters Giesler, 29. 4. 45: »Alle Positionen sind fest in unserer Hand. Wir stehen zu unserem Führer Adolf Hitler!« – Alliierter Heeresbericht vom 30. 4. 45: ». . . in Bayern haben Panzereinheiten südöstlich Regensburg Plattling genommen, nördlich von München wurde Dachau gesäubert. Panzer sind in die Vorstädte Münchens eingedrungen . . .« OKW-Bericht vom 30. 4. 45: ». . . in Niederbayern konnte der Feind zwischen Isar und Donau weiter nach Süden Raum gewinnen. Panzerspitzen stehen nördlich Freising und Dachau«. – Alliierter Heeresbericht vom 1. 5. 45: ». . . in München hat in den westlich der Isar gelegenen Stadtteilen jeder organisierte Widerstand aufgehört.« – OKW-Bericht vom 1. 5. 45: ». . . starke feindliche Verbände sind von Nordwesten und Westen her in München eingedrungen, wo im Stadtkern gekämpft wird.« – Alliierter Heeresbericht vom 2. 5. 45: »München wurde vollkommen besetzt«. – OKW-Bericht vom 3. 5. 45: ». . . in Bayern wurden die eigenen zusammengeschmolzenen Kräfte auf den Inn zurückgezogen. München ist gefallen.«

Die alten Machthaber waren verschwunden, von den neuen hörte man nur Kanonendonner. An den Ausfallstraßen, die mit Schützenlöchern garniert waren, erwarteten Volkssturm und Soldatentrupps die Amerikaner. Panzersperren waren aufgebaut. Einer der Volkssturmmänner sagte: »Die halten die Amis grad a Stund und a Minutn auf. A Stund lang müssen s' lachen und a Minutn brauchas' zum Wegräuma«. Die Verteidiger bröckelten mehr und mehr ab, wie Putz von einer morschen Wand. Sie verdrückten sich, besorgten sich Zivilkleider und tauchten unter.

In der Stadt war es inzwischen zu ersten Plünderungen gekommen. In Kellern, Depots und Vorratslagern waren hier riesige Mengen von Lebensmitteln, Spirituosen und Gebrauchsgegenständen aller Art gestapelt, alles Sachen, die die Bevölkerung seit langem bitter entbehrt hatte. Polizeiwachtmeister G. berichtet: »Ich war beauftragt worden, nach Möglichkeit die Plünderung des Heeresproviantlagers an der

Dachauer Straße zu unterbinden – ohne von der Waffe Gebrauch zu machen. Hunderte waren es, die von allen Stadtteilen zu Fuß oder mit Fahrrädern heranzogen, um sich etwas zu holen. Bei meinem Eintreffen sah ich zunächst nichts als einen Riesenknäuel sich balgender und raufender Menschen. Alles drängte sich durch die schmalen Eingänge nach unten. Wer bereits in den Kellern war, konnte natürlich nicht mehr herauf. Rücksichtslos kämpfte jeder um den bereits erbeuteten Besitz. Geschrei und Hilferufe, Weinen und Fluchen, zerrissene Mehlsäcke, Erbsen, Linsen, dazwischen zerbrochene Weinflaschen. Es war ein wüstes Durcheinander. Viele Plünderer aber konnten sich ihrer Beute nicht lange freuen, denn im Vorhof warteten bereits rasch organisierte ›Hausgemeinschaften‹, die vielfach mit Handkarren angerückt kamen und den Einzelgängern alles abnahmen. Alte Leute, die sich in dieses Chaos nicht mehr wagen konnten, standen die ›Beutestraße‹ entlang und bettelten.«

Als die SS-Wachen aus dem unbeschädigt gebliebenen »Führerbau« abgezogen waren, wurden dort Teppiche und Gardinen, Silberbestecke, Ledersessel und aus dem Keller eine für Linz bestimmte wertvolle Bildersammlung Hitlers geplündert. Aus einem Käselager im Bürgerbräu wurden riesige Emmentaler-Räder durch die halbe Stadt gerollt, in Weinkellern Eichenfässer mit 10 000 Litern Inhalt mit Stemmeisen, Bajonetten oder Pistolenschüssen »angezapft«. Erzählt Frau Gertraud P.: »Ich war damals 18 Jahre alt. Zusammen mit einer Freundin holte ich im Hauptzollamt an der Landsberger Straße einen Putzkübel voll Wein. Dabei sahen wir einen Mann – die Leute sagten, es sei ein Ausländer – mit dem Gesicht nach unten tot im knöcheltiefen Wein liegen.«

Die Amerikaner kamen ohne Alarm und Sirenengeheul. Schon am Morgen des 30. April, gegen zwei Uhr, war eine mit Panzern verstärkte Vorausabteilung von etwa 100 Mann von Oberföhring über die Ismaninger Straße zum Prinzregentenplatz vorgestoßen. Sinnigerweise richtete sie in Hitlers Privatwohnung im Haus Prinzregentenplatz Nummer 16 ihren ersten Gefechtsstand ein. Wahrscheinlich hatten die GIs dort wertvolle Beute erwartet. Aber im Panzerschrank des Führers fanden sie nur 12 Exemplare der Erstausgabe von »Mein Kampf«, mit handschriftlicher Widmung des Autors Adolf Hitler. Als Dokument ihres Triumphs nagelten die Soldaten das Zeichen ihrer »Rainbow«-Division an den Hauseingang.

Ein anderer Amerikaner aber hat München fast allein »erobert«: Ernest Langendorf. Er gehörte damals zu einer Sondereinheit, die nichts mit Kampfaufgaben zu tun hatte. Sie trug den imponierenden Namen »Psychological Warfare Branche, Combat Propaganda Team, Headquarter, Seventh Army«. Langendorf war später lange Jahre Presseoffizier der US-Militärregierung, dann Presse-Chef von Radio Freies Europa. Er lebt noch heute in München und hat vor kurzem den Bayerischen Verdienstorden erhalten. Er erzählt selbst sein Münchner Abenteuer: »Wir fuhren im Jeep über die Friedenheimer Brücke. Mitten auf der Brücke stand ein Maschinengewehr, dahinter ein Soldat der 3. US-Division. Er ließ uns ungehindert weiterfahren. Wir ahnten nicht, daß wir soeben die ›Hauptkampflinie‹ überschritten hatten. Am Steubenplatz war alles leer. Kein Fahrzeug, kein Mensch zu sehen. Auch die Arnulfstraße wie ausgestorben. Nach der Donnersberger Brücke sah ich ein großes Gebäude. Es war die Oberpostdirektion. Ein Mann kam aus einer Seitenstraße, sah uns, blieb stehen und fing an, schallend zu lachen.

Ich stieg aus und fragte ihn nach dem Grund seines Lachens. ›Ja mei – i frei mi halt so, weil's jetzt endli da seids und weil der Kriag aus is!‹

Während unseres Gesprächs sammelten sich vor der Oberpostdirektion Männer, die lange dunkelgraue Mäntel und militärische Kopfbedeckungen trugen. Ich klemmte meinen Karabiner unter den Arm (Munition hatte ich nicht dabei), drückte den Stahlhelm fester auf den Kopf und ging gemessenen Schritts auf die Männer zu. Da hoben die Leute die Hände, und einer meldete: ›Das ist die Oberpostdirektion, wir übergeben das Gebäude. Alle Waffen sind gesammelt.‹ Der Mann stellte sich mir vor: ›Ich heiße Adolf Führer!‹ Ich konnte mir das Lachen kaum verbeißen.

Die Volkssturmmänner versicherten mir, München sei frei von deutschen Truppen und werde nicht verteidigt. Durch menschenleere Straßen fuhren wir weiter bis zum Stachus. In der Kaufingerstraße sah ich einen Mann, der in die Augustinerstraße verschwand. Wir folgten ihm bis zum Polizeipräsidium. Dort standen 30 oder 40 bewaffnete Polizisten. Sie hoben, als wir heranfuhren, die Arme in die Höhe. Einer trat vor und meldete: ›Hier ist das Polizeipräsidium. Alle Waffen sind eingesammelt und stehen zu Ihrer Verfügung.‹

Am Marienplatz versuchten wir vergebens, die Rathaustore zu

öffnen. Nun kamen aus den Seitenstraßen Zivilisten auf uns zu, bald waren wir von Menschen umringt. Mädchen überreichten uns Schlüsselblumen. Es war eine freudige, aber doch gedämpfte Stimmung. Ein alter Mann in einer Trachtenjoppe drückte mir etwas in die Hand. Ein Andenken an diesen Tag, sagte er. Es war ein alter Silbertaler. Gerührt dankte ich, gab den Taler aber wieder zurück. ›Den werden Sie besser brauchen können als ich in diesen schlechten Zeiten‹, sagte ich zu dem Mann.

Während nun Spähwagen der 45. Division eintrafen, wollten wir durch die Diener- und Ludwigstraße in Richtung Isar fahren. Die Zivilisten warnten uns: Im Maximilianeum habe sich schwerbewaffnete SS verschanzt. So fuhren wir lieber zurück nach Neuhausen. Wir quartierten uns in der Gaststätte ›Zum ewigen Licht‹ ein. Ich übernachtete in einem kleinen Zimmer und verbrachte die erste Nacht in München in einem schmalen Bett, hinter dem eine Hakenkreuzfahne an die Wand gelehnt war.«

München ist wohl ein paarmal übergeben worden. Am offiziellsten, wenn man so sagen kann, von Dr. Michael Meister, Leiter der Rechtsabteilung im Ernährungsamt der Stadt. Er hatte eine vom stellvertretenden Bürgermeister handgeschriebene Vollmacht in der Tasche, die Stadt zu übergeben. Außerdem war er beauftragt, die Versorgung der Bevölkerung aufrechtzuerhalten. Meister hatte die Amerikaner am Marienplatz erwartet. Ein Major fuhr mit ihm in den Neuen Botanischen Garten, wo sich ein Stab der 7. US-Armee einquartiert hatte. Der General akzeptierte die Vollmacht. München war übergeben. Die »Hauptstadt der Bewegung« existierte nicht mehr.

Da und dort in der Stadt war noch geschossen worden, so zum Beispiel bei der SS-Kaserne in Freimann. Aber ernsthaften Widerstand hatte es nirgends mehr gegeben. Mit endlosen Fahrzeugkolonnen, für die in den Trümmerstraßen gar kein Abstellplatz war, zogen die Amerikaner in München ein. »Vo dene geht ja net a oanziger z'Fuass«, stellten die Münchner verwundert fest. Neidisch schnupperten sie den süßlichen Zigarettenrauch, und viele bückten sich zum erstenmal nach einer Ami-Kippe. Das Mißtrauen der Besatzer war zunächst groß. Sie gaben sich recht zurückhaltend. Manche hatten wohl noch die Schreckensbilder aus dem befreiten KZ Dachau vor Augen. So trauten sie weder dem freundlichen Winken, das ihnen manchmal zuteil wurde, noch achteten sie auf die düsteren

Mienen jener Deutschen, die sich nicht unbedingt »befreit« fühlten. Wirklich befreit aber waren die Tausende von Kriegsgefangenen und Zwangsarbeitern. Dutzende von Lagern gab es in den Außenbezirken und Vorstädten. Mit dem Zusammenbruch der deutschen Verwaltung und dem Ende der Polizei-Aufsicht waren die Insassen sich selbst überlassen. Sie zogen, von verständlichen Haß- und Rachegefühlen angestachelt, in Scharen durch die Stadt und versorgten sich auf eigene Faust. Viele hatten in großen Betrieben gearbeitet und wußten, wo etwas zu holen war. Sie zeigten es auch ihren Befreiern, die sich gerne »bedienten«. Tagelang dauerten die Plünderungen an. Unbeschädigt gebliebene Villen und Häuserblocks wurden für Offiziere und Soldaten beschlagnahmt. Die Bewohner mußten anderswo unterkriechen – besonders bitter, nachdem das Heim den Bomben entgangen war. Aber schließlich war immer noch Krieg. Deshalb wurden auch Häuser und Straßenzüge systematisch durchgekämmt, nach Waffen und Wehrmachtsangehörigen durchsucht. Daß dabei auch häufig Photoapparate, Schmuck und Uhren »beschlagnahmt« wurden, nimmt in so turbulenten Zeiten nicht wunder.

Am Abend des 1. Mai war zum erstenmal Ausgehsperre für die Münchner Bevölkerung. Ab 18 Uhr bis morgens 6 Uhr durfte sie ihre Wohnungen nicht verlassen. Allerdings mußten sich, mangels Zeitungen und Rundfunk, solche Anordnungen erst herumsprechen. Auf Hausmauern und Anschlagsäulen klebten die Ankündigungen, darunter auch ein Aufruf der Bayerischen Hilfspolizei O 7: »Wer plündert, wird erschossen!« Aber wer sollte da noch jemand erschießen! Die Münchner saßen vom Abend an in ihren – nun nicht mehr verdunkelten! – Wohnungen, und wenn die Leitung gerade unter Strom stand, konnten sie am 1. Mai um 21.15 Uhr den Reichssender Hamburg hören: »Unser Führer Adolf Hitler ist heute, bis zum letzten Atemzug gegen den Bolschewismus kämpfend, an der Spitze seiner Truppen im Kampf um die Reichshauptstadt gefallen ...« Daß dies eine der letzten Lügenmeldungen des Dritten Reiches war, erfuhren sie erst später. Bekanntlich hatte Hitler schon am Tag vorher Selbstmord begangen.

Eine Ordnung war zusammengebrochen, die bis in die letzten Kriegstage durch drakonische Strafen aufrechterhalten worden war. Für manche aber war auch eine Welt zusammengebrochen. Das Leben, das gerade noch gerettete Leben, jedoch ging weiter. Auch wenn es ein Hungerleben war – es war frei von Todesangst, von Fliegeralarm und Vernichtung. Vordringlich aber war jetzt die Versorgung der noch in München lebenden 470 000 Menschen. Die Ernährungsorganisation war zu diesem Zeitpunkt völlig zusammengebrochen. Die großen Zentrallager waren bis auf wenige Mehl- und Kartoffelsäcke völlig ausgeplündert, greifbare Vorräte zur geregelten Verteilung waren nirgends mehr vorhanden.

Am 3. Mai hatten die Amerikaner den früheren Münchner Oberbürgermeister Dr. Karl Scharnagl in Glonn ausfindig gemacht. Einige Offiziere fuhren hinaus, um mit ihm wegen der Übernahme des Oberbürgermeisteramtes zu verhandeln. Dr. Scharnagl stellte sich zur Verfügung und begann am 4. Mai seine Arbeit im Rathaus, das er zwölf Jahre vorher unter dem Hohngeschrei der Nationalsozialisten hatte verlassen müssen. Der Kreis hatte sich geschlossen. Aber diese zerstörte Stadt und dieses Amt ohne Befugnisse – der eigentliche »Herr« der Stadt war Major Eugene Keller – zu übernehmen, war wohl die härteste Aufgabe, die einem Mann gestellt werden konnte.

Eine Woche nach dem Einmarsch der Amerikaner, am 8. Mai 1945, kapitulierten die letzten Reste der deutschen Wehrmacht.

Bilanz der Zerstörung

Nach 2077 verdunkelten Nächten ging für München mit der Besetzung am 30. April 1945 der Krieg zu Ende.

Zwischen dem 4. Juni 1940 und dem 26. April 1945 waren bei 74 Fliegerangriffen 450 Luftminen, 63 000 Sprengbomben, 142 000 Flüssigkeitsbrandbomben und 3 316 000 Stabbrandbomben gefallen. Bei diesen Angriffen wurden 6632 Menschen getötet, darunter 2966 Frauen und 425 Kinder. Rund 15 800 Personen wurden verwundet. Mehr als 20 000 Wehrmachtsangehörige, die in München ihren Wohnsitz hatten, kehrten von den Schlachtfeldern des Zweiten Weltkrieges nicht zurück. 81 500 Wohnungen wurden völlig zerstört, 300 000 Menschen waren obdachlos. Als Evakuierte lebten außerhalb der Stadt 14 900 Männer, 100 800 Frauen und 97 700 Kinder. Die Bevölkerungszahl war bei Kriegsende auf 470 000 gesunken (1939: 824 000).

Von öffentlichen Gebäuden (Verwaltung, Krankenhäuser, Schulen) waren 423 total zerstört, 835 schwer beschädigt. 92 Kulturbauten und 17 Kirchen waren vernichtet, 182 Kulturbauten und 91 Kirchen schwer beschädigt. Das historische München war zu 90 Prozent zerstört. Die Schuttmassen in der Stadt wurden auf 12 Millionen Tonnen geschätzt.

Zeittafel der wichtigsten politischen und militärischen Ereignisse 1933 bis 1945

1933

30. 1. Reichspräsident Hindenburg beruft Hitler zum Reichskanzler
1. 2. Auflösung des Reichstags, Ansetzung von Neuwahlen
27. 2. Reichstagsbrand
5. 3. Reichstagswahlen. NSDAP in Bayern: 43%
9. 3. »Machtübernahme« auch in München und Bayern
23. 3. Annahme des »Ermächtigungsgesetzes« im neuen Reichstag
1. 4. Erster Boykott jüdischer Geschäfte
2. 5. Auflösung der Gewerkschaften, Verbot der KPD
14. 10. Austritt Deutschlands aus dem Völkerbund

1934

30. 1. Gesetz über »Neuaufbau des Reiches«, Aufhebung der Länderparlamente
30. 6. Niederschlagung des sog. Röhm-Putsches, Verhaftung und Erschießung des SA-Chefs Ernst Röhm und weiterer hoher SA-Führer im ganzen Reich
2. 8. Tod des Reichspräsidenten von Hindenburg. Hitler wird »Führer und Reichskanzler«.

1935

13. 1. Abstimmung im Saargebiet (91% für Rückkehr zu Deutschland)
16. 3. Einführung der allgemeinen Wehrpflicht
15. 9. »Parteitag der Freiheit« in Nürnberg. Verkündung der sog. Judengesetze (Gesetz zum Schutz des deutschen Blutes und der deutschen Ehre)

1936

7. 3. Einmarsch der Wehrmacht in die entmilitarisierte Zone des Rheinlands
18. 7. Beginn des spanischen Bürgerkriegs

1. 8.	Eröffnung der Olympischen Spiele in Berlin
24. 8.	Einführung der zweijährigen Militärdienstpflicht
25. 10.	Deutsch-Italienischer Bündnisvertrag (Achse Berlin–Rom)

1937

1938

13. 3.	Anschluß Österreichs an das Reich (»Großdeutschland«)
29. 9.	Konferenz von München (Hitler, Mussolini, Chamberlain, Daladier) über die Abtretung der Sudetendeutschen Gebiete der Tschechoslowakei an Deutschland (Münchner Abkommen)
1. 10.	Beginn des Einmarschs im Sudetenland
9. 11.	»Reichskristallnacht«. Judenpogrom im ganzen Reich als Vergeltung für das Attentat eines polnischen Juden auf den deutschen Legationssekretär vom Rath in Paris

1939

15. 3.	Einmarsch deutscher Truppen in die Rest-Tschechei
16. 3.	Errichtung des »Protektorats Böhmen und Mähren«
28. 3.	Ende des spanischen Bürgerkriegs. Franco zieht in Madrid ein
23. 8.	Deutsch-Sowjetischer Nichtangriffspakt
1. 9.	Einmarsch deutscher Truppen in Polen
3. 9.	England und Frankreich erklären Deutschland den Krieg
6. 10.	Ende des »Blitzkriegs« in Polen
8. 11.	Attentat auf Hitler im Bürgerbräu-Keller

1940

9. 4.	Besetzung von Norwegen und Dänemark
10. 5.	Einmarsch in Holland, Belgien und Frankreich
25. 6.	Waffenstillstand mit Frankreich
13. 8.	Beginn der Luftschlacht um England

1941

26. 3.	Einmarsch in Jugoslawien
31. 3.	Das »Deutsche Afrika-Korps« unter General Rommel greift in Nordafrika ein

6. 4.	Beginn des Griechenlandfeldzugs
17. 4.	Jugoslawien kapituliert
21. 4.	Griechenland kapituliert
10. 5.	Rudolf Heß, Stellvertreter des Führers, fliegt nach England
20. 5.	Deutscher Luftlandeangriff auf Kreta
1. 6.	Eroberung Kretas abgeschlossen
22. 6.	Beginn des Angriffs auf die Sowjet-Union (»Unternehmen Barbarossa«)
5. 12.	Beginn der sowjetischen Gegenoffensive vor Moskau
8. 12.	Die Fronten erstarren im russischen Winter
11. 12.	Deutsch-italienische Kriegserklärung an die USA

1942

Sommer	Eroberung der Krim und Sewastopols
	Vorstoß auf den Kaukasus
Oktober	Angriff auf Stalingrad
11. 11.	Besetzung Südfrankreichs durch deutsche Truppen
22. 11.	6. Armee in Stalingrad eingeschlossen

1943

31. 1./2. 2.	6. Armee kapituliert in Stalingrad
13. 5.	Deutsches Afrika-Korps kapituliert
10. 7.	Britisch-amerikanische Landung in Sizilien
17. 7.	Russische Großoffensive, Rückzug hinter den Dnjepr
8. 9.	Kapitulation Italiens
13. 10.	Badoglio-Regierung erklärt Deutschland den Krieg
Oktober	Russische Winter-Offensive beginnt

1944

4. 6.	Einmarsch der Alliierten in Rom
6. 6.	Alliierte Invasion in der Normandie
20. 7.	Attentat auf Hitler in der »Wolfsschanze«
25. 8.	Die Amerikaner erreichen Paris, Übergabe der Stadt
16. 12.	Ardennen-Offensive der Deutschen
26. 12.	Ardennen-Offensive gescheitert

1945

3. 1.	Beginn der alliierten Gegenoffensive
23. 3.	Britische Truppen setzen über den Rhein, Amerikaner stoßen bis Mainz vor
30. 3.	Sowjets erobern Danzig
13. 4.	Sowjets nehmen Wien ein
19. 4.	Amerikaner besetzen Leipzig
25. 4.	Zusammentreffen amerikanischer und sowjetischer Truppen an der Elbe bei Torgau
30. 4.	Selbstmord Hitlers in Berlin
2. 5.	Neue Reichsregierung unter Admiral Dönitz; Berlin kapituliert
7./9. 5.	Bedingungslose Kapitulation der deutschen Wehrmacht.

Erläuterung der Abkürzungen

BayPoPo	Bayerische Politische Polizei
BDM	Bund Deutscher Mädel
DAF	Deutsche Arbeiterfront, NS-Nachfolgeorganisation für die aufgelösten Gewerkschaften
FAB	Freiheitsaktion Bayern
Gestapo	Geheime Staatspolizei
HJ	Hitlerjugend
KdF	Kraft durch Freude, NS-Organisation für Freizeitgestaltung und Fortbildung
KZ	Konzentrationslager
MNN	Münchner Neueste Nachrichten
MZ	Münchener Zeitung
NSDAP	Nationalsozialistische Deutsche Arbeiterpartei
NSFK	NS-Fliegerkorps
NSKK	NS-Kraftfahrkorps
NSV	NS-Volkswohlfahrt
SA	Sturmabteilung, halbmilitärische Kampftruppe
SD	Sicherheitsdienst
SS	Schutzstaffel, halbmilitärische Kampftruppe zum Schutz von Parteiführern und Parteiveranstaltungen
Uk	unabkömmlich
VB	Völkischer Beobachter, Tageszeitung, Zentralorgan der NSDAP
WHW	Winterhilfswerk

Literaturhinweise

Bretschneider, Heike: Der Widerstand gegen den Nationalsozialismus in München von 1933–45, München 1968
Brissau, André: Die SD-Story, Zürich 1975
Broszat, Martin (Hrsg.): Bayern in der NS-Zeit, Bd. 1 und 2, München 1977/78
Domröse, Ortwin: Der NS-Staat in Bayern von der Machtergreifung bis zum Röhmputsch, München 1974
Fest, Joachim C.: Hitler, Frankfurt a. M. 1973
Hanke, Peter: Zur Geschichte der Juden in München von 1933 bis 1945, München 1967
Hanko, Helmut: Thomas Wimmer, 1887–1964, München 1977
Hartmann, Rudolf: Das geliebte Haus, München
Hitler, Adolf: Mein Kampf, München 1927
Hollweck, Ludwig: Unser München, München – Stadt der Musen, Münchner Stadtgeschichte in Jahresportraits, München 1971
Joachimsthaler, Anton: Die Breitspurbahn, München 1985
Lamm, Hans: Von Juden in München, München
Neuhäusler, Johann: So war das in Dachau, Saat des Bösen, Kreuz und Hakenkreuz, München
Obermaier, Franz und Mauerer, Josef: Aus Trümmern wächst das neue Leben, München 1949
Petry, Christian: Studenten aufs Schafott
Pröbst, Hermann (Hrsg.): Denk ich an München ..., München
Sailer, Anton: Münchner Aufzeichnungen, München 1976
Scholl, Inge: Die weiße Rose
Speer, Albert: Erinnerungen, Frankfurt a. M. 1969
Steinborn, Peter: Grundzüge der Münchner Kommunalpolitik von der Weimarer Republik bis zur »Machtübernahme«, München 1968
Wagner, Hans: Münchner Theaterchronik, 1750–1950, München 1958
Zierer, Otto: Die Abenteuer der vielgeliebten Stadt München

München baut auf, Rechenschaftsbericht, 1938
Münchner Mosaik, Kulturelle Monatsschrift, 1937–43
Münchener Zeitung, Jahrgänge 1933–1943
Münchner Neueste Nachrichten, Jahrgänge 1933–1945
Völkischer Beobachter, Jahrgänge 1933–1945

Einige einschlägige Bücher sind im Text erwähnt.

Personenregister